本书出版幸承2014年国家自然科学基金项目"武
困的影响因素、形成机理与治理研究——以恩施州为例"
71463014）资助

U0456005

武陵山农村贫困的
形成机理与治理研究

——以恩施州为例

谭贤楚　著

科学出版社

北京

内 容 简 介

新形势下，认识与治理民族山区农村贫困现象是"和谐社会建设"的重要内容，对乡村振兴与和谐社会构建具有积极的意义。

本书坚持"守正出新"原则，借鉴国内外最新相关研究成果，对武陵山农村贫困的形成机理进行了探讨，提出了一种新型的贫困治理机制，认为"'输血与造血'协同互动的扶贫模式是未来农村扶贫模式的基本方向"，并构建了与主体相互适应的"贫困人口＋政府＋社会"的动态扶贫演进模型，提出了相应的政策性建议。本书的突出特点在于将农村贫困现象及其问题的演进与治理回归到现实社会的运行之中，探讨其演变、解决与治理，丰富了贫困问题研究的理论。

本书适合社会学、管理学与经济学等相关专业的师生与政府相关部门工作人员参阅。

图书在版编目（CIP）数据

武陵山农村贫困的形成机理与治理研究：以恩施州为例 / 谭贤楚著.
—北京：科学出版社，2019.11
ISBN 978-7-03-062009-5

Ⅰ.①武… Ⅱ.①谭… Ⅲ.①山区农村-贫困问题-研究-湖北 Ⅳ.①F323.8

中国版本图书馆CIP数据核字（2019）第167898号

责任编辑：付 艳 苏利德 高丽丽／责任校对：何艳萍
责任印制：李 彤／封面设计：正典设计

编辑部电话：010-64033934
E-mail：edu_psy@mail.sciencep.com

科学出版社 出版
北京东黄城根北街 16 号
邮政编码：100717
http://www.sciencep.com

北京虎彩文化传播有限公司印刷
科学出版社发行 各地新华书店经销

*

2019 年 11 月第 一 版 开本：720×1000 B5
2019 年 11 月第一次印刷 印张：15 1/4
字数：255 000

定价：88.00 元
（如有印装质量问题，我社负责调换）

序　言

　　谭贤楚教授的《武陵山农村贫困的形成机理与治理研究——以恩施州为例》一书即将付梓，与读者见面了，令人欣喜！该书的出版是作者从事农村贫困问题研究的一份学术答卷，可谓"十年磨一剑"。坦率地讲，摆在读者面前的这部著作无愧于作者十年的辛劳。

　　《武陵山农村贫困的形成机理与治理研究——以恩施州为例》提出了这样的问题：面对快速变迁与现代性转型的民族山区农村社会，农村的贫困现象及其人口问题究竟如何治理？影响民族山区农村贫困的主要因素究竟是什么，其分布状况与演变趋势如何？究竟怎么认识和理解民族山区农村贫困的形成机理，其内涵是什么？如何有效识别贫困人口，怎样去完善其瞄准机制与治理机制，如何构建农村贫困的治理框架？要对这些问题进行有效回答，不是一件容易的事情。该书对这些问题进行了理性思考与实践探索，这对我国民族山区农村社会的和谐健康发展与全面建成小康社会及和谐社会构建都具有积极的理论意义与实践价值。

　　纵览该书，就其理论体系与价值而言，呈现出如下几个鲜明特点。

　　1）内容丰富，结构严谨。该书从社会运行的视角，基于贫困概念的再认识，阐明了贫困形成的原因与机理以及二者之间的关系，展开了对"武陵山农村贫困"的多学科综合研究，从理论上探讨了武陵山农村贫困的形成机理，并以此为基础，分析了武陵山农村贫困人口的治理机制，从而为我国农村的扶贫开发工作提供了现实依据和理论基础，呈现出了该书的时代特征。

2）视角独特，富有新意。首先，该书基于时空社会学的视角，对武陵山农村贫困的形成机理及其治理机制进行了探讨和理性思考。其次，该书新意明显，在方法、观点与体系等方面都有新的探索：①以实证为基础，运用模拟方法，实现了多学科的综合研究；②基于对贫困的再认识，区分了个体贫困与社会贫困的差异，探讨了贫困人口的生存型、温饱型与发展型三种基本类型，认为"贫困现象及其人口只有达到一定的度，才成为贫困问题"；③内容体系上超越了单纯的贫困成因分析，较好地把握了武陵山农村贫困的形成机理。

3）理论追求，现实关怀。究竟如何认识武陵山农村贫困的形成机理？农村贫困现象及其人口与社会发展客观水平有何内在联系？怎样去有效构建山区农村贫困人口的治理框架？如何对其瞄准机制与治理机制进行完善？这些都是作者认真思考的问题，展示了作者的理论诉求与现实关怀。例如，农村贫困的形成机理就是指生态环境（包括自然环境）层次、自然人口层次、社会系统层次、社会关系层次、意义层次之间的相互影响与共同作用而引起贫困现象的带有规律性的生成方式与模式，丰富了贫困研究的相关理论认识；同时，作者还基于我国民族山区农村社会发展的实际，指出其贫困人口所期待的新型治理机制是"'贫困人口＋政府＋社会（包括非政府组织）'，通过制度化的社会参与机制，以实现对贫困现象及其问题的有效协同治理"，认为"'输血与造血'协同互动的扶贫模式是农村扶贫模式的一个基本方向"，展示了作者强烈的现实关怀与社会责任感。可见，该书所展示的研究有着非常鲜明的理论诉求与现实关怀，"或以史为鉴，或以外谏中，或以实为据"，有较深刻的理论意义与实践价值。

作者既有很好的哲学功底，又受到社会学的学术训练，后因教学需要，熟悉了管理学与经济学等学科知识，综合性的知识背景拓展了他的研究视野，由他来完成这一课题，可以说是轻车熟路、水到渠成。但实际上，他为完成这部著作，仍然在深入调查的基础上不断钻研，不敢有些许懈怠。在完成该书的过程中，他不断学习，不断深化观点，逐步优化结构。与 6 年前的博士学位论文相比，该书在材料的编排、体系的完善与观点的阐述等方面都有了长足的进步和升华。

　　当然，该书也存在着缺乏足够的案例分析、研究方法尚需进一步改进等一些不足，如能够在多学科视野下展示观察问题"宽"的同时加强案例研究则会更好。但瑕不掩瑜，从整体上看，该书仍是一部民族社会学研究的创新力作，有较高的理论水平，体现了一位良知学人的社会担当和学术使命感，既对我国民族山区农村贫困现象及其人口的治理具有积极的理论意义与实践价值，又对我国民族社会学的学科建设与发展具有积极的意义和推动作用。

　　作为老师，我为作者的进步和取得的成绩感到欣慰和由衷的高兴！在此，衷心祝愿他在今后的学术研究工作中取得更好的成绩。

　　是为序。

朱　力[①]

2018 年 7 月 15 日

于南京大学

---

① 南京大学教授，博士生导师，现兼任中国社会学会理事、江苏省民政厅咨询专家。

前　言

武陵山片区属于《中国农村扶贫开发纲要（2011—2020 年）》中确定的 14 个连片特困地区之一，位于"湖北＋湖南＋重庆＋贵州"四省市的交界处，境内有 71 个县（市或区），有土家族、苗族、侗族与回族等 9 个世居少数民族，其总面积为 17.18 万平方千米，是集革命老区、民族山区与贫困地区于一体的特困连片区域。自中华人民共和国成立以来，武陵山片区在党和政府的关怀与引导下，在经济、政治、文化与社会等方面都取得了长足进步。基于西部大开发战略的实施和社会主义现代化建设与全面建成小康社会的推进，武陵山片区的社会、经济与文化等都发生了巨大的变化，其扶贫攻坚取得了显著成效，逐渐加快了从封闭走向开放、从保守走向自主、从传统走向现代、从愚昧走向文明的步伐。

恩格斯曾指出："一个民族要想站在科学的最高峰，就一刻也不能没有理论思维。"① 实践反复证明：社会经济的有效发展需要有正确的理论做支撑和指导，社会经济的实践为理论的发展提供了广阔的天地，这反过来又促进了理论的发展。因此，无论是从现实的扶贫实践来看，还是基于贫困治理的理论考量，加强民族山区农村贫困与救助问题的

① 马克思，恩格斯：《马克思恩格斯文集》（第 9 卷），中共中央马克思恩格斯列宁斯大林著作编译局译，北京：人民出版社，2009 年，第 437 页。

理论研究是很有必要的，因为正确的理论能够在更广阔的视野下对扶贫实践的发展进程与结果进行预见和指导。武陵山片区自中华人民共和国成立的 60 多年来，虽然在各方面都取得了较好发展，"扶贫攻坚"成效显著，但截至 2016 年，该片区农村仍有贫困人口 285 万人，其贫困发生率仍高达 9.7%[①]，依然是我国扶贫实践的主战场之一，农村贫困现象及其人口问题的治理仍须进一步加以认识和推进，这不仅需要从扶贫实践的层面加以回答，而且需要从理论的高度来加以认识和判断。要科学地认识武陵山农村贫困的形成机理及其治理，就需要在准确把握其贫困人口基本现实状况的基础上进行理性思考，从而为政府及其相关决策部门提供客观依据和理论基础。因此，这些有待于解决的现实问题与理论问题吸引了一些学者的广泛关注和研究，并使其基于调研发表了许多有价值的论文与报告。本书就是由笔者主持的国家自然科学基金项目"武陵山农村贫困的影响因素、形成机理与治理研究——以恩施州为例"（71463014）的最终成果。本书主要基于对恩施州农村贫困现象及其人口基本状况的调查，深入探讨了武陵山片区农村贫困的形成机理，分析了其治理机制，实现了与相关贫困理论的对话，这对我国民族山区农村社会的和谐发展和全面建成小康社会都具有积极的理论意义与实践价值。

本书的特色与价值主要在于：①基于时空社会学的视角，综合运用社会学、管理学与经济学等多学科的理论方法，通过定量与定性、宏观与微观、实证与规范等研究方法的统一，实现了对民族山区农村贫困现象及其人口问题的综合研究；②深入探讨了民族山区农村贫困的基本状况与影响因素，分析了其贫困人口形成的基本原因；③对贫困概念进行了再认识，区分了贫困现象与贫困问题、贫困原因与形成机理，初步探究了民族山区农村贫困的形成机理，进而探讨了其治理

[①] 国家统计局住户调查办公室：《2017 中国农村贫困监测报告》，北京：中国统计出版社，2017 年，第 53-54 页。

机制；④视角特色明显，逼近社会运行的现实，已有相关贫困理论研究的假设只是关注社会的某一个核心构成要素，这是一种认识上的不完全，本书将贫困问题的演进回归到现实社会运行之中。

值得注意的是，本书还指出：贫困现象作为一种客观的社会现象是任何社会和国家都不可避免的，只要将它控制在一定限度之内，不影响社会的良性运行与协调发展就可以了。也就是说，贫困现象只有达到一定的度，才会成为社会问题，政府理应承担起治理贫困的主要责任，这就给贫困人口的治理提供了理论依据与新的视角。同时，作为贫困研究者，笔者也期望基于上述理论思考提出来的基本结论与政策建议，能够为政府的相关决策与扶贫政策的制定提供参考或能够给决策者一些启示。诚如斯言，则幸甚矣！

综上所述，本书以恩施州为例，探讨了武陵山片区农村贫困问题及其人口的基本状况与形成原因，以此为基础分析了武陵山农村贫困的形成机理，构建了与"主体相互适应"的动态扶贫演进模型，并提出了一种新型的贫困治理机制，以期为山区农村的扶贫工作提供科学依据与理论基础，旨在引起学界对民族农村社区的应用研究，并促使其得到健康发展。让我们携起手来共同为我国民族山区的乡村振兴及其社会经济的协调发展而努力奋斗！

谭贤楚

2018 年 6 月 17 日

于湖北民族学院怡嘉苑

目　　录

序言（朱力）

前言

第一章　绪论 ··· 1

第一节　问题缘起 ·· 2

第二节　理论基础 ·· 7

第三节　研究贡献 ·· 14

第四节　本书布局 ·· 18

第二章　武陵山农村贫困人口的基本概况——基于恩施州的调查 ········ 27

第一节　调查县市的基本概貌 ·· 30

第二节　贫困人口的基本状况 ·· 41

第三节　贫困人口的基本特征与类型 ·· 58

第三章　武陵山农村贫困的影响因素 ··· 73

第一节　武陵山农村贫困的影响因素与模型 ····································· 74

第二节　武陵山农村脱贫的影响因素与模型 ····································· 79

第四章　武陵山农村贫困的形成机理……………………………………87

　　第一节　什么是贫困的形成机理………………………………………88

　　第二节　武陵山农村贫困的具体成因——基于恩施州的调查………90

　　第三节　武陵山农村贫困的形成机理探究……………………………99

第五章　武陵山农村贫困的治理机制…………………………………157

　　第一节　治理机制的内涵……………………………………………158

　　第二节　治理机制的运行原则………………………………………158

　　第三节　治理机制探究………………………………………………161

第六章　基本结论与政策建议…………………………………………193

　　第一节　基本结论……………………………………………………194

　　第二节　政策建议……………………………………………………199

附录………………………………………………………………………204

　　附录一　《武陵山片区区域发展与扶贫
　　　　　　攻坚规划（2011—2020 年）》节选……………………204

　　附录二　湖北巴东野三关镇经济社会发展
　　　　　　"十三五"规划（2016—2020 年）节选………………213

后记………………………………………………………………………228

第一章

绪　论

　　"那是最昌明的时世，那是最衰微的时世；那是睿智开化的岁月，那是混沌蒙昧的岁月；那是信仰笃诚的年代，那是疑云重重的年代；那是阳光灿烂的季节，那是长夜晦暗的季节；那是欣欣向荣的春天，那是死气沉沉的冬天；我们眼前无所不有，我们眼前一无所有；我们都径直奔向天堂，我们都径直奔向另一条路。……，不管它是好是坏，都只能用'最'字来表示它的程度。"① 这是英国著名文学家狄更斯曾在《双城记》中给我们描绘的资本主义工业化初期充满人间善恶美丑与矛盾的转型社会基本状况。根据这段表述，"我们不仅看到了'这个时代'的进步——'文明'、'智慧'、'光明'和'财富'，而且还注意到了这个进步社会中的'愚昧'、'黑暗'、'失望'和贫穷"②。事实上，自从人类诞生以来，人类社会一直就是一个多样化的客观现实社会和世界，是一个善与恶、美与丑、穷与富、真与假等"并生共存"的世界——穷人的世界，富人的世界；高尚的世界，卑鄙的世界；善良的世界，丑恶的世界；天堂的世界，地狱的世界；进步的世界，落后的世界；进化的世界，退化的世界；理念的世界，现实的世界；冲突的世界，和谐的世界；野蛮的世界，文明的世界。

　　同时，一个众所周知且无法回避的客观社会事实是：自从人类社会出现并认识到贫困现象以来，人们就在不断认识、深化并寻求其原因，并试图消除它，但是，人类社会似乎从未真正消除过贫困现象。正因为如此，关于贫困问题的研究一直是国内外社会学、经济学、政治学、管理学等领域的学者共同关注的一个焦点和难点。随着科技进步和社会发展，我国虽然已经基本解决了温饱问题，但种种事实却表明我国民族农村社会的可持续发展仍然面临着新的机遇和挑战：一

---

① 狄更斯：《双城记》，张玲，张扬译，上海：上海译文出版社，2010年，第3页。
② 于秀丽：《排斥与包容：转型期的城市贫困救助政策》，北京：商务印书馆，2009年，第4页。

方面是随着乡村建设及其现代化事业的蒸蒸日上，农村社会得到了快速发展；另一方面则是各种社会问题交错出现，农村贫困问题比较明显，农村的扶贫工作依然任重道远。因此，"正视90%贫困人口在农村这个问题"[1]，特别是民族山区乡村建设及其振兴中的贫困人口问题，研究民族山区农村贫困人口问题及其治理，使这个时代中的农村贫困现象得到缓解或较好治理，以加快和谐社会的建设步伐，不仅需要从现实层面来加以认识和把握，而且需要从理论层面加以分析和思考，这不仅是一个重大的理论问题，更是一个实践问题，也是转型中的中国必须破解之难题，在目前显得甚为必要和迫切。

基于这种考虑和判断，本书选取位于武陵山片区湖北省唯一纳入西部大开发的恩施土家族苗族自治州（以下简称恩施州）作为个案——目标社区[2]，以田野调查资料为基础，结合相关文献分析，试图通过规范性研究、实证性研究、综合研究与个案研究的融合，对武陵山农村贫困的影响因素、形成机理与治理进行较为系统的分析和探讨。

第一节　问题缘起

一、研究由来

贫困问题及其研究，既是一个古老的命题，又是一个常新的话题；既是一个历史问题，又是一个"与世俱进"[3]的现实问题；既是社会学中的一个经典领域，又是历久弥新的一个实践问题。从某种意义上讲，任何一个国家的经济发展与社会进步，都是一部与贫困做斗争的历史。或许正因为这样，贫困人口问题一直是国内外社会学、经济学与政治学等学科关注的热点和重点领域。为了引起国际社会对贫困问题的重视，动员各国采取具体扶贫行动，宣传和促进全世界

---

[1]　洪巧俊：《正视90%贫困人口在农村这个问题》，《党政干部文摘》，2009年第5期，第13页。

[2]　选取社区为个案进行研究是社会学和人类学对社会研究的经典方法，如怀特的《街角社会》等。但能否将一个地级自治州作为一个研究社区，学术界可能尚有不同意见。不过，笔者以为，根据社区的定义，将一个地级自治州视为较大的社区来研究也是可以的。

[3]　通常情况下，"世"往往兼具有时间与空间的含义，是一个时空概念，既具有"时代、社会"的意思，又具有"一生一世、人间"等意蕴。这里之所以采用"与世俱进"这个词语，是因为贫困等社会问题的解决与治理，既要考虑一个社会的时空演变与进步，又要把握整个社会、甚至全球社会的变化发展。

的消除贫困工作，1992 年 12 月 22 日，第 47 届联合国大会根据联合国第二委员会的建议，确定每年 10 月 17 日为"国际消除贫困日"（International Day for the Eradication of Poverty），要求各成员国宣传和促进全世界消除贫困的工作，采取具体的扶贫行动。根据我国国务院新闻办公室副主任郭卫民同志在"2017 中国扶贫国际论坛"开幕式上的发言："当前，全球仍有 7 亿多人口生活在极端贫困之中。减贫是全球战略，需要全球动员、全球行动。"[①]艾泽尔在《减少贫困的政治》一文中指出："经济增长一直作为第三世界国家主要的减贫策略而得到提倡，但对贫困人口的公共投资却随着经济的增长而放慢。……加剧了贫困的程度。"联合国开发计划署在《2003 年人类发展报告》中也认为"经济增长对减少贫困是必要的，……20 世纪 90 年代尽管经济有所增长，但收入贫困人口却增加了"。这说明贫困人口的治理问题已经引起了世人的广泛关注和研究。自中华人民共和国成立以来，农村贫困问题的研究及其治理一直是党和国家的重要任务之一，并取得了举世瞩目的成绩。根据 2010 年的 2300 元的人均纯收入的新扶贫标准，截至 2016 年底，中国农村没有解决温饱的贫困人口"已下降到 4335 万人，贫困发生率下降到 4.5%"[②]，全国农村的减贫增幅都超过 50%；我国贫困地区农村居民"人均可支配收入达到 8452 元"；"农村贫困人口从 1978 年的 7.7 亿人"[③]减少到 4335 万人，中国"农村贫困人口减少 7.3 亿人"。但是，2009 年洪巧俊在《党政干部文摘》第 5 期中指出"要正视 90% 贫困人口在农村这个问题，农村的扶贫工作依然艰巨"。2017 年 3 月，李克强总理在政府工作报告中进一步指出"贫困地区和贫困人口是全面建成小康社会最大的短板"[④]。十八大以来，党与政府又适时提出了"精准扶贫与精准脱贫"的战略思路，尤其是在十九大报告中，习近平同志则进一步强调要"确保到二〇二〇年我国现行标准[⑤]下农村贫困人口实现脱贫，贫困县全部摘帽，解决区域性整体贫困"[⑥]，这标志着我国的扶贫开发进入了

[①] 郭卫民在 2017 中国扶贫国际论坛上的主旨发言. 中国发展门户网，http://www.china.com.cn/news/cndg/2017-05/26/content_40901903.htm（2017-5-19）。

[②] 国家统计局住户调查办公室：《2017 中国农村贫困监测报告》，北京：中国统计出版社，2017 年，第 10-11 页。

[③] 中共中央网络安全和信息化委员会办公室：31 年贫困人口减少 7.9 亿 .http://www.cac.gov.cn/2017-03/17/c_1120646331.htm（2017-5-19）。

[④] 李克强：政府工作报告 . 中国政府网，http://www.gov.cn/premier/2017-03/16/content_5177940.htm（2018-10-27）。

[⑤] 这里的"现行标准"指的是我国 2010 年确定的农村贫困线标准，即每人每年的纯收入为 2300 元。

[⑥] 习近平：《决胜全面建成小康社会 夺取新时代中国特色社会主义伟大胜利——在中国共产党第十九次全国代表大会上的报告》. 北京：人民出版社，2017 年，第 48 页。

一个新的阶段。这不仅给民族山区农村贫困人口的治理指明了方向，而且展示了民族山区的农村贫困人口问题的治理在目前显得甚为必要和迫切。可见，我国农村的扶贫工作仍然任重而道远，基于和谐社会与乡村建设的需要，加强农村贫困问题的研究有其客观的现实依据。

当然，党和国家一直以来都十分重视民族山区农村贫困问题，根据国家"乡村振兴"战略与"十八大"以来的相关文件精神，"我国脱贫攻坚面临的任务仍然十分艰巨"[①]，由此，"民族山区农村的扶贫工作仍然是今后的重要任务之一"。同时，以《中国农村扶贫开发纲要（2011—2020年）》为基础，《"十三五"脱贫攻坚规划》依然将武陵山等14个连片特困地区[②]作为扶贫开发的主战场。因此，扶贫开发与贫困治理作为建设有中国特色社会主义的重要民生工程，担负着改善民生、缩小差距、如期实现全面建成小康社会与构建和谐社会奋斗目标的艰巨使命，是新时期面临的重大现实问题与理论问题。本书从"乡村振兴""和谐社会"建设的战略高度，以农村贫困人口为逻辑主线，选取恩施州少数民族农村为研究对象，结合武陵山少数民族农村的现实条件与未来发展趋势，运用社会学的基本理论和方法来系统地挖掘、整理武陵山少数民族农村贫困人口的基本现状及其分布状况，揭示农村贫困的形成机理，把握武陵山农村地区贫困人口的扶贫模式及其治理机制。这不仅是为了认识、发现武陵山农村地区贫困人口变迁的规律，更为重要的是为我国有效进行现代乡村建设及解决"新三农"问题提供可资借鉴的模式和对策。特别是在推进现代农村建设及其振兴的伟大进程中，民族山区农村贫困人口问题治理的成功，不仅关系到农村社会的和谐与稳定，也关系到我国整个和谐社会的构建。可见，关于民族山区农村贫困人口的研究不仅具有较强的理论意义和实践价值，而且对世界范围内的贫困问题的缓解或治理也具有积极的现实意义和理论价值。

二、研究问题

在知识经济日益渗透、现代化进程不断推进的今天，贫困现象及其问题已经成为任何社会与国家都必须面对的一个世界性难题，其研究一直是国内外学术界、政府及广大群众关注的一个热点领域，国内外学者分别从社会学、经济学、

---

① 习近平：在深度贫困地区脱贫攻坚座谈会上的讲话．新华网，http://www.xinhuanet.com//politics/2017-08/31/c_1121580205.htm（2018-10-27）。

② 编写组：《"十三五"脱贫攻坚规划》，北京：人民出版社，2016年，第2页。

管理学与政治学等学科对其进行分析讨论。例如，美国著名社会学家 Shepard 和 Voss 在 *Social Problems* [1] 一书中对贫困问题做了较为详尽的研究，这一直是研究贫困问题的经典。此后，一些学者对此进行了进一步的探索和发展，如印度学者阿玛蒂亚·森的《贫困与饥荒》[2] 和美国哥伦比亚大学教授 Sachs 所写的 *Common Wealth: Economics for a Crowded Planet* 及 *The End of Poverty: Economic Possibilities for Our Time* [3] 等。作为最大的发展中国家，中国有关农村贫困问题的研究是在社会快速转型（如改革开放）的社会运行大背景下展开的，并从整体上不断呈现出其社会学意义和现实价值。由于国内外针对"贫困现象及其问题"的研究既存在着多学科的单一视角，又呈现出纷繁复杂的内容体系，因而，要对这些研究文献加以梳理和整理不是一件容易的事情。

　　从整体上讲，在贫困问题的研究成果中，综合考察国内外贫困研究的相关文献 [4] 往往忽视了社会系统本身运行的动态性特征，没有考虑时间与人口等体现贫困问题动态演进的重要变量，从而导致对贫困现象及其问题与本质的认识不够

---

[1]　Shepard J M, Voss H L. Social Problems. New York: Macmillan, 1978.

[2]　阿玛蒂亚·森：《贫困与饥荒》，王宇，王文玉译，北京：商务印书馆，2001 年。

[3]　Sachs J. Common Wealth: Economics for a Crowded Planet. London: Penguin Press, 2008; Sachs J. The End of Poverty: Economic Possibilities for Our Time. London: Penguin Press, 2005.

[4]　奥本海默：《贫困真相》//唐钧：《中国城市居民贫困线研究》，上海：上海社会科学院出版社，1998 年；劳埃德·雷诺兹：《微观经济学：分析和政策》，马宾译，北京：商务印书馆，1986 年；李实：《阿玛蒂亚·森与他的主要经济学贡献》，《改革》，1999 年第 1 期，第 101-109 页；艾尔泽：《减少贫困的政治》，《国际社会科学杂志》(中文版)，2000 年第 4 期，第 43-48 页；编写组：《2000/2001 年世界发展报告：与贫困作斗争》，本报告翻译组译，北京：中国财政经济出版社，2001 年；弗兰茨·克萨韦尔·考夫曼：《社会福利国家面临的挑战》，王学东译，北京：商务印书馆，2004 年；Gans H J.Positive function of poverty.American Journal of Sociology，1972,78（2）：275-289；M. P. 托达罗：《第三世界的经济发展》，于同申，苏蓉生等译，北京：中国人民大学出版社，1988 年；李石新：《中国经济发展对农村贫困的影响研究》，北京：中国经济出版社，2010 年；鲁德斯：《政策研究百科全书》，北京：中国科学技术文献出版社，1989 年；世界银行：《贫困与对策：1992 年减缓贫困手册》，陈胜华等译，北京：经济管理出版社，1996 年；W. W. 罗斯托：《经济增长的阶段——非共产党宣言》，郭熙保，王松茂译，北京：中国社会科学出版社，2001 年；冈纳·缪尔达尔：《亚洲的戏剧：对一些国家贫困问题的研究》，谭力文，张卫东译，北京：北京经济学院出版社，1992 年；童星，林闽钢：《我国农村贫困标准线研究》，《中国社会科学》，1994 年第 3 期，第 86-98 页；康晓光：《中国贫困与反贫困理论》，南宁：广西人民出版社，1995 年；洪朝辉：《论社会权利的"贫困"》，《当代中国研究》，2002 年第 4 期；王祖祥等：《农村贫困与极化问题研究——以湖北省为例》，《中国社会科学》，2009 年第 6 期，第 73-88 页；姜锦华等：《中国的贫困地区类型及开发》，北京：旅游教育出版社，1989 年；杨冬民、韦苇：《贫困理论中若干问题的比较及对西部反贫困实践的反思》，《经济问题探索》，2005 年第 1 期，第 4-7 页；原华荣：《生产性贫困与社会性贫困》，《社会学研究》，1990 年第 6 期，第 81-88 页；胡联等：《贫困的形成机理：一个分析框架的探讨》，《经济问题探索》，2012 年第 2 期，第 1-5 页；张蕴萍：《中国农村贫困形成机理的内外因素探析》，《山东社会科学》，2011 年第 8 期，第 33-37 页；郑功成：《中国社会保障改革研究及理论取向》，《经济学动态》，2003 年第 6 期，第 51-54 页；朱凤歧：《中国反贫困研究》，北京：中国计划出版社，1996 年；等等。

准确，反贫困的理念和具体措施有待于进一步认识和思考。首先，国内外有关贫困形成机理的探究，虽有较丰富的成果，但依然存在着以下问题[①]：①大多只是从某个角度诠释了贫困的成因；②缺乏从区域和人群的构成这个角度来研究贫困的形成机理；③对于气候变化对贫困的影响及气候变化和其他致贫因素的相互关系研究尚不足。其次，虽然国内有些学者把影响贫困的经济、个体、社会与环境等因素综合起来，提出了贫困形成机理的分析框架[②]，但"贫困的影响因素与其形成机理是不一样的"[③]。可见，目前理论界大多是从不同的视角分别来探究贫困现象及其问题的形成机理，甚至有些学者误以为成因就是机理，也没有一个统一的分析模式，其解释力也相对有限。同时，贫困救助政策并非仅仅是"一种经济手段和特定政治目的的制度安排"[③]，对其认识也有待于进一步深入思考和研究。

因此，基于贫困形成的复杂性和动态性，针对民族山区，特别是连片特困地区农村贫困问题的治理，目前亟待解决的问题主要有：①影响民族山区农村贫困的因素是什么，其分布状况和演变趋势如何；②民族山区农村贫困的形成机理究竟是怎样的；③如何有效识别贫困人口，怎样去完善其瞄准机制和脱贫机制，如何构建农村贫困现象及其人口问题的治理框架。这些问题都有待于进行进一步探索和认识。

通过上述综合分析与判断，可以发现上述研究较多地把注意力放在贫困问题的宏观运作及其重要性等方面，分别从经济学、政治学和社会学的角度进行了分析，而对少数民族山区，特别是地处中西结合部的武陵山少数民族山区的农村贫困人口的具体研究却做得不够；同时，基于时代的演进和社会进步，对"贫困""贫困群体"（似乎还没有人提出完整概念）的界定都应有新的认识。同时，"乡村振兴"中贫困人口的治理及对策，农民真正脱贫致富不仅是乡村振兴与和谐社会建设的根本，而且是实现全面建成小康社会与农村现代化的关键。由此，这就给本书研究提供了思考空间和现实依据。本书就是在上述研究的基础上，基于田野调查及理性考量，运用社会学的理论与方法来进行科学总结，试图提炼出民族山区农村贫困的成因、形成机理及其治理机制等具有规律性的科学认识，以有效把握贫困人口的治理与民族山区农村社会发展的关系，这不仅有利于我国少

---

① 胡联等：《贫困的形成机理：一个分析框架的探讨》，《经济问题探索》，2012 年第 2 期，第 1-5 页。
② 张蕴萍：《中国农村贫困形成机理的内外因素探析》，《山东社会科学》，2011 年第 8 期，第 33-37 页。
③ 郑功成：《中国社会保障改革研究及理论取向》，《经济学动态》，2003 年第 6 期，第 51-54 页。

数民族山区农村社会的有效发展和稳定，而且有利于我国"乡村振兴"战略和农村现代化的整体推进以及和谐社会的构建。

第二节　理论基础

社会学关于贫困问题的关注与理论研究由来已久，最早可以追溯到 1601 年英国的《伊丽莎白济贫法》的颁布与实施。此后，国内外已经有大量的有关贫困研究的文献。尽管社会学的产生与形成以及早期社会学的出发点是为了维护当时的社会制度或对其进行改造，但不管是马克思主义社会学，还是非马克思主义社会学，都对农村贫困、工人失业等贫困现象进行关注和研究，这是不争的事实。可见，社会学在欧洲产生和发展的历史表明，对贫困问题的关注和研究一直是其重要领域。在近 200 年的研究历程中，社会学等学科对于贫困问题的研究基于自己特有的研究视角和概念框架，既形成了相应的研究分支学科，提炼出了许多基本的理论观点，又发展出了一套比较成熟的知识理论体系。本书着眼于研究目标和思路，梳理这些基本理论观点，并据此分析民族山区转型农村贫困问题的一般性和特殊性，以便为本书的研究开展提供一定的分析基础和理论支持。

一、相关理论探讨

（一）自然环境论[①]

贫困的自然环境论侧重于从自然资源开发利用的视角来研究贫困的分布和特征。该理论基于类型学认为"区域性贫困（资源制约型贫困）原因分析概括起来有两类观点，一类认为贫困是对于自然资源开发利用不足使然，由于资金缺乏、交通、通讯、能源等基础设施严重落后导致贫困；一类观点把贫困归咎于资源状况先天性恶劣，由于土地资源和其他自然资源不足、资源结构不合理导致贫困。这类地区通常是生态脆弱地区，对它的过度开发或直接弃任不管，都有可能

---

① 朱力：《当代中国社会问题》，北京：社会科学文献出版社，2008 年，第 308-309 页。

引起环境的恶化"①。 在通常情况下，对于贫困者而言，环境决定论也许是一个真理，因为当他们在环境面前束手无策的时候，他们的贫困又在一定程度上决定了他们与环境之间的狭隘关系，从而限制了他们的发展。可见，贫困一般是指物质生活上的匮乏，这也是现阶段的主流解释——经济学对贫困的解释——认为土地、资本乃至技术等资源的匮乏阻碍了经济社会的发展，是导致贫困的罪魁祸首。因而，他们从不同方面对贫困进行物质的考察或经济、技术的分析。不过，贫困问题却不仅仅是一个经济问题，因而，虽然这种看法"往往忽视了贫困主体的特殊性及其生存的社会环境"②，但这种观点在一定程度上解释了环境脆弱地区的有关贫困现象，有助于较好认识武陵民族山区农村的贫困现象。

（二）素质贫困论③

该理论认为人口素质是贫困、落后的本质规定，指出"中国的贫困地区存在着令人震惊的自然资源富饶和令人震惊的贫穷的矛盾现实，贫困的本质规定，不是资源的贫乏，不是产值的高低，也不是发展速度的快慢和收入的多少，而是人的素质差：指人从事商品生产和经营的素质"④。 持这种观点的学者把人的素质量化为《进取心量表》来进行测量，将贫困人口的素质特征描述为："创业冲动微弱，易于满足；风险承受能力较低，不能抵御较大的困难和挫折，不愿冒险；生产与生活中的独立性、主动性较差，有较重的依赖思想和听天由命的观念；难以打破传统的习惯，接受新的生产、生活方式以及大多数新事物、新现象；追求新经历、新体验的精神较差，安于现状，乐于守成。"⑤ 这种看法在某种程度上显然是对刘易斯贫困文化论和个体主义贫困观的一种综合，超越了以往一般仅仅在经济要素范围内讨论贫困问题的局限。基于素质贫困论有其一定的合理性，因而，它曾一度在学界、政界和市民中非常流行。例如，能力约束导致贫困，文化素质低和科技意识差导致贫困地区农业对科技的有效需求不足，严重制

---

① 沈红：《中国贫困研究的社会学述评》，《社会学研究》，2000 年第 2 期，第 91-100 页。
② 朱力：《当代中国社会问题》，北京：社会科学文献出版社，2008 年，第 309 页。
③ 沈红：《中国贫困研究的社会学述评》，《社会学研究》，2000 年第 2 期，第 91-100 页。
④ 王小强，白南风：《富饶的贫困》，成都：四川人民出版社，1986 年，第 56 页。
⑤ 王小强，白南风：《富饶的贫困》，成都：四川人民出版社，1986 年，第 59 页。

约了贫困地区农业生产的发展。虽然素质贫困论在现阶段受到一些质疑[1]，但它仍然对目前民族山区农村的贫困问题有着一定的解释力。

（三）社会结构论

贫困现象可以说是各个国家都无法回避的一个问题，无论是发达国家还是贫穷国家，贫困现象及其问题是内在的、嵌入在社会结构之中的，是一个普遍存在的影响社会发展及其进步的重大问题。正因为如此，一些学者从社会结构的角度对贫困问题做过比较深入的探讨，因而，社会结构论的内容涉及"制度性贫困、社会政策制造贫困、社会冲突论、贫困是社会的需要"[2]等，这里主要讨论"社会政策制造贫困"。事实证明，社会政策本身的不公平、政策价值导向的偏差或政策操作的扭曲都将导致贫困的产生。例如，Alcock 指出：从政策决定问题的意义上来讲，贫困的界定通常取决于应对贫困的各项政策[3]。其一，政策可以确定穷人标签的指向，即谁是穷人，谁将成为穷人；其二，政策可能再造贫困，即解救贫困的政策因执行失误再造了贫困或政策本身就不是平等之策，"因为政策行为随时准备或时刻能够左右社会结构"。Gregor 则基于"政策失误导向不平等，而后产生贫困"的角度，认为"如果政策是政治家决策的产物，贫困就相当于一个政策概念"[4]。可见，在制定反贫困政策或治理贫困的政策的过程中，要尽量考虑到政策的不周全或不公正而给社会带来的新的贫困。因此，社会政策的不平等、不公正是导致贫困的原因之一。

（四）相对剥夺论

"相对剥夺感"是由美国社会学家 Stouffer 等在 *Studies in Social Psychology in World War II: The American Soldier* 一书中首先提出的。此后，美国社会学家默顿在其《社会理论与社会结构》一书中用"参照群体"的理论来解释人们通过与参照群体的比较而产生的一种自身利益被其他群体剥夺的内心感受——人们在认

---

[1]　沈红：《中国贫困研究的社会学述评》，《社会学研究》，2000 年第 2 期，第 91-100 页。
[2]　朱力：《当代中国社会问题》，北京：社会科学文献出版社，2008 年，第 310-311 页。
[3]　Alcock P. Understanding Poverty. London: The Macmillan Press, 1993, 4, 13.
[4]　转引自周怡：《贫困研究：结构解释与文化解释的对垒》，《社会学研究》，2002 年第 3 期，第 49-63 页。

为"自己实际得到的和期望得到的、自己得到的和他人得到的"之间存在很大差距时，就会产生一种被他人或社会"剥夺"了的主观心理感受，这种感受是自认为没有得到公平待遇后的不满与积怨的结合。当某一群体普遍产生了"相对剥夺感"时，他们就可能采取集体行动来强制性地"纠正"这种剥夺。[1] 社会学家Gurr 则提出了关于暴力和攻击解释的相对剥夺（relative deprivation）论，其假设为大众的满意和不满意程度是相对的。他认为，"每个人都有某种价值期望，而社会则有某种价值能力。当社会变迁导致社会的价值能力小于个人的价值期望时，人们就会产生相对剥夺感。相对剥夺感越大，人们造反的可能性就越大，造反行为的破坏性也越强"[2]。这样，社会发展产生的各个群体的社会价值期待与群体特性所决定的价值能力之间发生了差异化和不一致，形成了一种期望与能力的落差。可见，相对于处于相对"富裕"群体的另一群体来说，他们通常具有强烈的被剥夺感，相应地，社会群体的这种相对满足和相对剥夺现象揭示了参照群体（即人们在心理上加以比较的群体）对个体态度和行为取向的影响作用。[3] 毫无疑问，相对剥夺感会使人们有自身利益受损之感，马克思曾经一针见血地指出："人们奋斗所争取的一切，都与他们的利益有关。"[4] 因此，相对贫困在本质上就是指一定阶层的人在物质上或非物质上遭到持续性的"剥夺"而导致的社会不平等。[5] 显然，社会中的相对贫困，尤其是民族山区农村的（相对）贫困问题可以用相对剥夺论来进行较好的解释。

二、核心概念诠释

实践证明：概念的明晰与界定是任何社会科学研究的逻辑起点。[6] 因此，概念的诠释和有效把握不仅是进行研究的前提，而且有助于理解研究内容。本书的研究所涉及的概念比较多，但最为重要的是"社会运行、贫困人口、生态环境

---

① 陈潭，黄金：《群体性事件多种原因的理论阐释》，《政治学研究》，2009 年第 6 期，第 54-61 页。

② 赵鼎新：《社会与政治运动讲义》，北京：社会科学文献出版社，2006 年，第 78 页。

③ 周晓虹：《现代社会心理学》，南京：江苏人民出版社，1991 年，第 64-65 页。

④ 马克思，恩格斯：《马克思恩格斯选集》（第 1 卷），中共中央马克思恩格斯列宁斯大林著作编译局译，北京：人民出版社，1995 年，第 82 页。

⑤ 钱再见：《失业弱势群体及其社会支持研究》，南京：南京师范大学出版社，2006 年，第 37 页。

⑥ Tan X C, Zhu L. Fissure and Governance: Research on the Poor Groups of the Modertate-sized City in the National Areas Based on the Background of Social Transformation. 2009 International Symposium on Sustainable Development of City Group. Sydney, Australia: Aussino Publishing House, 2009, 511.

与机理",这不仅仅是因为这四个概念是本书研究的逻辑主线,而且是因为这四者之间具有一种内在的逻辑关联。

(一)社会运行

要理解社会运行,就要理解什么是社会及运行。因而,首要的问题是:究竟什么是社会?我们每个人都生活在现实社会之中,都似乎对社会感到"不陌生",但究竟什么是社会?对此要做出有效回答,却不是一件容易的事。事实上,社会这个概念的内涵是因人而有着不同的诠释,并不断演变的:哲学意义上的社会是指一种社会存在;马克思主义经典作家认为社会"是各种社会关系的总和,是人们交互作用的产物"[①];《现代汉语词典》对社会的解释为"一定的经济基础和上层建筑构成的整体,是一种社会形态,或者是基于共同的物质条件的人群"[②];社会学通常认为社会就是指基于社会关系而相互依存并联系的人们的共同体,等。因此,综合上述观点,本书认为"社会就是指位于特定时空领域内并基于相同或相近的物质和精神条件而形成的相互联系的人们的有机共同体"[③],这样,社会贫困、贫困人口、社会结构等便可看作是由社会衍生出来的东西,从而为社会贫困的研究埋下伏笔。那么,运行又是什么意思呢?所谓运行,简单地讲,就是指"客观事物周而复始地运动"[④]。因此,社会运行就是指人类社会有机体自身的一种有规律的运动、变化和发展过程,是一个退化与进化统一的动态演进过程,它在现实形态上往往表现为影响其有机整体的多种要素(社会、自然)与多层次子系统之间的交互作用及其功能的发挥。通常情况下,社会运行包括纵向和横向两个方面:纵向运行是社会(含自然环境)的变迁和发展,表现出经常、变异和中断等三种关系;横向运行是指某一特定的社会在其某一发展阶段上社会诸要素之间的交叉渗透、制约、促进和转化等相互作用。当然,根据社会发展的基本状况,其"运行大致可以分为三种类型:良性运行、中性运行和恶性运行"[⑤]。

---

① 郑杭生:《社会学概论新修》,北京:中国人民大学出版社,2006 年,第 53 页。
② 中国社会科学院语言研究所词典编辑室:《现代汉语词典》,第 6 版,北京:商务印书馆,2012 年,第 1148 页。
③ 谭贤楚、刘伦文:《西方社会思想史研究:现状、问题及思考》,《前沿》,2006 年第 8 期,第 211-214 页。
④ 中国社会科学院语言研究所词典编辑室:《现代汉语词典》,第 6 版,北京:商务印书馆,2012 年,第 1613 页。
⑤ 郑杭生:《社会学概论新修》(精编版),北京:中国人民大学出版社,2009 年,第 5 页。

（二）贫困人口

究竟如何理解贫困人口？其前提是有效把握贫困概念的内涵。众所周知，自从人类社会诞生以来，贫困就一直是与人类社会的发展相伴而生的，它既随着科技的进步和时代的演进而不断变更其形态，又基于人的认识差异而有着不同的诠释。可见，贫困及其演变是一个复杂的客观社会现象，不管人们承认与否，它始终是存在的。不过，虽然贫困现象早已存在，但是对其进行研究却只有 100 多年的历史。1899 年，英国的布什和朗特里基于理论和实证的结合开创了贫困问题研究的先河，认为"如果一个家庭的总收入不足以获得维持体能所需的最低数量的必需品，那么，该家庭就处于贫困状态"[①]，此后有关贫困问题的研究便在世界各国得到了较快发展。但是，究竟什么是贫困，其内涵应如何把握，就涉及对贫困概念的明确，这却是一件不容易的事情。综观古今中外，据不完全考证和统计，关于贫困的定义竟有 60 余种（国内"贫困研究"提到的定义汇总）。当然，上述对贫困的定义，体现了国内外学术界对贫困认识的不同观点。通常情况下，这些有关贫困的定义有如下特点：①贫困一般是与缺乏和不足联系在一起的，无论是在物质资源、收入、能力，还是在精神生活方面，贫困者都表现出缺乏和不足；②通常情况下，贫困是指低于某种社会所公认的客观标准，这种标准在不同时期的不同国家有不同的理解，它不仅与社会经济发展水平和文化价值观有极大的关系，而且呈现出复杂性和一定的相对性。通过国内外有关贫困定义的分析比较，发现贫困的概念是基于时空转换和社会进步而不断嬗变的，对其认识是一个不断深化的过程。但是，笔者在纵向和横向比较及理性分析的基础上认为，中外学者有关贫困的定义绝大部分具有一定的局限性（如或只注重经济贫困，或忽视精神贫困，或只注重制度因素，或只强调功能因素，或忽视社会结构及社会的认同等）。事实上，任何贫困都是特定时空及社会背景的产物，都与一国的社会发展及其环境有着内在关联，是特定社会认同并动态演进的一种客观社会现象，是社会自身运行过程中的产物。基于这种分析，从社会学的视角，贫困或许可以界定为"贫困就是指位于特定时空领域内的社会基于社会结构的失调（制度、产业、政策等）和个体因素（能力、残疾、灾害等）的交互作用而造成的使个体或群体

[①] 转引自李彦昌：《城市贫困与社会救助研究》，北京：北京大学出版社，2004 年，第 1 页。

不能获得被社会所认同的维持基本生活需要的一种生存方式和状态"①。这样，该定义不仅克服了传统贫困定义的相应局限性，指出贫困是"交互作用"的产物，而且其解释范围也大为拓展了，是一个普遍性（如绝对贫困与相对贫困、广义贫困与狭义贫困、农村贫困与城市贫困等）较强的概念。

明确了贫困的概念，这就为贫困人口的理解提供了基础。如前所述，贫困人口问题由来已久，我国有关贫困问题的研究已近 20 年了，这对其治理提供了较好的思路。但究竟何为"贫困人口"，就已有资料来看，仍未见其完整定义，相关论著只是避开其定义泛泛而谈，简单讨论其构成，这对农村贫困人口的认识和治理是不利的。因此，要理解贫困人口，把握人口的概念是其前提。一般而言，社会学认为"人口就是指存在于一定时间和空间范围内，生活在一定社会生产方式下，具有一定数量和质量，并表现为具有一定结构的有生命的个人所组成的不断运动的社会群体"②。这样，贫困人口就可以定义为"位于特定时空领域内的社会中的不能获得被社会所认同的维持基本生活需要的一种生存状态的社会群体"，它既具有贫困的特性，又具有社会人的属性。

（三）生态环境

众所周知，任何生物都生活在一定的环境之中，不能脱离环境而生存，人类也不例外。那么，什么是环境呢？所谓环境就是指"某一特定生物体或生物群体以外的空间及直接或间接影响该生物体或生物群体生存的一切事物的总和"③。可见，环境总是相对于某一生物体或生物群体而言的，离开了相应的主体也就无所谓环境。因此，生态环境指的是"人类赖以生存和发展的物质条件和精神条件的有机综合体（既适合于人类安居乐业，又宜于其他生物的良性共生），既包括自然环境（包含资源等），又包括社会环境（含政治、政策等环境），它在现代化的进程中是一个动态的、综合的及整体的演化和进化过程"④。

---

① Tan X C, Zhu L. Fissure and Governance: Research on the Poor Groups of the Modertate-sized City in the National Areas Based on the Background of Social Transformation. 2009 International Symposium on Sustainable Development of City Group. Sydney, Australia: Aussino Publishing House, 2009, 511-512.

② 于显洋：《社区概论》，北京：中国人民大学出版社，2006 年，第 126 页。

③ 文祯中：《自然科学概论》，南京：南京大学出版社，2004 年，第 347-348 页。

④ Tan X C.The Coordinating Evolution: The Ecological Environment and Social Development of the Modernizing Process. ACEE, 2011.

（四）机理

要有效把握民族山区转型农村中贫困的形成机理与治理机制，就要准确把握机理的基本内涵。那么，什么是机理呢？综合判断，它主要有三种基本含义：①机器的构造和工作原理；②有机体的构造、功能及其相互关系；③指一个复杂的工作系统和某些自然现象的本质联系和规律。[①] 基于这种考量，本书认为机理就是指一种客观事物所具有的带有规律性的活动模式和方式。值得注意的是：在阅读一些文献时，常常看到"机理"一词被学者使用，但对机理的概念，他们往往又不加以界定，这往往使人们误以为机理指的就是做事情的方式、方法或某些问题形成的具体原因。事实上，机理虽然是在各种有效方式、方法或原因的基础上总结和提炼出来的，但方式、方法往往只是做事的一种形式和思路。虽然机理的含义中有做事情的方式、方法或形成某一问题的具体原因之意，但它又不等同于这个意思。理解这一点，有助于更好地理解和认识贫困的形成机理和治理机制，从而为贫困现象及其问题的治理提供思想基础与理论依据。

第三节　研究贡献

（一）主要贡献

第一，与中外已有的研究文献相比，本书有自己的特点与视角。本书在已有相关贫困研究的基础上，以实证研究为基础，以对贫困问题的新认识为逻辑起点，以贫困人口为主线，从社会运行和时空社会学的视角，来分析阐明贫困的形成机理和治理机制，从而对农村的贫困问题及其治理进行综合研究。同时，本书试图克服以往在进行农村贫困研究时较少把微观与宏观结合起来研究的局限，试图把微观和宏观结合起来研究农村贫困问题，以充实我国农村贫困研究的内容。本书一方面拓展了有关农村贫困问题研究的经验领域和理论命题，另一方面也有

---

① 魏江，许庆瑞：《企业技术创新机制的概念、内容和模式》，《科技进步与对策》，1994年第6期，第37-40页。

助于人们更为全面地了解和认识农村的贫困现象及其人口问题，把握贫困人口的社会生活状况，从而加深了人们对贫困现象及其人口问题的认识和理解。

第二，本书对贫困和贫困人口的概念进行了重新定义，经过文献梳理和比较分析，认为贫困就是指位于特定时空领域内的社会基于社会结构的失调（制度、产业、政策等）和个体因素（能力、残疾、灾害等）的交互作用而造成的使个体或群体不能获得被社会所认同的维持基本生活需要的一种生存状态；贫困人口就是指位于特定时空领域内的社会中的不能获得被社会所认同的维持基本生活需要的一种生存状态的社会群体。这种定义有助于人们更好地认识贫困问题和贫困人口在现实生活中的具体表现。当然，虽然该观点似乎比目前相应认识有着更强的解释力和更大的解释范围，但这种看法究竟是否科学，不仅需要学术共同体的进一步研究，而且有待于社会实践的进一步检验。

当然，对贫困现象及其人口问题的理解可以着眼于以下五个相互依赖的层次：生态环境（包括自然环境）层次、自然人口层次、社会系统层次、社会关系层次与意义层次，其简要示意图如图 1-1 所示。由于贫困现象的产生涉及这五个相互依存的系统，因而，它自然比自然现象要复杂得多。可见，对贫困现象及其人口问题的认识和理解也应涉及这五个相互依存的层次及其构成的系统：①基于贫困现象的社会属性，若仅仅把自然科学的方法运用到社会系统及社会关系层次中，则很可能只是一种近似或简单化的处理和认识，相应地，由此得出的只是近似的结论；②对贫困现象所涉及的社会系统及社会关系进行探索和研究，这有助于更好地认识贫困；③至于贫困现象的意义，尤其是其社会意义，更值得认真加以研究和认识，这可以为有效治理贫困现象提供理论指导与方向上的指引，如某一特定社会的贫困标准、扶贫战略、扶贫政策及其模式选择等。

图 1-1　理解贫困现象的示意简图

　　第三，基于社会运行和全球化的宏观背景，本书在对贫困问题进行重新认识的基础上，超越了消除贫困的常规思路，提出了贫困治理的新理念与扶贫思路，也就是说，既然贫困现象及其问题内在地嵌入在社会结构之中，那么它就具有长期性、动态性、复杂性等特征，是任何国家和社会都不可回避的社会问题；同时，贫困现象也只有达到一定的度才可成为贫困问题。因此，只要将它控制在一定限度或某种范围之内，使其不影响到社会的良性运行与协调发展就可以了。换句话说，贫困现象只有达到一定的度才会成为被某一社会所承认的社会问题，但究竟是怎样的度，这要根据不同国家及其客观的社会经济发展水平来确定。这种观点，可以说，就目前已有的研究资料来看，在国内外都具有超前的眼光，具有一定程度的开创性意义和较强的现实价值，对整个人类社会的扶贫实践具有积极的指导意义。

　　第四，本书明确区分了贫困发生的具体原因与形成机理的差异，并通过对二者对贫困现象影响的实证分析，说明了它们之间的不同点和重要区别。具体来说，只有着眼于社会整体和生态系统，从历史的、发生学的角度才可以较好地认识、理解和解释贫困的形成机理，任何社会的贫困现象及其问题必然是在生态环境（包括自然环境）层次、自然人口层次、社会系统层次、社会关系层次、意义层次这五个相互依赖的层次及其相互作用和演变的过程中产生的一种动态演进的生活状态和方式，其形成机理及其运行框架是：生态环境（包括自然环境）层次、自然人口层次、社会系统层次、社会关系层次与意义层次五个方面之间的演化及其某种失调，其认识和理解是基于自然环境的整个社会系统。贫困的这种形成机理初步揭示了"要较好治理贫困现象，既要面向社会系统内外，针对不同层次的对象实现其协同演变，实现社会要素之间的密切配合，并明确各自应承担的责任，从协同视角来认识贫困的本质，也要对贫困现象本身的演进及其状况和扶贫政策有一个初步的全新认识"，从而为中国等发展中国家甚至全世界的扶贫工作提供了新的扶贫战略思路与框架，但是，本书所讨论的结果仍需要进行进一步深入研究。

　　第五，在不断演变及快速发展的现代社会中，本书所期望的新型贫困问题治理机制是：通过制度化的社会参与机制和参与平台而形成的以"贫困人口＋政府＋社会（含非政府组织）"协同为载体的一种综合的协同治理模式。这种新型的贫困人口问题治理机制就是指"'面向体制内外，针对不同层次的动员对象，

'政府与非政府组织'要密切配合，政府动员与非政府社会动员两种模式都要明确各自应承担的职能和责任'的一种综合治理方式"。在这种新型贫困治理机制的运行过程中，政府是主导力量，社会与广大民众则是主体力量，其目的就是基于优势互补来形成贫困救助及其治理的协同互动的整体社会合力。

（二）几点推论

贫困再生演进论所要回答的基本问题有三个方面：一是贫困现象及其人口问题发生的基础在于其所依赖的客观环境基础；二是社会运行构成的基本要素与社会的客观状况及其发展不仅是影响贫困产生的核心要素，而且是贫困现象具体形态及其现实表现的平台；三是贫困人口不能获取维持基本社会生活水平的生存方式与生活状态是一个动态的演进过程，贫困线作为识别贫困人口的根本标准与依据，是随着社会的不断发展与进步而逐渐上升的。在以上理论假设的前提下，贫困再生演进论可以给出的主要推论如下。

首先，关于贫困的形成机理。该理论从社会运行及其构成要素互动关系的角度对贫困的产生与形成进行了解释，它强调社会构成要素及其结构对贫困人口形成及其演进结构的影响，这在一定程度上克服了国内外有关贫困现象及其人口问题具体成因研究单一研究的局限性。

其次，关于贫困现象及其人口问题的主要影响因素。基于社会运行的动态演进格局的贫困现象与其相对静止状态相比较而言，由于社会运行的复杂性，其涉及环境、人口、社会发展客观状况、社会文化等主要因素，人们获取维持基本生活需求资料的不确定性明显增加，于是，贫困现象及其人口问题就产生了。然而，似乎相关贫困问题理论要么只着眼于具体的人口，要么只从经济发展状况，要么只从文化状况等来考察贫困问题，而忽视了社会本身的运行状况，这与客观现实社会的运行与发展状况有一定偏离。例如，加快经济发展确实可以缓解某一社会的贫困状况，因为经济发展状况及水平本身就是影响贫困产生的重要因素，但它却不能完全消解贫困现象，这已经被各国的扶贫实践所检验与证实。

最后，关于贫困现象及其人口问题的存在与演变，也就是贫困现象的产生、分布与趋势。传统贫困理论较少考察"社会贫困"（不同于社会的具体个别贫困）与动态贫困，是一种相对静态的贫困问题研究。本书既强调贫困的相对静态状况，又指出任何社会的贫困现象及其人口问题是一个不断更新其形态的演变过程，贫困现象是受环境（自然与社会）、人口、社会发展客观状况等因素制约的一个客观社会现象：①贫困是环境（自然与社会）、人口、社会发展客观状况等因素综合作用的产物，如自然灾害、人口自然更替及与社会客观水平相适应的贫困线等；②贫困人口的集中区域位于世界上环境十分脆弱的国家或某国家的局部地区；③贫困现象的分布趋势及其多样化，一是生存型、温饱型与发展型三种贫困类型的共存及其演进；二是整个世界范围内虽然都存在贫困现象，但针对某一国内或社会的贫困现象及其问题而言，其具体分布、规模、特征等又有明显的差异，呈现出多样化的具体形式与类型。

当然，贫困再生演进论是基于不断变化的社会运行及发展状况，在已有贫困研究理论的基础上进行了一些修正、补充和改造，从而提出的一种新观点和理论。值得注意的是，贫困再生演进论不是对传统相关贫困理论的否定，它与传统的自然环境论、素质贫困论、社会结构论等依然存在着不可分割的理论渊源关系。同时，虽然本书主要基于时空社会学的视角，但本书的主要研究方法仍没有离开定性与定量的研究范式，反而可以说是定性与定量统一的分析方法在新情况下的具体运用与实践。

第四节 本书布局

从主题上看，本书主要涉及四个主要概念：一是贫困，二是贫困的影响因素，三是贫困的形成机理，四是贫困的治理机制。虽然这四个概念都统一于武陵山农村贫困问题之中，但它们是相互影响、相互促进的。应当指出的是，民族山区农村贫困问题的较好治理不仅是我国推行新农村建设战略的内在逻辑要求，是加快农村现代化建设的重要步骤，而且是实现民族农村社区跨越式发展的重要环节，是社会主义优越性的重要表现。作为后发现代化国家，我国现代化的特点和现实国情决定了我国必须以贫困问题的较好治理为其根本途径，这不仅是促使我国民族山区得到较好发展的基本前提，而且是我国构建和谐社会的关键。

一、基本框架

（一）研究框架

基于本书的研究目标及理性思考，本书研究的主要内容有：①武陵山农村贫困人口问题的基本现状及其分布与影响因素；②民族山区农村贫困人口的性质；③农村贫困（及其人口）的形成机理；④以贫困形成机理为基础，着眼于农村社会的演变，探讨民族山区农村贫困扶贫战略的转变思路，设计并制定科学的脱贫政策，构建合理的脱贫政策模式与治理机制；⑤民族山区农村贫困人口的社会政策支持等。由此，本书研究问题的基本框架如图 1-2 所示。

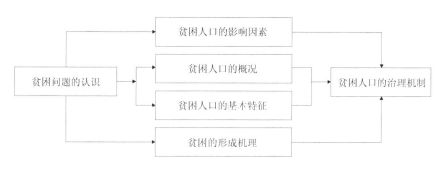

图 1-2 本书研究问题的基本框架图

（二）研究问题

基于本书的研究主题是武陵山农村贫困的形成机理与治理，在贫困人口结构及其类型方面，本书将重点考察贫困人口的基本状况及其分布、贫困人口的社会心理及其形成原因；在贫困人口的形成机理方面，本书将着重考察社会环境及其演化、人口更替、社会政策（主要是扶贫政策）、社会支持及扶贫方式等对贫困人口的影响。可以预期，若能够较好把握民族山区农村贫困人口的分布状况、基本特征及其形成机理，了解目前扶贫等社会政策的效应，那么，我们就会找到具有针对性的治理政策和具体措施，这就给民族山区农村贫困人口问题的较好解决提供了理论基础和思路。因而，本书所涉及的主要具体问题有：①基于贫困的重新认识，了解贫困人口的基本状况，包括贫困人口规模、分布状况（如类型、特征及社会心理等）；②分析贫困人口的形成机理（包括返贫机制），主要包括自然环境、历史文化背景、灾害影响、个体原因等；③以贫困人口为基本分析单位，在①②的基础上，讨论贫困人口的治理机制；④在③的基础上，从理性层面讨论扶贫思路的战略调整与政策启示等。

（三）基本假设

关于农村贫困人口的研究，从逻辑上讲，贫困人口主要受到社会网络（包含政策）、环境、个体自身等三个主要因素的影响：社会网络为贫困人口提供脱贫机会；环境的改善为贫困人口提供自我发展的平台；个体自身素质的提高是治理贫困人口的基础。本书以这些关系为基础，提出以下基本的研究假设，并用实证调查进行检验。

假设1：基于社会的演进、发展和进步，农村贫困人口问题具有长期性、动态性、层次性等特征，因而其解决思路的调整与完善要"与世俱进"。

假设2：贫困人口（群体）的个体状况（文化程度、技能、身体状况等）是影响并导致其贫困的重要因素。

假设3：贫困人口的基本状况与其所处的环境状况（自然环境、社会环境）有着较强的内在关联，即环境状况较好，贫困人口容易脱贫；反之，则不然。

假设4：对贫困人口（群体）的基本类型、特征及分布状况的有效把握有助于从整体上来认识其贫困状况，从而初步揭示贫困人口的形成机理和治理机制，这是有效治理农村贫困人口（群体）及其问题的根本前提。

假设5：相关社会政策（如扶贫政策、保障政策与就业政策等）有效功能的发挥是影响农村贫困人口及其问题治理的重要环节等。

以上这些研究假设是本书进行问卷设计的基础，本书采用问卷及访谈等实证调查获得的资料结果进行检验，以寻求支持的经验证据。

二、内容构成

本书主要探讨了武陵山农村贫困人口的生活状况、贫困人口的基本类型及其分布、贫困人口的基本特征、贫困的形成机理（经济、文化、人口、环境、体制、历史等）与贫困人口的治理及其对策等。值得注意的是，本书以国内外的贫困研究现状为历史起点，以对贫困问题和贫困人口的再认识为逻辑起点，运用实证研究方法、综合比较的方法开展研究，通过研究，本书认为：①民族山区农村贫困人口的缓解及其治理是民族山区农村社会发展和稳定的最为关键的环节之一；②明确民族山区农村贫困人口的现状及其分布是有效治理农村贫困人口问题的根本前提；③对民族山区农村贫困形成机理的有效把握是寻求有效治理农村贫困人口战略思路的关键；④有效的社会政策支持是现代农村建设和现代化进程中贫困人口问题治理及社会稳定的重要保障；⑤城市社区与农村社区的协同互动（特别是民族山区转型农村自身的内生发展）是农村贫困人口与问题得以有效治理的重要路径。

　　本书共分为六章。除了本书第一章主要是提供了方法论及理论准备以外，本书的余下几章特做如下安排。

　　第二章以恩施州为个案，对武陵山转型农村的贫困现象及其贫困人口问题做了实证调研和分析讨论。通过对其贫困人口的基本规模、分布状况、心理状况等的分析，初步揭示了其贫困的基本特征。

　　第三章以实证调研为基础，分析了武陵山农村贫困的影响因素与模型，并探讨了武陵山转型农村贫困人口的三种基本类型：生存型贫困、温饱型贫困和发展型贫困。这是接下来几章讨论分析的基础，不仅有助于深入认识民族山区农村贫困的形成机理与治理机制，而且是对此进行理性认识和分析的前提，对于深化本书的主题研究有着至关重要的作用。

　　第四章在对恩施州农村贫困人口及其问题状况考察的基础上，对武陵山农村贫困的形成机理（包括返贫机制）进行了必要的理论探讨，从而展开了本书的主题研究。该章首先分析讨论了武陵山农村贫困人口的形成原因，初步揭示了其贫困发生的形成机理，进而分析指出了影响贫困形成机理的基本要素。事实上，环境的演化和人口的更替自从人类社会出现以来就成为经济和社会发展的关键性因素，而对此的认识是理解贫困形成机理的根本，该章对此做了较为详尽的论述，这有利于对贫困的治理行为进行进一步的研究。该章还集中分析了脱贫人口的返贫机制，主要对脱贫人口的返贫原因、机制及其影响因素进行了较为细致的讨论，这为贫困问题的较好治理提供了一定的理论基础和思路，也有利于更好地理解贫困及其现象的真正本质。当然，各国正在实践（建设）并日益完善的扶贫战略及其体系为贫困问题的治理提供了广阔的天地。

第五章是在本书主题研究基础上的延伸，对民族山区转型农村贫困人口的治理机制进行了思考。该章主要分析了武陵山农村贫困人口的治理机制。该章首先分析讨论了贫困人口治理机制的内涵及其运行原则，初步揭示了贫困人口的治理机制，进而分析指出了影响贫困人口治理机制的基本要素。

第六章是全书的总结性部分。该章较为详细地分析总结了前面具体探讨过的贫困的形成机理与治理机制，并初步从理论上来加以分析与提炼，进而讨论了本书的主要研究结论和理论启示。以此为基础，该章还讨论了本书研究的一些政策建议，从而为民族山区转型农村贫困问题的治理提供一个新的理论框架和思路。当然，这也进一步从侧面反映了有关贫困问题的研究仍需要进一步深入，有关贫困问题研究的理论仍需要进一步完善和提升。

值得注意的是，通过研究，本书还发现：贫困现象作为一种客观社会现象是任何社会和国家都不可避免的，只要将它控制在一定的限度之内，使其不影响到社会的良性运行与协调发展就可以了，也就是说，贫困现象只有达到一定的度才会成为社会问题，这就给贫困问题的治理提供了理论依据和新的视角。

所以，在对民族山区，特别是武陵山转型农村的贫困人口问题进行治理时，若能够根据当地的基本状况及其贫困的形成机理与治理机制来进行合理的制度安排和相关政策设计，视其贫困人口状况（绝对还是相对）采取有针对性的治理措施，可以有效控制贫困人口的产生，以遏止贫困现象及其人口的演变与恶化趋势，使其得到较好治理（如控制在特定的合理范围内）。

三、研究方法

（一）操作化设计

1.研究总体的认识

从理论上讲，所有处于贫困状态的武陵山农村人口都是本书的研究对象。但是，基于目前的研究现状（一是学术界尚未有为大家共同接受的关于贫困状态的界定；二是有关贫困人口的实证研究大多采取政府对于贫困问题的行政界定）和研究可行性的考虑，本书将研究总体确定为位于恩施州内享受最低生活保障待遇以及处于最低生活保障线以下的农村贫困人口。一般而言，政府所确定的贫困线标准比学术界大多数贫困研究者所认为的贫困水平要低，大致相当于绝对贫困标准。此外，不同国家的贫困标准也是不一样的。

2. 分析单位与调查单位

本书主要涉及与贫困相关联的分析单位有贫困人口、影响因素、形成机理和治理机制。本书以目前民族山区农村的贫困线，分析农村贫困人口的基本贫困状况及其对贫困的基本认识，进而对其贫困的形成机理和治理机制进行理性分析。从其内在关联和逻辑上讲，这四个分析单位之间是层层递进的关系。

而调查单位则主要是指获取相关资料的对象，这里主要是指位于各个贫困自然村庄的贫困户及贫困村民、各级政府扶贫办及相关干部等。一般情况下，选择谁为被访者对资料的有效收集有很大影响，这里主要是根据掌握的情况，基于"好、中、差"①的原则来随机选择调查单位，以保证资料的有效性。

（二）抽样方案与问卷设计

1. 具体抽样方案

基于探索性研究和本书的研究目标，本书选取恩施州为个案，根据社会经济发展状况进行多阶段的随机抽样，其具体思路是：基于相对的"好、中、差"原则，选取 3 个县市，在每个县市内选取 3 个乡镇，再在每个乡镇内选择 3 个自然贫困村，最后在每个贫困村内随机抽取 10 个贫困户或贫困人口，这样做的原因在于"确立因果关系要将社会现实划分为若干部分来观察变量之间的互动。在比较之前，划分并选择纳入比较研究的合适对象是非常必要的"②。当然，本书对相关的各级行政部门也将进行相应调查，以补充问卷资料。这样，调查问卷是321 份。

2. 问卷设计

基于探索性的调查和研究，以研究的整个框架和理论假设为基础，本书进行了问卷设计，其主要内容如下：①贫困人口的基本状况，如年龄、性别、文化

---

① 这里的"好、中、差"对应于社会经济发展状况的"好、中、差"。
② 马太·杜甘：《比较社会学》，李洁等译，北京：社会科学文献出版社，2006 年，第56-57 页。

程度、身体状况等；②贫困户的经济生活状况，如收入、开支、日常消费品等；③影响贫困的主要因素，如环境、素质、政策等；④对脱贫的认识等。

总之，本书以实证研究方法为主，辅以归纳法、比较法等，对贫困及其人口进行了较为细致的讨论，从而使本书的研究具有较强的理论价值和可操作性。本书基本上是按照这几个步骤展开探讨与分析的。从宏观层面上看，我国日益完善的社会体制为农村贫困问题的治理提供了合乎制度、政策的畅通渠道，农村贫困问题的治理是有政策和制度支持的；从中观层面上看，理论上，创新扶贫战略的实施是可行和紧迫的，如"精准扶贫"战略的实施；但在微观层面（实践）上，对贫困的形成机理与治理机制的把握还有些难度，农村扶贫创新战略的实施确实还存在一些障碍，这都必须加以科学认识和分析处理。因此，农村贫困的形成机理是本书的研究重点，这有利于揭示贫困问题的实质，并为农村贫困人口的扶贫提供理论依据，也可有效进行借鉴。在这里还需要指出的是，由于农村贫困问题总是处于一定的社会动态关系之中，已有的研究大多侧重于分析解决农村贫困问题的重大意义、成因及对策，而忽视构成社会的诸要素之间的相互协调与影响。本书的研究正是从贫困人口、社会和自然环境有机协调的视角，把贫困人口作为一条逻辑主线贯穿于本书的整个研究过程之中，对贫困的形成机理与治理机制所进行的一种综合研究。

（三）具体研究方法

1. 文献研究法

文献研究法是指把收集到的农村贫困问题研究的相关文献资料进行整理、分析、比较和归纳等，并对其进行探索性研究，吸收最新的相关研究成果，以把握现阶段农村贫困研究的整体状况和基本观点，为本书的后续研究开展提供理论基础。文献研究的资料主要有三个方面：一是收集与农村贫困及农村贫困问题现状相关的文献资料，了解我国西部民族山区农村贫困研究的基本状况；二是收集农村贫困调查个案的相关统计数据和相关资料（如领导讲话、扶贫资料等）；三是收集与中国农村贫困研究相关的历史文献、新闻报道、学术论著等。

2. 问卷调查法

在文献研究法等探索性研究的基础上，本书的研究采取了结构式的问卷与非结构式问卷相结合的方式，对民族山区贫困农村的贫困人口状况及其对贫困的认识进行了调查，其基本思路是：根据民族山区贫困问题特征，分层次地选择恰当区域，分区域和分层次地进行田野调查。首先在恩施州内选择三个县市，再在选定的县市选择三个乡镇，最后在选定的乡镇选择三个自然行政村，每个自然行政村选 10 户贫困村民，加上相关领导，样本容量为350。问卷主要用于调查贫困村民的基本状况、贫困村民对贫困及其成因的认识、对脱贫的认识以及目前该村的扶贫状况等。本书将对问卷中的基本数据进行定性分析和一定的量化处理。

3. 参与观察与深度访谈法

笔者深入调查贫困农村，参与到当地的贫困人口的生活之中，观察贫困人口的生活习性、生活态度、谋生方式，并与问卷调查得到的结果做比较研究。而深度访谈则主要是选取几个代表性很强的调查村子、乡镇、县、州的干部及相关扶贫部门作为深入的访谈对象，以了解贫困的整个基本状况及扶贫效果，了解他们对贫困的认识和理解。这是获取研究资料和信息的一种重要途径。

4. 模型构建法

这是一种重要的现代科学方法之一，它主要是指"运用社会模型来揭示客观现象的基本形态、特征及其本质的一种方法"。本书以文献与调查资料为基础，通过数据分析和模型构建等方法，对武陵山片区农村贫困人口的类型、形成机理与治理模式进行重点研究。

5. 案例分析法

基于贫困治理与控制是一个动态的过程，介绍扶贫案例是农村贫困治理研究的重要方法。在案例分析中，要注重挖掘并比较扶贫较为成功的案例，总结出成功的基本经验，从而为农村的扶贫工作提供借鉴。

第二章

武陵山农村贫困人口的基本概况
——基于恩施州的调查

　　世界各国的现实社会发展与实践表明：贫困现象及其问题不仅是一个在世界各国都存在的普遍性问题，而且是一个至少目前尚未有效解决的世界性难题。正因为如此，有效治理贫困现象及其问题，着力解决民生问题，满足全体社会成员的基本生活需求，寻求社会的健康和谐发展已成为现代社会及其发展的一个主要目标与内在逻辑。恩格斯曾经也指出："社会上一旦有技术上的需要，这种需要就会比十所大学更能把科学推向前进。"[1] 因此，认识并把握贫困人口（群体）及其分布的基本状况、对贫困现象进行理性思考、反思贫困治理（扶贫）效果及其战略等，理应成为全人类共同关注、研究与实践的世界性主题，这将对推动整个人类社会的共同繁荣与进步具有积极意义。

　　中华人民共和国成立以来，党和政府就一直十分关注治理贫困问题，特别是从20世纪70年代中后期开始，我国政府进行了富有成效的扶贫工作。从1978年开始，在39年的扶贫开发工作中，中国的农村贫困人口减少了7.4亿人。同时，根据现行的国家农村贫困标准，到2016年中国农村绝对贫困人口只剩下约4335万人[2]，尤其是截至2017年，"脱贫攻坚战取得决定性进展"[3]。同时，世界银行的统计数据也表明，正是由于中国贫困人口的迅速减少，才逐步扭转了世界上的总贫困人口的上升趋势。当然，仍需要值得注意的是：目前一个不容忽视的客观事实和社会基础是城乡二元结构的影响依然客观存在，且十分顽固；不仅

---

[1]　马克思，恩格斯：《马克思恩格斯选集》（第4卷），中共中央马克思恩格斯列宁斯大林著作编译局译，北京：人民出版社，1995年，第732页。

[2]　国家统计局住户调查办公室：《2017中国农村贫困监测报告》，北京：中国统计出版社，2017年，第10页。

[3]　习近平：《决胜全面建成小康社会 夺取新时代中国特色社会主义伟大胜利——在中国共产党第十九次全国代表大会上的报告》，北京：人民出版社，2017年，第5页。

城乡差距在逐步扩大，而且农村内部不同区域之间和各阶层之间的收入差距也在扩大；与现代化相适应的市场体系及其管理模式发育还不是很完善，有待于进一步培育等。因而，我国目前的扶贫工作面临着这样的总体形势[①]：不仅正如温家宝总理所指出的那样，"扶贫开发工作取得很大成绩，但任务仍然十分艰巨"，而且出现了"脱贫成本增加、减贫速度减缓、贫困人口分布呈现'点（14.8 万个贫困村）、片（特殊贫困片区）、线（沿边境贫困带）'并存、贫困群体呈现大进大出的态势"[②]等新特征。同时，温家宝总理在 2009 年的《政府工作报告》中向全国人民承诺：今年将实行新的扶贫标准，对农村低收入人口全面实施扶贫政策，新标准提高到人均 1196 元，实行统一的新的贫困线[③]，习近平同志进而在"2015减贫与发展高层论坛"上向世人宣布了"在现行标准下，2020 年农村贫困人口实现脱贫"[④]的基本目标。最近的相关研究表明，基于我国社会经济发展的客观现实、贫困的整体情况及新的贫困线的实施，我国农村的贫困问题及其人口分布等状况也出现了前所未有的新情况：①虽然农村贫困人口的比例在下降，但其所占农村人口的比例却在上升，虽然根据官方数据，截至 2017 年，我国农村的贫困发生率已下降到 4% 以下[⑤]，但根据《"十三五"脱贫攻坚规划》，截至 2015 年底，多数西部省份的农村贫困发生率仍然徘徊在 10% 左右，且民族 8 省区贫困发生率达 12.1%[⑥]；②根据新的农村贫困线，截至 2016 年底，连片特困地区农村贫困人口 2182 万人[⑦]，其中，武陵山片区的农村贫困人口有 285 万人，其在西部地区的具体分布参见表 2-1。同时，在新的贫困线下，从表 2-2 中可大致看到 2016 年我国连片特困地区农村贫困人口的基本状况。由此，可以预期，在贫困线不断上升的客观情况下，我国农村的贫困现象及其问题，特别是民族山区农村贫困现象

[①] 《中国农村扶贫开发纲要（2001－2010 年）中期评估政策报告》，360 doc 个人图书馆，http://www.360doc.com/content/10/0524/19/93198_29318804.shtml（2015-7-21）。

[②] 顾仲阳：《访国务院扶贫办主任刘坚：扶贫开发不能边缘化》，人民网，finance.people.com.cn/GB/1037/4389692.html（2017-6-19）。

[③] IUD 领导决策数据分析中心：《新贫困线下 4007 万贫困人口的地区分布》，《领导决策信息》，2009 年第 13 期，第 27 页。

[④] 习近平：《携手消除贫困 促进共同发展——在 2015 减贫与发展高层论坛的主旨演讲》，人民网，http://politics.people.com.cn/n/2015/1017/c1024-27708352.html（2017-9-28）。

[⑤] 习近平：《决胜全面建成小康社会 夺取新时代中国特色社会主义伟大胜利——在中国共产党第十九次全国代表大会上的报告》，北京：人民出版社，2017 年，第 5 页。

[⑥] 编写组：《"十三五"脱贫攻坚规划》，北京：人民出版社，2016 年，第 4 页。

[⑦] 国家统计局住户调查办公室：《2017 中国农村贫困监测报告》，北京：中国统计出版社，2017 年，第 52 页。

及其问题的治理及扶贫效果不太乐观。

表 2-1　2010—2016 年农村贫困人口构成与分布

指标		2010 年	2011 年	2012 年	2013 年	2014 年	2015 年	2016 年
贫困人口规模 / 万人	全国	16 567	12 238	9 899	8 249	7 017	5 575	4 335
	东部	2 587	1 655	1 367	1 171	956	653	490
	中部	5 551	4 238	3 446	2 869	2 461	2 007	1 594
	西部	8 429	6 345	5 086	4 209	3 600	2 914	2 251
农村贫困发生率 /%	全国	3.5	3.2	3.0	3.1	2.8	2.5	4.5
	东部	7.4	4.7	3.9	3.3	2.7	1.8	1.29
	中部	17.2	13.1	10.6	8.8	7.5	6.2	4.39
	西部	29.2	21.9	17.5	14.5	12.4	10.0	8.51
占农村贫困人口比重 /%	东部	15.61	13.52	13.81	14.20	13.62	11.73	11.30
	中部	33.51	34.63	34.81	34.78	35.07	36.00	36.77
	西部	50.88	51.85	51.38	51.02	51.31	52.27	51.93

资料来源：国家统计局住户调查办公室：《2016 中国农村贫困监测报告》，北京：中国统计出版社，2016 年；国家统计局住户调查办公室：《2017 中国农村贫困监测报告》，北京：中国统计出版社，2017 年

表 2-2　2011—2016 年部分民族特困区域贫困人口的分布情况　　　　单位：万人

年份	武陵山区	六盘山区	乌蒙山区	新疆南疆四地州
2011	490	220	268	272
2012	400	184	235	248
2013	314	152	200	219
2014	264	120	183	190
2015	199	111	168	160
2016	285	215	272	—

资料来源：国家统计局住户调查办公室：《2016 中国农村贫困监测报告》，北京：中国统计出版社，2016 年，第 57 页；国家统计局住户调查办公室：《2017 中国农村贫困监测报告》，北京：中国统计出版社，2017 年，第 400 页

　　基于上述综合判断，2010—2016 年，虽然我国整个农村的贫困人口呈现出逐年递减的基本态势，但是截至 2015 年，"按现行国家农村贫困标准测算，一半以上的农村贫困人口仍集中在西部地区"[1]，2016 年西部地区的农村贫困人口占中国所有农村贫困人口的比例仍然高达 51.9%[2]。尤其是，"当前，贫困问题依然

① 国家统计局住户调查办公室：《2016 中国农村贫困监测报告》，北京：中国统计出版社，2016 年，第 12 页。
② 国家统计局住户调查办公室：《2017 中国农村贫困监测报告》，北京：中国统计出版社，2017 年，第 347 页。

是我国经济社会发展中最突出的'短板',扶贫攻坚形势复杂严峻"[1];同时,还要"动员全党全国全社会力量,坚持精准扶贫、精准脱贫······解决区域性整体贫困"[2],这既为民族山区农村贫困人口的治理指明了方向,又为民族山区农村的脱贫工作提供了实践上的政策依据。由此,在新形势下,位于西部民族山区的少数民族山区农村究竟应如何实施其扶贫开发战略呢?基于现阶段民族山区农村的新特征,一定要注意其贫困的不同区域、不同分布、不同家庭结构及贫困人口的特征与需求,这是今后我国民族山区农村扶贫工作应该思考的重点,也是农村贫困问题治理应考虑的逻辑基础。那么,武陵山农村贫困问题及其人口的状况究竟是怎样的?其现状如何?它有哪些基本特征与类型?这是武陵山乡村建设及其振兴与和谐社会构建应认真面对与处理的重大理论与实践问题。所以,为了更清楚地认识武陵山农村贫困问题及其贫困人口的现实生活状况,分析其成因,进而找到其有效治理的途径,本书以恩施州为调查样本,基于分层抽样与参与观察相结合的原则,通过访谈、观察与问卷调查等方法,对恩施州的恩施市、鹤峰县和巴东县三个县市各所管辖的三个乡镇的农村贫困现象及其人口问题进行了调查研究。这是本书进一步研究的现实基础与根本前提。

第一节　调查县市的基本概貌

位于武陵山腹地的恩施州,是湖北省唯一享受西部大开发政策的地级州,属于云贵高原的延伸部位,总面积约 2.41 万平方千米,平均海拔约为 1000 米,是长江中下游唯一的少数民族自治州,是一个以"土家族 + 苗族 + 汉族"为主的多民族山区,现辖恩施、利川两市与巴东、建始、来凤、鹤峰、咸丰、宣恩六县和一个省级经济开发区,总人口 402.61 万人,其中土家族、苗族、侗族等 28 个少数民族人口约占总人口的 53%。基于"好、中、差"的基本原则与随机选取、

---

① 编写组:《"十三五"脱贫攻坚规划》,北京:人民出版社,2016 年,第 3-4 页。

② 习近平:《决胜全面建成小康社会 夺取新时代中国特色社会主义伟大胜利——在中国共产党第十九次全国代表大会上的报告》,北京:人民出版社,2017 年,第 47-48 页。

分层抽样相结合的方法，本书所选择的三个县市是恩施市、鹤峰县、巴东县。其中，恩施市是恩施州的首府所在地，社会经济发展得较好；鹤峰县的社会经济发展居中游；而巴东县的社会经济发展则相对较为薄弱。这三个县市自1986年以来至2014年都被定为国家级贫困县，2016年仍然都被国务院定为全国新一轮扶贫开发工作重点县。

下面，本书简单介绍一下调查县市的基本状况。

一、恩施市的基本概貌①

（一）恩施市概况及其经济社会发展状况

1. 恩施市的基本概况

恩施市地处湖北省西南腹地，位于长江之南清江中游，东瞰江汉，西接渝蜀，南控潇湘，北通豫陕，是镶嵌在鄂西南山中的一颗璀璨明珠，因拥有举世罕见的硒资源而被誉为"世界硒都"。全市总面积3972平方千米，辖3个街道办事处、4个镇与9个乡，即舞阳坝街道办事处、六角亭街道办事处与小渡船街道办事处，龙凤镇、板桥镇、崔家坝镇与白杨坪镇，太阳河乡、屯堡乡、白果乡、三岔乡、红土乡、新塘乡、沙地乡、盛家坝乡与芭蕉侗族乡与172个行政村、36个居委会，总人口82万人，其中土家族、苗族、侗族等少数民族占全市人口的比例约为40.7%。恩施市1998年被列为国家对外开放城市，是湖北省九大历史文化名城之一，现为恩施州首府所在地。恩施市是一片神奇的土地，全市蕴藏着举世罕见的硒资源，富硒碳质页岩出露面积约850平方千米，储量高达25亿吨②，最高含硒超过8000毫克/千克，受富硒岩层影响形成的大片富硒区域内，粮食、油料、中草药、饲草饲料、畜禽产品及矿泉水中，硒含量为世界之最，这为"世界上70%以上缺硒区的人类带来了健康福音③"，

---

① 恩施市人民政府：《恩施市情简介》，http://www.es.gov.cn/inenshi/gk/（2017-9-15）；苏勇：《恩施市政府工作报告》（2016-12-23）；恩施市统计局：《恩施市2016年国民经济和社会发展统计公报》；有关恩施市的调查资料。

② 1吨=1000千克。

③ 《世界硒都·中国硒谷恩施之硒》，湖北日报，2018-3-26（12）。

也为硒产品和硒矿床的开发利用提供了广阔的前景。恩施市是一片富饶的土地：有香獐、猴面鹰、红腹锦鸡等省级以上保护动物 40 多种；有各种药用植物 2000 多种，享有"天然植物园""华中药库"的美称，其中板党、窑归、紫油厚朴等名贵中药材为世界独有。这里是"鄂西林海""天然氧吧"，全市森林覆盖率达 63.1%，人均林地面积近 5 亩 [①]；同时，境内河流纵横，水能资源富集，可开发装机容量在 63 万千瓦以上，目前仅利用 13%，开发潜力巨大；域内喀斯特地形地貌发育完善，加之 30 余万土、苗、侗等少数民族儿女所传承的民风民俗，使恩施旅游独具特色且已成为长江三峡、张家界大旅游区的重要组成部分。恩施市目前拥有 1 个 5A 景区、3 个 4A 景区，已成为中国的优秀旅游城市。恩施大峡谷可与美国科罗拉多大峡谷相媲美，清江漂流被誉为"神州第一漂"，梭布垭石林已成为省级重点旅游景点；土家"女儿会"被称为"东方情人节"；撒尔嗬和傩戏等被学术界视为民族文化奇珍。恩施市是一片充满希望的土地，全市民用工业如化工、轻工、机械、建材、能源、烟草、纺织、药品等已初具规模，尤其是富硒食品产业方兴未艾，富硒小麦草片、富硒甜玉米爽、富硒魔芋精粉等多种产品远销欧美日等国和我国港澳台地区。恩施市交通便利，318、209 国道在境内交汇，国道、省道与乡村公路纵横交错，总长达 3000 多千米；已建成的宜万铁路和沪蓉西高速公路纵贯恩施全境；扩建后的许家坪机场，可起降波音 737 客机，已开通武汉、沙市、宜昌等航线，广州、上海、福州等航线即将投入营运；程控电话、光缆通信、移动电话、国际互联网等从更广阔的空间为恩施市的建设和发展构建起名副其实的立体"绿色通道"。恩施市是一片机遇垂青的土地，这里是少数民族聚居区，享有充分的民族自治权，这里已被整体纳入国家西部大开发范畴，是恩施州唯一的省级重点开发区域，有着良好的发展机遇和前景。

2. 恩施市经济社会发展状况

自新农村建设战略实施以来，截至 2016 年底，基于十八大以来的相关精神，恩施市委市政府紧紧围绕"当好恩施州龙头、勇当武陵山排头兵生态功能位居湖北省前列"的目标定位，践行"创新、协调、绿色、开放、共享"的发展新理念，

---

① 1 亩 ≈666.67 平方米。

着力构建武陵山"六大中心"①，全市经济社会得到了健康发展，实现了"十三五"的良好开局。该市 2016 年实现生产总值 187.8 亿元，扣除价格因素，同比增长 8.4%；全年实现财政总收入 28.15 亿元，其中实现地方一般预算收入 20.47 亿元；完成全社会固定资产投资 189.39 亿元，同比增长 20.6%；实现农林牧渔业总产值 46.60 亿元，其中农业产值 25.74 亿元；实现社会消费品零售总额 155.97 亿元，同比增长 12.2%；规模工业企业净增 9 家，达到 88 家，实现总产值 133 亿元，同比增长 14.8%；生活水平得到逐步改善，其中"农村常住居民年人均可支配收入 9037 元，城镇常住居民人均可支配收入 26 559 元"；人均 GDP（现价）24 366 元，比上年提高 2028 元，其中第一产业实现增加值 27.64 亿元，增长 4.5%；第二产业实现增加值 73.93 亿元，增长 8.8%；第三产业实现增加值 86.29 亿元，增长 9.5%，产业结构调整为 14.7：39.4：45.9，其中第一产业比重下降 0.7 个百分点，第三产业比重提高 1.3 个百分点，产业结构进一步优化，经济社会发展呈现出良好的势头（表 2-3）。

表 2-3　恩施市 2012—2016 年生产总值与增长速度

项目	2012 年	2013 年	2014 年	2015 年	2016 年
生产总值 / 亿元	123.1	141.5	156.5	171.4	187.8
比上年增长 /%	13.5	12.5	9.7	9.4	8.4

资料来源：恩施市统计局，《恩施市 2016 年国民经济和社会发展统计公报》

　　在民生问题的解决方面，有 170 亿元支出经费用于民生，劳动与社会保障工作扎实推进，城乡生活水平明显提升。社会保险覆盖面不断扩大，目前已经达到 99% 以上，多元化参加社会保险的人数有 67.66 万人，其中养老保险覆盖率已达 99.4%，医疗保险覆盖率已达 99.7%，征收社会保险费基金达 6.7 亿元；新增城镇就业 8300 多人，城镇登记失业率控制在 1% 以内；农村低保人数扩大到 27 652 人，农村特困人员救助供养 2968 人，城市特困人员救助供养 111 人，城乡家庭临时救助 7080 人次；各项社会事业稳步发展，全市目前拥有 115 所幼儿园，105 所小学，26 所初级中学，6 所高级中学，2 所中等职业学校，1 所特殊教育学校，共有 76 个乡村教学点，其中新建孝感幼儿园、硒都民族实验小学和

---

① 即武陵山区域城市中心、武陵山交通枢纽中心、武陵山旅游休闲中心、武陵山低碳工业集聚中心、武陵山富硒产品集散中心、武陵山金融服务中心。

思源实验学校等一批示范学校，其义务教育被表彰为全国"两基"①工作先进地区；城乡的医疗服务网络、技术水平与设施等医疗卫生条件不断改善；新型农村合作医疗体系逐步完善（已在逐步实施与社会保障卡合一政策），农民参合率达到98%；全市85%以上的行政村拥有农业科技等图书资料室，极大地丰富了当地村民的文化与精神生活。

（二）恩施市农村扶贫的基本状况

截至2016年底，恩施市委市政府以扶贫开发工作统揽农村工作全局，认真落实各项扶贫开发工作部署，稳步推进精准扶贫工作，在农村扶贫开发工作上达到了预期目标。2016年，经湖北省恩施州复核验收及第三方评估，确定龙凤镇整体脱贫出列、58个重点贫困村脱贫、13 778户、40 927人脱贫销号，全年完成易地扶贫搬迁2307户、6651人，其成效主要表现为：① 2016年该市共投入专项扶贫资金10 584万元，实施扶贫开发项目177个；②着眼于58个重点贫困村的基础建设，整合各类相关资金达1.97亿元，完成505千米道路的通畅，其中畅通精准扶贫产业致富路72千米；新增节水灌溉面积达2万亩，有3.12万农村贫困人口的安全饮水问题得到了妥善解决；③整村推进扶贫模式卓有成效②，初步形成了党政主导与社会参与的大扶贫工作新格局，完成涉及145个重点贫困村的5.75万户、17.57万贫困人口的精准识别与建档立卡工作；④基于"雨露计划""阳光工程""农村劳动力技能就业计划""科技入户工程"的实施，有效转移了农村的剩余劳动力，较好推动了第一、二、三产业的融合发展。

当然，值得注意的是：恩施市在农村扶贫工作方面取得了较好成绩，但仍存在一些需要改进的问题：①贫困问题依然明显，截至2016年底，全市农村建档立卡贫困人口还有17.57万人，占全市总人口的22.7%，占全市乡村人口的48.7%；②应进一步加强农村扶贫工作的力度和任务分解；③转变观念，加深对扶贫开发工作的科学认识等。

---

① "两基"是指由教育部提出来的"基本实施九年义务教育"与"基本扫除青壮年文盲"的简称。

② 湖北省人民政府扶贫开发办公室：《恩施市整村推进项目接受群众监督》，http://www.hbfp.gov.cn/ structure/fpkf/zctjzw_2431_1.htm（2015-8-25）。

二、鹤峰县的基本概貌[①]

（一）鹤峰县概况及其社会经济发展状况

1. 鹤峰县的基本概况

地处湖北西南部的鹤峰县，古称拓溪、容米、容阳，曾是容美立司治所，自1735年改土归流以来，曾先后被设置为鹤峰州与鹤峰县，位于恩施州的东南部，东毗湖北省的五峰县与湖南省的石门县，南邻湖南省的桑植县，西依湖北省的来凤县、宣恩县，西北与恩施市相连，北同恩施州的建始县、巴东县接壤，其县境内东西长约85千米，南北宽约67千米，总面积2868平方千米，占全省山区总面积的2.3%。该县人口约为22.4万人，其中以土家族、苗族为主的少数民族人口占74.43%，现辖5镇（即容美镇、走马镇、太平镇、燕子镇与中营镇）4乡（即铁炉乡、五里乡、下坪乡与邬阳乡）和1个经济开发区，有205个行政村和12个社区，其概况可简称为"五土"：鹤峰县是中国革命的"红土"，是恩施州唯一的国家一类苏区县，是贺龙元帅的第二故乡和第二次国内革命战争时期湘鄂边区革命根据地中心，有21处重要革命遗址与鹤峰革命烈士陵园等；这里是民族文化的"厚土"，既有源远流长的"土司文化"，如土司古迹遗址（万全洞、晴田洞、万人洞、神龟龙纹恩诏石碑、九峰桥、龙溪桥及百川桥石碑），又有唱响人民大会堂的"柳子戏"、传唱至今的满堂音、燕将班与围鼓等特有民族文化遗产；这里是生态完好的"净土"，其森林覆盖率高达75.9%，林木绿化率高达84.5%，其人口中80岁以上的长寿老人比被誉为"世界长寿之乡"的广西巴马还多1000余人；这里是资源富集的"沃土"，有富硒生态茶园35万亩，是世界上唯一的葛仙米产区和中国南方薇菜的集散地，有各种中药材2088余种，是"华中药库"的重要组成部分，其旅游资源十分丰厚，有充满神奇魅力的省级自然保护区，具有5A级资源品相的景区5处、4A级的8处；这里是正在开发的"热土"，该县长期以来都受到中央和省、州的关怀和支持，目前正在掀起一股全面开发建设以奔赴小康社会、和谐社会与乡村建设及其振兴的热潮。

---

① 鹤峰县人民政府：《鹤峰概况》，http://www.hefeng.gov.cn/content/column/2654219（2017-9-18）；胡平江：《鹤峰县政府工作报告》(2016-12-23)；鹤峰县统计局：《鹤峰县2016年国民经济和社会发展统计公报》。

2. 鹤峰县社会经济发展状况

近年来，鹤峰县委县政府围绕"发展与民生"两大主题，以"产城生态一体化"为逻辑主线，着眼于"生态文明、道路交通与特色产业"三大建设，统筹城乡发展，扎实推进供给侧结构性改革，奋力创建"全国生态文明、武陵山区绿色发展和全省山区脱贫奔小康"先进县，其县域经济社会发展呈现出"稳中提质、稳中有进"的基本态势。2016 年，该县实现县域生产总值 51.98 亿元，按可比价格计算，同比增长 7.8%，实现的增加值依次是：第一产业为 10.3 亿元，第二产业为 21.65 亿元，第三产业 20 多亿元，一、二、三产业的结构得到了优化，其结构比为 19.8 ：41.7 ：38.5；实现财政收入 4.54 亿元，固定资产投资逐年增加（表 2-4），2016 年达到 49.01 亿元，同比增长 18.1%，为经济社会发展提供了良好条件；2016 年实现外贸出口 5105.5 万美元，旅游综合收入达到 6.6 亿元，同比增长 20.8%；2016 年末金融机构各项存款余额 84.7 亿元。

表 2-4　2012—2016 年固定资产投资完成额及增速

项目	2012 年	2013 年	2014 年	2015 年	2016 年
固定资产投资完成额 / 万元	253 963	315 102	373 534	455 628	490 181
比上年增长 /%	6.5	24.1	18.5	22.0	18.1

资料来源：鹤峰县统计局：《鹤峰县 2016 年国民经济和社会发展统计公报》

在国计民生方面，该县着力实现保民生与解民难，2016 年，全体居民人均可支配收入达到 13 075 元，其中农村常住居民人均可支配收入达到 9159 元，比上年增加 787 元，增长 9.4%；社会保险覆盖面逐步扩大，农村养老保险人数达到 8.53 万人；城乡救助体系逐步完善，社会保障体系不断健全，2016 年末，县域居民最低生活保障已保人数达到 1.76 万人，其中，农村居民最低生活保障已保人数达到 1.65 万人。同时，该县就业成效显著，2016 年城镇新增就业人数达到 0.39 万人，其城镇登记失业率控制在 3.97% 以内；该县大力改善医疗卫生条件，有效落实了强农惠民政策，其社会事业得到了全面而协调的发展。

（二）鹤峰县农村扶贫的基本状况

该县 1983 年被定为恩施州唯一的老苏区县（全国一类），1986 年、1994 年、2002 年三轮被定为国家级贫困县，1996 年被定为全省 12 个特困县之一，2008 年、2014 年与 2016 年都被国务院定为全国新一轮扶贫开发工作重点县。2006 年以来该县抢抓新一轮扶贫开发和西部大开发机遇，按照《中国农村扶贫开发纲要（2011—2020 年)》总体要求，用扶贫开发统揽工作全局，遵循市场规律，着眼于"六个精准"，贫困村脱贫要以"6 大类 12 项指标"为核心，突出"基础设施、产业发展与公共服务"三个重点；乡村贫困人口的脱贫基于"一有、两不愁和四保障"目标，使得贫困家庭有稳定收入来源，让贫困人口不愁吃和不愁穿，让城乡居民的教育、住房、医疗与养老都有保障，逐渐形成了"三位一体"[①] 的大扶贫格局，创新实践了"1311"扶贫模式与干部"结对帮扶"机制，其"脱贫攻坚"取得了预期的阶段性目标与胜利。截至 2015 年 12 月，该县有 7145 户、20 930 人贫困对象达到脱贫标准[②]，2016 年，该县累计拨付"精准扶贫资金"9 亿元，有"8970 户、28 279 名贫困村民摆脱贫困，出列白鹿村等贫困村 21 个"；同时，教育扶贫重点要抓好办学条件的改善与贫困生资助工作，医疗卫生的扶贫重点在于实现贫困村的标准化卫生室全覆盖，而农村低保的重点在于救助五保户与一二类低保户，使其保障水平达到贫困线以上，较好地提高了群众的生活水平和综合素质。

不过，该县扶贫开发工作虽然取得了较好成绩，但在山区贫困县开展的扶贫开发工作依然存在一些特殊困难和问题：①山高谷深，海拔垂直分布，气候变化异常，自然灾害频繁，加大了扶贫成果巩固的难度；②发展资金短缺，扶贫产业化程度较低，农业科技服务有待改善；③基于一些农村政策及其执行的局限，扶贫工作的作用力相对减弱，特别是贫困户享受不到特殊性的优惠与减免政策等。

---

① 这里"三位一体"指的是"村医村教进班子、法律顾问进乡村与农民办事不出村"的简称。
② 赵长生，丰远桥：《凝心聚力抓扶贫——湖北恩施土家族苗族自治州鹤峰县精准扶贫精准脱贫工作纪实》，《民族大家庭》，2016 年第 3 期，第 14-15 页。

三、巴东县的基本概貌[①]

(一) 巴东县概况及其经济社会发展状况

1. 巴东县基本概况

巴东县位于东经 110°04′ ~ 110°32′，北纬 30°28′ ~ 31°28′，处于长江三峡中段，坐落于湖北省西部，自古就有"楚西厄塞、巴东为首"之说，现有"川鄂咽喉、鄂西门户"之称，境内三山（大巴山、巫山、武陵山）盘踞，两江（长江、清江）分割，318 国道横穿东西，209 国道接通南北，总面积 3351.6 平方千米，现管辖金果坪乡、溪丘湾乡、水布垭镇、大支坪镇、绿葱坡镇、清太坪镇、沿渡河镇、信陵镇与野三关镇等 12 个乡镇和 1 个经济开发区，总人口 49.1 万人，少数民族占总人口的 50.5%，其中土家族人口占少数民族人口的 99.4%，由于各民族长期世代混居，使得各民族文化及民间习俗相互交融、相互吸收，在经济、文化、生产、生活等各个领域中已水乳交融，密不可分，真正形成了"汉族离不开少数民族，少数民族离不开汉族"的新型民族关系。

巴东历史悠久，南朝宋景平元年（公元 423 年）设置县，迄今已有 1500 多年的历史；北宋名相寇准曾任巴东县令；巴东是湘鄂西革命根据地的重要组成部分。例如，在第二次国内革命战争时期，贺龙元帅曾九次转战巴东。同时，巴东自然资源丰富，植物以巴东木莲、巴东红三叶、银杏最为有名；动物以大鲵、金丝猴最为珍稀；铁、煤炭等储量丰富，是全国著名的富硒地区之一；水能资源人均占有量达 3.7 千瓦；旅游资源极其丰富，境内峰奇峡幽、山清水秀、民风古朴，有集三峡之幽、桂林之秀、张家界之奇于一体的格子河石林，有藏在深山中的铁厂荒森林公园，有享誉世界的国家 5A 级旅游景点神农溪。

2. 巴东县经济社会发展状况[②]

自十八大以来，巴东县大力实施"生态优先、文化引领、产业兴县与开放包容"发展战略，自觉践行"创新、协调、绿色、开放、共享"的发展理念，着

---

① 巴东县人民政府：《巴东概况》，http://www.hbbd.gov.cn/xq/bdgk.htm（2017-8-15）；单艳平：《巴东县政府工作报告》（2016-1-5）；谭显磊：《巴东县精准扶贫工作之探讨》，湖北省人民政府扶贫开发办公室：http://www.hbfp.gov.cn/zwdt/dcxj/27612.htm（2017-5-15）。

② 巴东县统计局：《巴东县 2016 年国民经济和社会发展统计公报》。

力抓好"稳增长、促改革、调结构与惠民生"工作,"五个巴东"①建设取得了明显成绩,实现了"十三五"良好开局,为实现全面建成小康社会奠定了更加坚实的基础。2016年作为"十三五"的开局之年,该县的县域经济实现了区域生产总值96.21亿元,按可比价格计算,同比增长7.0%,其中,第一产业增加值18.17亿元,同比增长4.4%,其中,农业发展逐年加快(表2-5),其增加值超过9.6亿元;第二产业增加值39.52亿元,同比增长8.6%;第三产业增加值38.51亿元,同比增长6.5%。产业结构进一步优化,第一、二、三产业的结构比为18.9:41.1:40。同时,该县2016年的社会消费品零售总额达到56.7亿元,地方财政总收入达到8.5亿元;固定资产投资逐年增加,2016年实现99.98亿元,同比增长18.7%,完成投资500万元以上施工项目212个,逐步改善了该县经济社会发展的条件。

表2-5 2012—2016年第一产业增加值及增速

项目	2012年	2013年	2014年	2015年	2016年
第一产业增加值/亿元	14.91	15.94	16.63	17.30	18.28
比上年增长/%	5.0	5.3	5.2	5.3	4.4

资料来源:巴东县统计局;《巴东县2016年国民经济和社会发展统计公报》

在民生与社会事业发展方面,一是社会保险的覆盖面持续扩大,截至2016年底,该县城镇职工基本养老保险参保人数达3.569万人,比上年增加1400多人;城乡居民社会养老保险参保人数达到24.09万人,其中新型农村社会养老保险参保人数23.28万人;二是其就业创业成效显著,2016年,该县城镇的就业人员新增4828人,实现下岗再就业1332人,转移农村劳动力就业8489人;三是完善了其城乡救助体系,困难村民的基本生活得到了有效保障,其中,农村居民最低生活保障人数达到26 521人,城镇居民最低生活保障人数达到4202人;四是不断深化行政审批制度改革,逐步规范了行政审批行为;五是教育文化事业健康稳步发展,2016年,该县拥有各类学校79所,九年义务教育完成率达到100%。

① 即绿色巴东、文化巴东、富裕巴东、和谐巴东与美丽巴东。

（二）巴东县农村扶贫的基本状况

作为国家级特别贫困县之一，该县一直享受国家的扶贫开发政策，通过 30 多年的艰苦努力，该县的贫困现象得到明显缓解，特别是自实施《中国农村扶贫开发纲要（2011—2020 年）》以来，截至 2015 年底，该县仍然有 322 个贫困村（其中重点贫困村 118 个），有建档立卡扶贫对象 53 982 户、贫困村民 17.25 万人，围绕精准扶贫实施"整村推进"计划，贫困村的行路难、饮水难、通电难、就医难、上学难、通信难等现象得到了明显改善；贫困村的产业结构得到了较好优化，村容村貌得到了很大改观，人民群众的生产生活条件得到了改善；开展"雨露计划"等科技培训，组织技能培训 3800 多人次，较好转移了农村剩余劳动力；通过实施"扶贫搬迁"，使得 600 户贫困村民的居住生存环境得到了明显改善；大力实施金融扶贫，已向贫困户与带动贫困户发展的农村新型经营主体授信约 230 万元。通过多方共同努力，2015 年全年减少贫困人口 25 937 人，扶贫效果显著。其具体做法是：①完善贫困人口瞄准机制，明确扶贫开发的对象[①]，调研的结果表明，要把 118 个重点贫困村的贫困人口作为扶贫开发的首要对象；科学运用贫困人口的建档立卡"回头看"方法；②把发展种养业作为扶贫开发的基础，把拓展农产品市场作为扶贫开发的重点，因地制宜发展种养业，是贫困农民增加收入、脱贫致富最普通、最有效、最可靠的途径；③积极推进"农业产业化"经营，提高农民的组织化程度。例如，引导和鼓励农户种植具有市场开拓能力的农产品和一些经济林木等；④强化脱贫举措，围绕"五个一批"政策，有效实施多元扶贫路径，积极创新精准扶贫体制机制。

需要指出的是，该县的扶贫工作虽然取得了一定成绩，但仍然存在一些特殊的困难以及需要改进的问题：①贫困户分布面仍然很广，一些贫困户的贫困程度依然较深，在"扶贫到户"上投入不足，能够直接带动贫困户致富的项目相对较少；②贫困人口的贫困程度比贫困的广度需要更多的扶贫成本，因种种原因，返贫现象依然明显，扶贫成果难以较好地巩固；③基于一些农村政策及其执行的局限，扶贫工作的作用力相对减弱，特别是贫困户享受不到特殊性的优惠与减免政策，扶贫的方法方式有待改进；④贫困人口素质较低，思想相对落后，或有一

---

① 佘远美：《巴东县 2011—2020 年扶贫开发纲要》，人民网，http://bbs1.people.com.cn/ postDetail.do?id= 93751332#（2015-9-15）；《巴东县扶贫办 2015 年工作总结》。

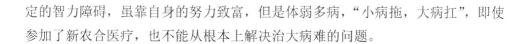

定的智力障碍，虽靠自身的努力致富，但是体弱多病，"小病拖，大病扛"，即使参加了新农合医疗，也不能从根本上解决治大病难的问题。

第二节　贫困人口的基本状况

坐落于湖北省西南部的恩施州，总面积为 2.4 万平方千米，平均海拔约为 1000 米，截至 2016 年底，该州有总人口 404.01 万人[①]，既是长江中下游唯一的少数民族自治州，是湖北省唯一享受国家西部大开发政策的区域，又是一个以土家族、苗族与汉族为主的多民族山区，是我国中西部"两个经济带"的接合部。正是这种地理位置上的特殊性，使得该州的农村贫困现象具有一定的代表性与典型性。因此，认识恩施州的农村贫困人口状况，对于整个民族山区农村贫困问题的缓解以及小康社会与和谐社会建设的较好发展，具有积极的意义。基于这种认识，本书基于分层抽样与参与观察相结合的原则，通过个别访问、问卷调查与入户访问等方法对该州的农村贫困人口状况进行了调研和研究。调查结果表明：现阶段，恩施州的大多数人已经摆脱了贫困的生活状态，过上了温饱的生活，目前正在向小康社会的生活迈进；然而，仍需值得注意的是，虽然恩施州的精准扶贫及其扶贫开发工作取得了较好成绩，但基于经济体制改革的深化和市场的不断完善，截至 2016 年底，该州还有 455 个贫困村、39 万贫困人口[②]，既有部分脱贫村民因种种原因又返贫了，也有少数家庭因多种原因导致其生活水平下降了，绝对贫困与相对贫困现象都较为明显。

一、贫困人口的生活概貌

调查与事实表明：民族山区的农村贫困人口之所以贫困，最直接、最明显的原因就是他们的基本社会生活水平处于社会所认可的普通村民的平均生活水平之下的一种生活方式和生存状态。可以说，任何农村的基本社会生活状况从整体

[①]　恩施土家族苗族自治州人民政府：《恩施概况》，http://www.enshi.gov.cn/zzf/zq/（2017-6-19）。
[②]　恩施土家族苗族自治州扶贫开发办公室：《恩施州 2016 年度脱贫攻坚工作总结》，http://fpb.enshi.gov.cn/2017/0814/577043.shtml（2018-10-26）。

上反映了该村的社会发展水平与精神风貌，因而，人们的基本社会生活在社会发展中占有十分重要的地位。因此，认识民族山区农村贫困人口的基本社会生活状况，对其贫困问题的治理与扶贫开发工作是十分必要的。下面，本书结合调查与相关访谈资料，简要对恩施州的农村贫困人口的基本生活状况进行探讨。

（一）物质生活状况

1.消费支出情况

对问卷及相关统计资料①进行综合比较研究，结果表明：恩施州农村贫困人口的人均消费支出不足 4000 元，仅相当于恩施州农村人均消费支出的 63%。单就本次调研的统计数据来看，多数贫困户的食品支出约占其全部支出的 60%；而截至 2015 年底②，整个恩施州的农村人口人均生活消费支出为 6324 元，其恩格尔系数为 40.0%。由此可知，整个恩施州的农村生活水平是比较低的，据此也可以初步推断：恩施州农村贫困人口的生活水平是很低的，其消费支出主要是用于基本食品支出。在通常情况下，不管是富裕人口还是贫困人口，人们的基本食品消耗量是相近的，即一个人的正常食品消耗量是大致相似的。但是，实践却证明：食品的消费结构的优化与否将对人们的生活状况产生直接影响。调研结果表明：农村贫困人口的食品消耗结构较为单一，生活消费支出大多是花在食物上。因此，恩施州农村贫困人口的现实生活状况不是十分乐观。基于表 2-6 的

表 2-6　主要年份全国、湖北省、恩施州与调查县市农村居民人均可支配收入

项目		1990 年	1995 年	2004 年	2011 年	2016 年
农村居民人均可支配收入 / 元	全国	686	1 578	2 936	6 977	12 363
	湖北省	671	1 511	2 890	6 898	12 725
	恩施州	424	851	1 593	4 787	8 728
	恩施市	433	822	1 638	6 665	9 037
	巴东县	427	854	1 526	3 915（纯）	8 628
	鹤峰县	496	930	1 678	4 116（纯）	9 159

资料来源：《恩施州统计年鉴》（2005—2016 年），第 53 页，63 页，354 页

---

① 恩施州统计局：《恩施州年鉴（2005 年）》，第 8 页；《恩施州年鉴（2016 年）》；恩施州统计局：2015 年恩施州国民经济和社会发展统计公报。

② 恩施州统计局：《恩施州年鉴（2005 年）》，第 7-8 页；《恩施州年鉴（2016 年）》。

比较，也可以看出，恩施州农村的整体生活水平与全国、全省相比，仍有较大差距，这也似乎从侧面印证了恩施州农村贫困较为严峻的客观事实。

通过对被调查的 270 份问卷的分析，结果显示：①贫困者的消费支出一般都用于食品和子女教育（表 2-7），交通与娱乐等消费支出相对较少，有的贫困村民甚至是步行的，从不乘坐交通车；②有些贫困人口的医疗费用支出较高，这说明大型疾病的出现促使一些村民陷入贫困；③一些贫困者虽然具有一定的衣着支出，但这只是逢年过节为小孩添置新衣的支出，家长本人仍然是几年不添置新衣物，生活仍然十分艰辛。

表 2-7　2015 年恩施州人均消费支出与调查县市贫困户人均消费支出比较　　　单位：元

生活消费支出	恩施州	恩施市	鹤峰县	巴东县
食品	3 377	2 439	2 516.7	2 318.9
衣着	726	475	76.84	382.6
居住	1 825	220.5	127.85	192.4
生活用品及服务	613	178.2	215.1	177.3
交通信息	883	234	245	241.8
子女教育	939	2 271	2 015.3	2 376.3
医疗	750	238	285.9	259.7
其他服务	167	0	0	0

资料来源：整理自《恩施州统计年鉴》（2015 年，207-208 页）与调研资料

2. 伙食安排状况

在人们生活水平的研究中，"吃什么与怎么吃"是观察人们生活质量的一个重要窗口，这也从侧面反映出恩格尔系数为什么成为衡量居民生活水平高低的一个重要尺度。常言道："民以食为天"，这不仅预示着"吃"在人们心中的重要地位，也表明人们的收入增加了，就有了追求生活质量的需要，自然就会考虑到如何安排好自己的饮食，换句话讲，人们只有把自身的温饱问题解决了，才有追求精神生活的可能性。此所谓："国多财则远者来，地辟举则民留处，仓廪实则知礼节，衣食足则知荣辱。"[①] 调研结果表明：首先，恩施州农村贫困户基本上是按"每月能吃上 2 ～ 3 顿肉"来安排自己的伙食的，这类贫困户约占全部调查贫困

① 出自管仲（春秋初期齐国主政之卿，政治家、军事谋略家）的《管子》：意思是，仓库里的粮食充足了，老百姓就会知道礼节；人们丰衣足食了，就会懂得光荣与耻辱。

户总数的 48%；其次，每月很少能吃到 2 顿肉的约占 35.8%；每月大多只能吃到 1 顿肉的约占 16.1%（表 2-8）。以上伙食安排状况说明，恩施州农村贫困户的生活状况不佳，生活比较困难。

表 2-8　恩施州农村贫困户的伙食安排状况

安排方式	想吃什么就吃什么	每月经常能吃到 3 顿肉	每月能吃到 2 顿肉	每月很少能吃到 2 顿肉	大多只能吃到 1 顿肉
占被调查贫困户的比重 /%	0	8	40.1	35.8	16.1

3. 欠账状况

调查表明：相互借钱、欠账是恩施州农村社会经济生活中较为常见的现象。综合分析问卷与相关访谈资料，结果表明：在被调查的贫困户中共有欠账户 178 户，约占被调查总数的 66%，其主要原因在于病人就医、子女上学结婚、天灾人祸与经济收入不好等。调查结果还显示：农村贫困人口绝大多数都已经认识到了教育投资对摆脱贫困的重要性，因而，多数农村贫困户户主宁可自己吃苦受累，甚至欠账，也要让子女上学，使子女受到较好的教育，"跳农门"[①]仍然是该地区农村贫困人口摆脱贫困的重要途径。

（二）精神生活状况

某一特定区域村民的精神生活及其风貌既是该地区村民个体享受现代文明的程度与精神状况的具体表现，又从整体上反映了该村的社会文明程度与村民生活水平的基本状态，是农村社会经济生活的重要组成部分。因此，调查研究民族山区农村贫困人口的精神生活状况，对当前农村贫困问题的把握及其治理以及全面建成小康社会具有积极的现实意义，有助于更好地认识民族山区的农村贫困问题及其人口分布。那么，武陵山农村贫困人口的精神生活状况究竟如何呢？以恩施州的调研为基础，结合文献，本书对此进行简要探讨和分析。

---

① "跳农门"是方言，是指农村人口转变为"非农村人口"。

1.休闲娱乐：业余时间的"打发"①

调查结果显示：①民族山区农村贫困人口在业余时间大多是看电视、睡觉，几乎不看书报，也很少走亲串友，甚至存在少量的贫困者喜欢酗酒、打牌，这足以说明他们的精神生活比较贫乏；②只有少量的贫困人口把自己的主要业余时间用来学习农业等相关知识和技能，这部分人仅占被调查贫困人口总数的18.1%；③还有少量的农村贫困人口参与一些不健康的活动，如赌博等。根据本书调查结果统计，被调查贫困人口业余时间的消遣具体情况如表2-9所示。值得注意的是，调查结果还表明：在把看电视作为一种娱乐方式的贫困人口中，绝大部分往往只是看电视剧、笑话等节目，很少有人关注有关农业科技方面的节目。

表2-9　被调查贫困人口业余时间打发安排

业余时间安排	贫困人口的娱乐状况	
	频数/人	所占百分比/%
看电视	138	51.3
聊天	31	11.2
走亲串友	25	9.4
打牌	21	7.8
学习技能	49	18.1
其他	6	2.2
合计	270	100

2.心理状况

一般而言，心理指的是人的思想、情感等内心活动②，由此，心理状况往往就是指人们的思想、情感与感觉等心理活动状况的总称，是一种由社会存在而引起的主观情感和意识等活动过程的心理状态。本书在讨论民族山区农村贫困人口的心理状况时，更侧重于对心理状况做出这样的理解：心理状况是"特定社会群体在特定时期内的由外部刺激引起的比较一致的稳定的一种'心理反映'"③的一种活动过程状况的总称。基于这种考虑，调查结果表明：①农村贫困人口的精神负担较重，有相当部分贫困者借酒消愁、打牌，精神状态不佳；②贫困人口大多

---

① "打发"是方言，就是指人们在没有事情做的时候消磨时间或消遣，从而度过业余的空闲时间。
② 中国社会科学院语言研究所词典编辑室：《现代汉语词典》，第6版，北京：商务印书馆，2012年，第1446页。
③ 风笑天等：《落地生根：三峡农村移民的社会适应》，武汉：华中科技大学出版社，2006年，第203页。

具有焦虑、自卑心理，有失落感，对自己和发展前景充满信心的不是很多；③贫困人口缺乏农村社区的归属感，其相对剥夺感比较明显，对社会怀有一定的不满情绪；④精准扶贫导致了某些贫困人口有了"等靠要"的心理与思想等。根据问卷调查统计，被调查贫困人口具体的心理状况如表 2-10 所示。可见，民族山区农村贫困人口的心理状况呈现出一定的社会性、相对稳定性、历史性等特征，是在特定的时代条件和社会环境下形成的。因此，把握民族山区农村贫困人口的心理状况与需要，引导其改善心理状况，在目前显得甚为必要和迫切，应引起人们的广泛重视和研究。

表 2-10　被调查贫困人口的心理状况　　　　　　　　单位：人

情感和感觉	有强烈感觉	有感觉	没有感觉	合计
有自卑感	39	35	11	89
对自己和将来缺乏信心	17	29	39	85
生活渺茫	21	35	27	84
精神负担重	49	21	17	87
情绪低落	23	31	39	93
对社会期望值不高	11	25	59	95
"等靠要"依赖心理	7	12	53	72

3. 生活质量的满意状况

通常情况下，对人们的生活质量进行评价一般有两个方面，一方面是政府等相关部门根据一定的生活指标所进行的综合评价，另一方面是人们对其生活质量的一种自我评价，前者一般可称之为客观生活质量，后者则往往被称为一种"可感"生活质量。那么，什么是生活质量呢？一般认为，生活质量是指满足人们生活需要的全部社会与自然条件的一种综合水平，它既包括物质生活条件，又包括精神生活条件；既包括经济条件，又包括广泛的政治、文化、思想条件[①]。这里主要讨论民族山区农村贫困人口的"可感"生活质量，即村民在现实的"社会生活中自己所感觉到的或所承认的生活质量"[②]，这是人们对其生活质量进行自我评价的一种方式。不可否认的是，虽然人们对其生活质量进行自我评价带有一

---

① 郑杭生：《社会学概论新修》，北京：中国人民大学出版社，1997 年，第 532 页。

② 郑杭生：《社会学概论新修》，北京：中国人民大学出版社，1997 年，第 533 页。

定的主观色彩，但从某种意义上讲，它毕竟可以反映人们在现实客观情景中的感受，是人们在客观现实环境的刺激下所做出的一种对客观现实的反应。因此，对民族山区农村贫困人口的生活质量进行调查分析，既对于认识和了解民族山区农村贫困人口的生活状况具有积极的现实意义，又可以发现一些潜在的社会问题。基于调查问卷及相关资料的研究，统计结果显示：①在所调查的贫困人口中，几乎没有人认为自己的家庭生活水平达到了温饱或较富裕水平；②认为自己的家庭生活水平处于一般贫困状态的占被调查贫困人口的绝大多数；③认为自己的家庭生活水平位于非常贫困与极端贫困的仅占 30.7%。被调查贫困人口具体的自我评价情况如表 2-11 所示。

表 2-11　贫困人口对家庭生活的自我评价

评价指标	温饱水平	一般贫困	非常贫困	极端贫困
占比 /%	0	69.3	17.2	13.5

同时，调查结果还表明：随着时代的进步，贫困人口对自我及其家庭贫困生活状态的不满程度逐步加深，相对贫困的意识增强，其具体状况见表 2-12。那么，如何解释被调查贫困人口对不同时期贫困状态的不同感受状况呢？据调查资料及理性分析，对此的可能解释是：① 20 世纪 80 年代，我国农村的经济体制改革刚刚兴起，这刺激了农民的生产积极性，农民普遍感受到了实惠，农村的贫富分化不是很明显；② 2007 年以来基于农村经济体制改革的深化，农村的贫富分化已经比较明显，其相对剥夺感增强，相对贫困的意识比较强烈。

表 2-12　贫困人口对不同时期贫困状况的感受　　　　　单位：%

时期	能承受	一般	不太满意	合计
20 世纪 80 年代	65	35	0	100
20 世纪 90 年代	53	35	12	100
2000 年	42	38	20	100
2007 年以来	30	28	42	100

（三）健康状况

基于前面物质生活状况和精神生活状况的分析，已看到：恩施州农村贫困人口的食品结构较为单一，生活质量不高，营养不足；精神负担及压力较大。因而，大多数贫困者及其家庭成员的健康状况值得关注与重视。调研表明：①因贫致病、因病致贫的农村贫困家庭较为常见；②因大病或有慢性病人而导致贫困的家庭约占调查贫困家庭的41%，约有33%的家庭有残疾人；③在贫困家庭的总人口中，健康人口约占62%，健康状况一般的约占18%，体弱的约占12.6%，严重疾病的约占7.4%。从整体上来讲，根据该州与调查县市的社会保障状况（表2-13）也可以看到：恩施州的农村贫困状况不容乐观。因而，恩施州似乎应扩大其农村的社会保障力度与直接救济面，尤其是要保障和直接救济丧失劳动能力等的特殊老年人。

表2-13　2016年恩施州、恩施市、巴东县、鹤峰县的社会保障状况比较　　单位：万人

指标名称	恩施州	恩施市	巴东县	鹤峰县
城镇居民最低保障人数	1.66	0.25	0.42	0.11
农村居民最低保障人数	20.07	2.77	2.65	1.65

资料来源：改编自恩施州及调查县市2016年《国民经济和社会发展统计公报》

二、贫困人口的基本构成与基本规模

（一）贫困人口的基本构成

基于民族山区农村经济社会发展的特殊性与阶段性，即区域差异、发展水平各异与发展速度不同，其贫困人口及其构成不仅复杂多样，而且呈现出层次性特征。这里，我们以恩施州的调研来说明，根据恩施州三县市27个行政村270户贫困人口的调查，并结合相关部门访谈资料的综合分析来看，该民族山区农村贫困人口的形成原因比较复杂，其来源主要有：①无子女的老年人家庭（包括孤寡老人）；②自我发展能力弱的家庭；③贫困儿童；④部分收入低、负担重的家庭；⑤留守老人；⑥因天灾人祸造成的贫困人口；⑦一些特殊的贫困人口，如家庭中的残疾人等。这些贫困人员共同构成了恩施州的整个农村贫困人口，已引起了社会和政府的广泛关注与重视。

（二）贫困人口的基本规模

基于社会发展与进步以及农村贫困发生率等因素的影响，要准确地统计恩

施州各县市农村贫困人口的总量不是一件容易的事，是有相当难度的。为了比较与科学认识，本书主要以下面的数据为依据，来做初步的判断。

1.恩施州人民政府有关职能部门公布的数据

截至 2014 年年底，按照 2300 元的标准，恩施州仍有贫困村 729 个，共有农村贫困人口 108 万人，占其农村总人口的 32.36%，其中农村低保人数达到 27.14 万人[1]，贫困发生率在 31% 左右，有些特别贫困村的贫困发生率甚至高达 61.6%[2]；同时，从表 2-14 中也可以看出，恩施州农村贫困人口呈现出逐年减少的变化趋势，而农村低保人数在 2006—2014 年则呈现出上升的基本态势，2015 年的农村低保人数虽然略有下降，但 2016 年仍上升到 20 多万人。可见，这些农村贫困人口显然不包括相对贫困人口，只是恩施州农村绝对贫困人口的一种反映；同时，政府采取低保政策形式对农村贫困问题的治理具有积极意义。

表2-14　恩施州近年来的贫困人口数据

年份	贫困标准 / 元	贫困人口 / 万人	农村低保 / 万人
2006	1 196	136	10.34
2009	1 196	128.9	20
2014	2 300	108	27.14
2015	2 300	65.72	16.11
2016	2 300	52.9	20.07

资料来源：改编自恩施州扶贫办的《恩施州扶贫开发工作情况》（2010 年）《2014 年扶贫开发工作情况汇报》；恩施州统计局的《恩施州国民经济和社会发展公报》（2006 年、2009 年和 2014 年、2015 年、2016 年）；顾兆农、高云才：《农业部三十年挂钩扶贫湖北恩施，帮助减少贫困人口 100 万——定点扶贫，这一诺"千金"重》，人民日报，2016-3-20（11）

2.湖北省人民政府有关职能部门的统计结果

湖北省有关部门于 2017 年对全省的农村贫困人口做了统计和研究，并建立了《湖北省贫困人口及贫困发生率（基期及 2016 年底）统计表》与《湖北

---

① 恩施土家族苗族自治州扶贫开发办公室：《2014 扶贫开发工作情况汇报》；恩施土家族苗族自治州统计局：《恩施州统计年鉴（2014 年）》与《2014 年恩施州国民经济与社会发展公报》。

② 恩施土家族苗族自治州扶贫开发办公室：《2014 扶贫开发工作情况汇报》。

省 2009 年"两类人口"[①]建档立卡统计表》，这类统计表表明[②]：若忽略农村的低收入人群，恩施州的农村绝对贫困人口约 52.45 万人，其贫困发生率约为14.86%，若把低收入贫困村民统计进去，初步估算 2016 年该州农村贫困人口仍有 75 万人左右。根据湖北省贫困人口与贫困发生率（2016 年）统计表（表2-15），似乎还可以判断：恩施州与湖北省其他地级市相比较，其农村的贫困现象更加明显，扶贫工作更加严峻。由此，恩施州以后的农村扶贫工作将面临更加艰巨的任务。

表 2-15　湖北省贫困人口与贫困发生率（2016 年）统计表

区域	系统贫困人口总数 / 人	贫困发生率（基期）/%	贫困人口存量数（2016 年底）		2014 年农村人口 / 人	贫困发生率（2016 年底）/%	农村低保总数 / 人
			户	人			
全省	5 721 856	14.21	1 089 930	2 933 576	40 268 301	7.29	1 382 000
武汉市	86 098	3.21	25 148	58 981	2 680 489	2.20	102 600
十堰市	826 655	36.94	174 821	493 018	2 238 026	22.03	96 500
宜昌市	425 130	16.00	88 425	226 110	2 657 437	8.51	100 700
鄂州市	57 444	12.95	14 096	35 920	443 455	8.10	20 239
黄冈市	1 013 417	16.76	203 836	498 292	6 046 721	8.24	173 500
咸宁市	379 136	17.32	57 628	178 370	2 189 182	8.15	89 100
恩施州	1 091 202	30.91	177 012	524 491	3 529 883	14.86	207 000

资料来源：改编自《湖北省贫困人口、贫困发生率（基期及 2016 年底）统计表》；湖北省与相关地级市州的《2016 年国民经济和社会发展统计公报》。

3. 本书基于分区域、分层抽样调查估算的数据

为了从整体上较好把握恩施州农村贫困人口的基本现状，笔者于 2016 年7～8 月在恩施州选取恩施市、巴东县、鹤峰县三个县市进行了调查与研究，根据调研数据分析，研究结果显示：巴东县的农村贫困人口最多，约占全县总人口的 23.2%；鹤峰县的农村贫困人口相对较多，约占全县总人口的 12.5%；恩施市

---

① 两类人口：截至 2009 年，根据相关文件，"两类人口"指的是年人均纯收入在 1196 元以下与年人均纯收入位于 1197～1500 元的人口；我国农村自实行 2010 年新标准后，即 2300 元的新贫困线，人们似乎淡化了农村低收入人群，但根据笔者调研，民族山区农村的低收入人群是客观存在的。

② 湖北省人民政府扶贫开发办公室：《湖北省贫困人口、贫困发生率（基期及 2016 年底）统计表》，http://www.hbfp.gov.cn/xxgk/tjsj/36365.htm（2017-11-25）；湖北省人民政府扶贫开发办公室：《湖北省 2009 年"两类人口"建档立卡统计表》，http://www.hbfp.gov.cn/structure/xxgk/tjsjzw_4866_1.htm（2017-9-18）。

的农村贫困人口相对较少，约占全市总人口的 11.7%。据此，再根据加权平均法（恩施州农村贫困人口大约占总人口的 15.8%）可知：若以人均收入 2300 元为农村贫困的新标准估算，该州的农村贫困人口约有 55.7 万人。然而，值得深思和注意的是，若根据恩施州官方数据，到 2016 年底，恩施州转型农村的贫困人口只有 39 万人[①]。由此可见，从某种特定意义上说，本书对恩施州农村绝对贫困人口的调研结果，与湖北省人民政府相关部门统计的 52.45 万人以及恩施州政府相关部门统计的 52.9 万人相比都要多。这或许在一定意义上说明，政府相关部门在统计农村贫困人口时，客观上存在一些低估倾向。例如，截至 2017 年 10 月，恩施州仍有 49.53 万[②]农村贫困人口的客观事实。

本书综合考虑各种因素，并结合上述三个方面的资料进行分析，通过综合与理性考量，可以估算：截至 2016 年年底，恩施州的农村贫困人口大约为 60 万人，其中绝对贫困人口约为 55 万人。

三、贫困人口的基本分布与趋势[③]

基于本书的研究调查区域是位于湖北省西南边陲的恩施州，它既是湖北省的少数民族主要聚集地，又是武陵民族山区的重要组成部分，其发展处于湖北省的中下游水平，因而，其农村的贫困人口分布呈现出多元化特征。调研资料显示：恩施州农村的贫困人口分布受到了地域、家庭、文化程度、年龄、性别、就业与身体状况等因素的影响和制约。根据问卷等调查资料，下面简要讨论恩施州农村贫困人口的基本分布状况。

（一）贫困人口的基本分布

1. 地域分布

地处中西部结合地带的恩施州，位于武陵山腹地，不仅其社会经济发展的整体水平不高，而且其所辖的 8 个县市也存在着社会经济发展水平的客观差异。

---

① 恩施土家族苗族自治州扶贫开发办公室：《恩施州 2016 年度脱贫攻坚工作总结》。
② 周艳丽：《合力攻坚战贫困》，《恩施日报》，2017-10-17（A02）。
③ 谭贤楚：《民族山区转型农村的贫困人口及其分布——基于恩施州的实证研究》，《贵州社会科学》，2011 年第 9 期，第 60-63 页。

或许正因为如此，问卷等资料显示，该州农村的贫困人口分布存在着明显的地域性特征：①农村贫困人口大多生活在自然环境比较恶劣的深山区、高寒区等，这里不仅交通不便、农业基础设施落后，而且村民的文化程度偏低、素质不高并缺乏一技之长；②交通方便、社会经济较好的村子仍然存在一些贫困人口，甚至还存在部分贫困者仍生活在极度贫困之中，这些贫困者主要是由于缺乏一定的自我发展能力所导致的，如老年人家庭、残疾人、单亲等残缺家庭以及素质较低的家庭等；③社会经济发展较好的地方，其农村的贫困人口相对来说要少些，如交通方便、农业基础设施较好的地方或旅游发展较好的地方；④若有较好的产业作为当地经济发展支柱产业的地方，那么相对来说，其农村的贫困人口也要少些；⑤城镇周边的村子，其贫困人口相对来说要少些，这不仅仅是因为村民的农业产品可以直接变卖，更为重要的是城镇周边村民的商业竞争意识较为强烈。可见，民族山区农村贫困人口的这种地域分布基本上反映了不同区域的客观发展水平，是与区域的现代化程度分布基本一致的，这进一步印证了"贫困人口分布与现代化水平呈现负相关"[1]的观点。这也一定程度上从侧面反映了我国现阶段基于精准扶贫来实施区域开发式扶贫战略的合理性；同时，地理位置的区位优越性将直接影响到贫困人口的分布，这也为区域发展提供了一定的理论依据。

2. 家庭分布

调查资料及实践表明：民族山区农村之所以有较多贫困人口存在，最直接、最明显的原因就是其偏低的家庭收入，其有时连最基本的社会生活需求都难以保证，甚至有些贫困人口最基本的生活（如盐等）都得不到满足。管仲曾指出："仓廪实而知礼节，衣食足而知荣辱。"这就是说，只有人们的社会生活基本满足了，才有可能有所"讲究"[2]。可见，农村家庭收入的多少是直接影响农村贫困人口形成的重要因素和指标。被调查的 270 份贫困人口问卷与其他调查问卷等资料显示：①贫困家庭的年人均收入 2000 元左右，不足 2300 元的家庭占多数；②年人均收入超过 2500 元的家庭不多；③年人均收入超过 3000 元的家庭极少（根据 2300 元的贫困标准，按照不变价格计算，2015 年的贫困线为 2855 元）。根据调查问卷

---

① Ravallion M. Poverty Comparisons. Switzerland: Harwood Academic Publishers, 1994, 104.
② 这里的"讲究"主要是指礼节、精神等追求，也就是说，温饱是"讲究"的一个基本前提。

的统计，被调查的贫困家庭收入分布情况如表 2-16 所示。从表中可以看出：①贫困家庭人均收入的这一分布近似呈正态分布，人均收入为 1196 ~ 2300 元的约占71.5%，且人均收入为 2300 ~ 2500 元的家庭只占到 11.5%，人均收入为 1196 元以下的家庭仍占 9.2%，家庭年人均收入在 3000 元以上的仅仅占 2.6%；②若把家庭人均收入位于 2300 元以下的人口视为绝对贫困人口，那么，以 2300 元为贫困线，初步估算恩施州农村贫困人口的发生率为 46%，虽然比恩施州相关部门公布的数据略高，但与湖北省相关职能部门的估计基本上是一致的。

表 2-16　恩施州被调查农村贫困家庭收入的分布

年人均收入 R / 元	频数 / 人	家庭百分比 /%
$R \geqslant 3000$	7	2.6
$2500 \leqslant R < 3000$	14	5.2
$2300 \leqslant R < 2500$	31	11.5
$1196 \leqslant R < 2300$	193	71.5
$R < 1196$	25	9.2
合计	270	100

当然，调查结果还表明：从家庭结构和特征来看，贫困人口的家庭来源主要表现为老年人家庭（特别是无子女老人家庭）、残缺家庭、有残疾人的家庭、收入结构单一的家庭、自我发展能力弱的家庭等。

3. 文化程度分布

通常情况下，文化程度是依据人们所接受的正规教育程度来进行区分的，也就是文化或教育程度，即人们所受到的教育程度越高，其文化程度和技能也就相对较高；反之，则被认为相对较低。相关研究表明[①]：人们的文化程度和素质较高，不仅其接受各种知识及新事物的能力相对较强，观念更新也比较快，而且其参与社会和市场的生活适应能力也相对较强，追求现代文明及富裕生活方式的欲望也较为强烈。调查资料显示：恩施州农村贫困人口的产生与其文化程度有较强的内在关联性，即村民是否贫困与其文化程度呈现较强的负相关关系，也就是说，村民的文化程度越低，其陷入贫困的可能性相对就越大；相反，其文化程度

---

① 西奥多·W. 舒尔茨：《论人力资本投资》，吴珠华等译，北京：北京经济学院出版社，1990；Ravallion M.
Poverty Comparisons. Switzerland: Harwood Academic Publishers,1994,98-99.

越高，其陷入贫困的可能性相对就越小。事实上，基于社会的复杂性和客观多样性，一般情况下，不同文化程度的村民在市场竞争的社会参与中必然会出现一定程度的贫富分化及贫富差距现象。本书分层抽样的调查结果不仅印证了上述结果的正确性，而且还初步揭示了文化程度的差异必然会导致一些人陷入贫困生活状态的客观规律。可见，恩施州农村贫困人口的分布状况与其村民的文化程度关系密切，从被调查的270份问卷资料来看，其所显示的贫困人口的文化程度分布如表 2-17 所示。

表 2-17　恩施州被调查农村贫困人口的文化程度分布

文化程度	贫困人口		承认文化程度影响贫困的程度	
	频数 / 人	占比 /%	频数 / 人	承认人数 / 人
文盲	29	10.7	29	27
小学以下（不含文盲）	83	30.7	83	73
小学	84	31.2	84	79
初中	63	23.3	63	52
高中（含中专）	11	4.1	11	8
合计	270	100	270	239

从表 2-17 中可以看出，绝大多数的贫困人口只有初中及以下文化程度，且初中文化程度的只占贫困人口的23.3%，而高中文化程度的仅占贫困人口的4.1%，这表明村民的文化程度越低，该地的贫困人口越多，也就是说，贫困人口的多少与文化程度呈现负相关关系，即村民的文化程度越低，其贫困发生率就越高。因此，调查问卷结果显示，该州农村贫困人口的文化程度占比由高到低依次为小学、小学以下（不含文盲）、初中、文盲、高中（含中专）。

4. 就业分布

实践及事实证明：从事不同职业会对人们的收入产生重大影响，其就业状况及其分布是制约人们的收入及其社会生活状况的决定性因素。针对恩施州农村贫困人口的调查结果再次印证了这个观点，从而表明就业结构直接影响人们的社会生活状况及其水平是一个客观的规律。基于分层抽样并采用问卷调查等方法，本书调查了恩施州农村贫困人口及其家庭的就业状况，调查资料显示的就业分布特征是：①通常情况下，贫困家庭的收入结构单一，除了从事农业活动外，几乎没有家庭成员从事其他行业或职业;②没有子女的老年人家庭已经失去了从事农业的能力,一般是靠低保及其积蓄和亲朋好友的接济;③有子女外出打工的家庭,虽然其人年均收入位于2300元以上,但由于其负担较重,如子女上学[①]、家有残疾人等,仍然处于贫困之中;④一个家庭中若有成员从事多种行业,其家庭一般较为富有等。当然,调查结果还表明:被调查的贫困人口中,大部分的家庭大多只从事农业活动,收入结构较为单一。因此,改善贫困人口家庭的就业状况是促使其脱贫的重要手段。

5. 年龄分布

所得到的270份农村贫困人口问卷资料显示:① 50 ~ 59 岁、60 岁以上这两个年龄段的贫困人口较多,分别约占调查贫困人口总数的41.9%和21.5%;② 40 ~ 49 岁这个年龄段的贫困人口次之,占调查贫困人口总数的17.4%;③ 30 ~ 39 岁、13 ~ 18 岁这两个年龄段的贫困人口较少,分别占调查贫困人口总数的7.0%和6.3%;④ 18 ~ 29 岁及 13 岁以下这两个年龄段的贫困人口,相对来说是最少的。所调查贫困人口的具体分布如表 2-18 所示。

表 2-18　所调查贫困人口的年龄分布

年龄段	贫困人口	
	频数 / 人	占比 /%
13 岁以下	9	3.3
13 ~ 17 岁	17	6.3
18 ~ 29 岁	7	2.6
30 ~ 39 岁	19	7.0
40 ~ 49 岁	47	17.4
50 ~ 59 岁	113	41.9
60 岁以上	58	21.5
合计	270	100

可见,恩施州农村贫困人口的年龄分布基本上是呈正态分布的。那么,民族山区农村贫困人口的年龄出现这种分布的原因何在呢?结合相关访谈资料并经理性分析,可能的解释是:① 60 岁以上的老年人基本上丧失了自我谋生的能力,

---

[①]　有些学者认为"九年义务教育是免学费的,不会导致贫困现象",事实上,现在民族山区村民供养子女上的小学与初中一般是寄宿学校,学生的生活费增加了负担,脆弱的家庭就会陷入贫困。

特别是无子女老年人的生活更加艰难；而 50～59 岁的村民生活比较艰苦，是因为负担过重，如子女上学及小孩结婚等；② 13 岁以下及 13～17 岁的贫困人口较少，是由于处于该年龄段的人大多在求学，家长承担着"再穷、再苦，不能穷孩子、苦孩子"的义务，他们宁肯自己少吃穿，也要让孩子过上较好的生活；同理，可以理解 40～49 岁的贫困人口约占调查总贫困人口的 17.4%；③ 18～29 岁的贫困人口最少，这说明处于该年龄段的人口有一定的自我谋生能力。

当然，结合调查与理性分析，还需要进一步指出的是：处于 18～49 岁年龄段的贫困人口可能有较多的机会脱贫，而 50 岁以上的中老年贫困人口似乎摆脱贫困的机会要少些，除非政府给予救济，否则，他们或许只能维持现状。

6. 身体状况分布

一般情况下，对任何社会而言，人口不仅是社会生活的实践者和承担者，而且是社会发展的根本主体，是社会得以存在的前提和基础。因而，人口的身体状况既可以从整体上反映出自身的身体素质水平和该社会的总体健康状况，又可以对个人及其家庭的生活状况产生影响。基于这种判断和认识，本书的调查研究结果表明：①回答身体状况较好的贫困人口约占 10.7%，而回答身体一般的贫困人口最多，约占 37.8%；②回答身体状况差（较差和很差）的贫困人口将近占调查贫困人口总数的一半，为 46.7%；③在所调查的贫困人口中，残疾人的比例最小，只占 4.8%。调查结果的具体分布如表 2-19 所示。从表中可以看出：①所调查的贫困人口的身体状况近似呈正态分布；②在其他条件相同的情况下，身体状况越差的人口最易于陷入贫困的生活状态而成为贫困人口；③身体状况较差可能是导致农村贫困人口的原因之一。

表 2-19　所调查贫困人口的身体状况分布

身体状况的应答	频数 / 人	占比 /%
较好	29	10.7
一般	102	37.8
较差	69	25.6
很差	57	21.1
残疾	13	4.8
合计	270	100

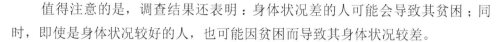

　　值得注意的是，调查结果还表明：身体状况差的人可能会导致其贫困；同时，即使是身体状况较好的人，也可能因贫困而导致其身体状况较差。

　　当然，这里还需要进一步指出的是：除了上述讨论的有关恩施州农村贫困人口分布之外，性别的差异也是导致民族山区农村贫困人口分布的一个重要因素。调查研究结果还印证了这样的观点：在其他条件相同或相似的情况下，女性人口陷入贫困的可能性比男性要大一些。这里就不再讨论其具体分布了，但这种情形应引起人们的认识和关注。同时，值得指出的是，前面的"假设2：贫困人口（群体）的个体状况（文化程度、技能、身体状况等）是影响并导致其贫困的重要因素"在这里也得到了较好的验证。

（二）贫困人口分布的基本趋势

　　武陵山农村的贫困人口分布虽然十分复杂，但根据调查结果及相关统计资料分析，并结合我国整个社会，特别是农村社会现代化的进程与恩施州农村现代化水平及其社会经济发展的基本态势，可推测武陵山农村贫困人口今后的分布大致呈现的基本趋势如下。

　　1）从整体上讲，武陵山农村贫困人口呈现出减少的态势，该片区农村贫困人口的分布逐步向深山区、高寒区、地方病高发区等区域集中，这些区域是农村贫困人口的主要区域，依然是今后农村扶贫开发工作的重点区域；

　　2）自然条件恶劣、农业基础设施落后等区域仍然是贫困人口的主要聚居地，加强农村基础设施建设与易地扶贫搬迁仍然是扶贫的基本措施；同时，现代化程度较高、交通较为方便地方的人口，若缺乏一定的生存技能和自我发展能力，这些地方仍然会存在一定的贫困人口。

　　3）绝对贫困与相对贫困并存，个体贫困与相对贫困将成为贫困的主要表现形态和主体。绝对贫困与相对贫困并存是任何社会都存在的一种客观社会现象，因而，武陵山等民族山区农村的贫困也不例外。社会的持续发展与进步必然会带来农村村民收入水平的提高与生活条件的改善，与这种社会发展状况相适应，农村贫困线的提高是一个不以人的意志为转移的客观趋势。因而，衡量人类贫困状况的指标一定会有所提高；与此同时，由于人们文化素质的提高，其相对剥夺感会逐步增强。基于这两个方面的原因，农村不仅仍然存在着一定的绝对贫困人口，而且其相对贫困人口的比例会逐步增大；在农村的绝对贫困人口中，大部分贫困人口将呈现分散化的趋势与特征。根据前面对贫困问题的认识以及贫困演变的客观规律和趋势，或许可以这样推测：随着社会的进一步发展和市场经济体制的完善，武陵山农村的整个温饱问题会得到较好治理，其农村贫困将逐步过渡到以相对贫困为主，其相对贫困问题将会日益突出；与此同时，农村贫困的个体性特征亦将逐步明显，这主要体现为老年人、残疾人与贫困儿童等。因此，绝对贫困与相对贫困并存，个体贫困与相对贫困主导是武陵山农村贫困发展的一个基本客观趋势与内在规律。

4）农村贫困的演进格局是生存型、温饱型与发展型贫困的并存。在武陵山等民族山区农村社会经济不断发展与进步的过程中，虽然经济社会得到了较快发展，村民的生活条件与水平有了很大改善和提高，但这三种贫困类型却依然存在：①生存型贫困会越来越少，但在一些村落依然会存在一定数量的生存型贫困者；②温饱型贫困与发展型贫困会逐步成为武陵山农村贫困的主要表现形态；③基于某些特殊原因，处于这三种贫困类型的村民在一定时期内可以相互转换，也就是说，处于生存型贫困的村民会转变为温饱型贫困，而处于温饱型贫困的村民也会向发展型贫困转化；当然，一些发展型贫困者也会因天灾人祸转向温饱型贫困者，甚至会成为生存型贫困者。可见，这三种贫困类型并存的演进格局是现代农村社会贫困发展演变的基本特征之一。

综合上述讨论，武陵山农村的深山区、高寒区、地方病高发区等地方仍然是该区域今后进行扶贫开发的重点区域。当然，这种贫困人口的基本分布趋势，在一定程度上，也可以成为武陵山目前的农村贫困治理仍然以开发式扶贫模式为主导的基本事实依据与理论基础。

第三节　贫困人口的基本特征与类型

湖北恩施州地处鄂西地区，是国家级贫困地区，该州 8 个县市都是国家级贫困县。进入 21 世纪以来，我国整个农村的经济社会环境都发生了一些新的变化，这使得该州的农村贫困现象出现了一些新的特征，其形势不容乐观，该州的农村扶贫开发工作仍然很艰巨。基于自然环境与自然灾害等因素的制约与影响，该州绝对贫困人口居高不下，截至 2016 年年底，该州农村建档立卡的贫困人口还有 52.45 万人，占全州农村人口的 14.86%[1]。那么，在这种现实社会环境与全球化的客观背景下，恩施州农村贫困问题究竟有怎样的特征呢？其类型如何？扶贫开发的实践表明：了解并研究民族山区农村贫困人口的基本特征与类型，对其贫困问题的认识与治理具有积极的意义。下面，本书结合所调查的资料和相关统计资料，来初步讨论恩施州农村贫困人口的基本特征与类型。

一、贫困人口的基本特征

（一）转型农村贫困面依然较大，绝对贫困人口规模仍庞大

调研结果表明：恩施州农村不仅贫困面依然比较大，其绝对贫困人口的基数仍然比较大，而且其贫困人口的分布也发生了相应的新变化，其规模比较庞大。具体来看：①农村贫困线的标准相对偏低，一方面，目前该州采用我国政府确定的农村标准[2]（一是贫困线，2006 年的农村贫困标准为 693 元，2007 年为 785 元，2009 年为 1196 元，2011 年为 2300 元；二是低收入标准，2006 年为 958 元，2007 年为 1067 元[3]）来瞄准农村贫困及其贫困人口，据国家认定和该州官方统计，该州所辖 8 个县市都为国家级重点贫困县，截至 2016 年 12 月，其绝对贫困人口为 52.45 万人；另一方面，若以官方认定的 2300 元为绝对贫困线标准，笔者根据自己的调查数据估算该州约有农村贫困人口 56 万人左右；同时，国际上一般都是以每人每天 3.1 美元[4]为发展中国家贫困标准的中位数（贫困线），若以此为依据推算，截至 2015 年，我国目前的农村贫困人口接近一亿人，也就是说，我国目前的贫困标准相对来说是"比较低的"[5]，约占 3.1 美元的 74.2%。例如，有学者就曾指出，在 2004 年全球的 70 个国家的贫困标准中，我

① 湖北省人民政府扶贫开发办公室：《湖北省贫困人口、贫困发生率（基期及 2016 年底）统计表》，http://www.hbfp.gov.cn/xxgk/tjsj/36365.htm（2017-11-25）。
② 刘少华等：《中国扶贫线 30 年涨 10 倍》，《人民日报》（海外版），2015-10-16（07）。
③ 从 2009 年起我国将取消农村绝对贫困人口和低收入人口区别对待的政策。
④ 国家统计局住户调查办公室：《2016 中国农村贫困监测报告》，北京：中国统计出版社，2016 年，第 7 页。
⑤ 国家统计局住户调查办公室：《2016 中国农村贫困监测报告》，北京：中国统计出版社，2016 年，第 8 页。

国的农村贫困线是最低的[1]，由此并结合该州是国家级贫困县的客观事实来推之，该州农村的贫困面依然很大，绝对贫困人口的基数仍然很大，其规模还比较庞大。[2]"点、面、嵌入"是该州农村贫困人口分布的主要特征。所谓"点"就是指贫困村，正因为如此，该州的开发式扶贫模式仍然是以"整村推进"为主要方式的；"面"是指一些高寒区、高山区、地方病高发区和革命老区等特定贫困区域，这些地区的贫困人口一般都约占该村总人口的30%，其食品结构单一，生活水平十分低下；而"嵌入"则是指在现代化程度较高、交通方便、社会经济发展比较好的乡村也仍然存在少量的农村贫困人口，其主要表现为老年人、残疾人、自我发展能力较弱的家庭及残缺家庭等，这种贫困情况与传统的"插花式"贫困人口有相似之处，但又有所差别，应引起政府与人们的高度重视。

（二）贫困程度仍比较深，贫困人口多元化、层次化

自中华人民共和国成立以来，西部民族山区的农村贫困问题及其扶贫工作就一直是党和政府关注与重视的重要问题和重要工作，人们的生活水平逐步提高，特别是改革开放以来，民族山区转型农村的整体生活水平有了天翻地覆的变化，有些村民的生活已经达到了小康水平。但是，基于历史与现实、自然环境与社会环境、客观与主观等多种因素综合作用的影响，民族山区农村贫困的成因更加复杂化，贫困程度仍然比较深。例如，截至2017年10月，恩施州仍有贫困户16.85万户、绝对贫困人口49.53万人与贫困村455个[2]，因而，民族山区转型农村的贫困问题及其治理依然是该地区农村社会经济工作中的重点与难点问题之一。调研结果表明：民族山区转型农村贫困的原因更加复杂化，这使得其贫困人口不仅呈现多元化、层次化趋势，而且贫困人口的贫困程度也还比较深。①贫困人口多元化与层次化的直接原因。通过对300多份问卷调查资料的整理分析，发现民族山区转型农村形成贫困（人口）的直接原因主要有自然灾害、疾病、市场风险、个体缺陷、交通不便与社会保障体系不健全等方面，这将直接导致农村贫困人口的产生及其多元化、层次化，这也从侧面进一步印证了这样的观点："中西部地区农村贫困的成因更加多样化，且中西部地区农村由于疾病而导致其贫困

---

① 赵立雄：《农村扶贫开发新探》，北京：人民出版社，2008年，第16页。

② 周艳丽：《合力攻坚战贫困》，《恩施日报》，2017-10-17（A02）。

的家庭约占 38% ~ 39%。"^① 可见，从整体上来讲，民族山区转型农村贫困的主要原因在于其自然环境脆弱及农业基础设施薄弱、疾病、交通不便与文化素质较低等，这是与其他发达地区农村贫困的成因不同的地方。②贫困程度依然较深。目前恩施州所管辖的 8 个县市都属于国家级（重点）贫困县，这些县市的高山区、高寒区、疾病高发区及革命老区等交通不便、土地贫瘠、自然灾害频繁的地方不仅是贫困人口的主要聚集区，而且其绝大部分贫困人口都仍然处在贫困线下，为基本的生活而奔波，生活仍然十分艰苦。

（三）山区农村的产业结构不合理，缺乏支柱特色产业与龙头经济

事实已经并将继续证明：农村产业是多功能性的，农村产业的多功能性一直在演变和发展，正是因为农村产业的这种多功能性确保了农业作为国民经济基础的战略地位，在任何时期都不能动摇。可见，随着科技的发展和社会的进步，第一、二、三产业的融合与协同互动已经成为现代农村经济的一种显著特征与基本发展趋势，因而，农村经济的结构调整及其布局的优化在目前转型较快的民族农村显得至关重要。然而，调查结果却表明：从整体上来说，恩施州农村的产业结构不合理，特色支柱产业发展不足，缺乏应有的龙头经济，这既是该州农村贫困的重要原因，又是其贫困的一种基本特征。首先，从农村的产业结构来看，其不合理及局限的重要方面主要体现为：①从个体层面讲，多数农村贫困家庭的主要产业依然是农业，且其种植结构单一，从事第二、三产业的家庭成员较少，甚至没有；同时，这些贫困户的专业技术比较落后，缺乏应有的"明白人"^②；②就该州整个农村来说，一是第一、二、三产业在发展中不协调、关联度不大、产业间链条脱节；二是第二、三产业十分弱小或几乎没有。然而，世界各国现代农业的发展经验告诉我们："农业劳动力向第三产业转移是世界各国就业结构变动的共同规律，是生产力发展到高级阶段的必然趋势。"^③ 因而，基于恩施州农村的这种基本现状，就不难理解，为什么从总体上说这种状况制约了农村整体水平的提高和现代化进程。其次，从农村的主导产业来看，从总体上说，恩施州农村目前

---

① 韩俊：《中国经济改革 30 年：农村经济卷（1978—2008）》，重庆：重庆大学出版社，2008 年，第 270-271 页。
② 方言，指的是有经济头脑、善于经营的致富带头人。
③ 中国科学院国情分析研究小组：《城市与乡村》，北京：科学出版社，1996 年，第 77 页。

的第二产业发展严重滞后，绝大多数农村缺乏、甚至没有一定的工业，第三产业更是谈不上（仅仅有些小卖部[①]）；同时，社会发展水平的落后以及家庭"明白人"或带动主体的缺乏，使得大多数农村的产业结构调整缓慢，既未形成具有一定优势的特色产业，也未形成具有竞争力和示范性的主导产业，从而严重制约了当地社会经济的发展。

（四）农业基础比较薄弱，社区服务相对滞后

调查结果显示：从整体上说，恩施州整个农村仍然十分贫穷和落后，农业基础设施薄弱，社会服务相对落后。综合问卷调查和相关统计资料，农业基础设施薄弱的主要表现是：①生态环境十分脆弱，自然条件恶劣，农业生产条件较差，抵御自然灾害等风险的能力较弱，因而，一旦遇到旱灾、涝灾、风灾等风险，不仅贫困农户的生活更加艰难，而且还会导致新的贫困人员产生，如部分脱贫村民返贫或促使部分原来生活较富有的村民陷入贫困；②在调查的 270 户贫困农户中，虽然有约 85% 的贫困家庭初步学会了科学种田，但其主观能动性仍然不高，以科技致富的农户依然十分稀少；③农业生产条件的地域性差异十分突出，经济发展有着明显的阶梯性特征，整个农村的生产条件依然十分落后；④在现实生活中，饮水问题与交通问题等应在其基础条件中占有十分重要的地位，但调查结果表明：仍然有 55% 的农村饮水是井水、天落水，饮用自来水的用户较少；同时，虽然约有 80% 的村子都通有公路，但仅仅有 45% 的村子通水泥路和柏油路；等等。值得思考和注意的是：相关研究也表明，在现代化日益渗透的现代社会中，基于生态环境的脆弱，农业基础设施相对薄弱，抵御自然灾害能力有限的状况将对农村的发展产生直接影响，从而制约农村社会经济的发展。例如，2008 年农业发展出现了新情况，一是农民的收入增长放慢；二是自然灾害对农民收入和农民生产的影响开始显著[②]，这已引起人们的高度重视。此外，从总体上来说，恩施州整个农村的社会服务及其体系也较为落后，信息沟通机制不健全，缺乏有效的利益表达机制，这主要表现为：①虽然贫困户及其人口在政府及

---

① 方言，指的是农户的剩余人口所开的进行农村日常生活用品的一种小买卖的店子。

② 汝信，陆学艺，李培林：《社会蓝皮书（2009 年）：中国社会形势分析与预测》，北京：社会科学文献出版社，2008 年，第 329 页。

相关部门那里能够得到相应的社会服务，但其服务体系却不是很完善。例如，仍然有 45% 的村子没有村级卫生所，仅仅有 55% 的村子有村级文娱活动场所与文化站；②市场价格及相关供求信息闭塞，村民一般都是通过亲友邻居来了解相关服务信息的，政府引导不是很到位，然而，对村民来说，捕捉、搜集农村经济信息很重要，政府及相关部门应该为农民提供优质的信息服务[1]，这些信息主要包括政策信息（如医疗、税收、计划生育、补贴、农业生产加工贷款、助学贷款等相关惠农政策）、就业信息（如打工、经商及相关承包信息等）、科技信息（如种养品种及技术、林业、水利等）、市场信息（如种子及化肥等生产资料的价格、农产品的价格等）；③乡镇农业技术服务站在农业新技术、新品种等推广方面发挥的作用有限，据调查，大部分村民是通过亲友邻居来掌握相关农业新技术、新品种的，还有少数村民是通过村干部了解有关信息的。可见，随着现代化的进一步推进与市场经济的不断完善，农民依靠自己的摸索来致富的传统模式已过时了，政府对农村的"调控与引导"[1]是我们党和国家自觉地适应经济基础的新变化和市场经济特征，积极地为农村经济发展与社会进步服务的基本职能。因此，政府的引导职能应主要转向社会经济服务，这是时代与社会发展的逻辑要求和人民的选择。

（五）贫困户的就业结构不合理，经济社会生活水平不高

结合调查的 270 户贫困家庭的问卷资料与相关统计资料，恩施州农村贫困户的就业结构不合理，农业生产仍然为其主要职业及收入来源，收入结构比较单一，虽然外出打工的收入对其家庭收入的贡献比较大，但外出打工的贫困家庭仅占 55% 左右，农村贫困人口的总体生活经济水平比较低下：一是被调查的贫困户的收入水平十分低下，绝大多数贫困户的收入水平位于绝对贫困线以下，其余的贫困户位于绝对贫困线与低收入水平之间；二是贫困户人均经济占有量较少，人均生活耗费总支出偏低，其中生产性支出的比重不高，这从侧面反映出农村贫困户没有能力或不愿意进行扩大再生产；三是教育费用支出和医疗药品费用支出的比重较高，这不仅给贫困家庭带来沉重的物质压力与精神负担，而且使其难以

---

① 谭贤楚，刘伦文，龙永红：《政府引导是新农村建设的关键》，《安徽农业科学》，2007 年第 1 期，第212,244 页。

打破贫困生活状态循环再生的怪圈，这也从侧面折射出教育和医疗费用支出是恩施州农村贫困的重要原因之一。与此相对应的，基于教育和医疗等支出具有很强的刚性特征，而这些贫困家庭的现金收入又非常低，因而，借债的状况一般都是不可避免的，在所调查的 270 户贫困家庭中，负债面高达 70%，其负债多少的分布基本呈正态分布。

（六）返贫率较高，传递性强，社会保障体系不健全

恩施州农村贫困人口不仅返贫率比较高，其传递性较强，而且其社会保障体系也不健全，这是恩施州农村贫困的又一个基本特征。那么，现在的问题是，为什么位于中西部结合地带的恩施州的农村贫困人口容易返贫呢？基于调研结果与理性分析，其返贫率较高的主要原因在于：①基于自然环境较为脆弱，恩施州农村地区自然灾害的发生比较频繁，农业科技的利用水平低，经济社会发展比较滞后，这就导致其村民缺乏抵御自然灾害的能力，因而，一旦发生了自然灾害，已经脱贫的部分村民就不可避免地返回贫困；②大病、人祸（如打工者的伤亡等）也可以使原来脱贫的家庭立即再次陷入贫困；③恩施州农村地区的村民由于其科技文化素质等相对较低，其生产自救能力及抵御灾害等风险的能力较弱，因而，医疗、教育等公共产品价格的不断上涨和农产品价格的偏低，也可以促使部分村民返贫，从而导致农村返贫的人口增加。据调查和统计数据的估算，整个恩施州农村平均返贫率是比较高的，为 5% 左右。正是基于上述的客观社会事实，恩施州农村地区部分贫困人口在解决温饱问题后，又会因种种原因再次成为贫困人口，这种状况不仅使得该州农村地区的脱贫成本增加，而且会进一步加大该州农村地区后续扶贫工作的难度。

调研结果表明：贫困的传递性较强也是恩施州民族山区农村贫困的重要特征之一。恩施州农村地区 20 世纪八九十年代的贫困，一般都是暂时性的贫困，是一代人中过渡性、阶段性的贫困，缓解并治理其贫困问题相对容易，国家的扶贫政策容易收到成效。但是，进入 21 世纪以来，基于社会大背景的客观变化与现代化的进一步推进，市场经济日益完善，该地区的农村贫困问题出现了一个新特点与新趋势，即贫困的再生性、持续性与代际性比较明显，具有很强的传递性，其治理难度较大。例如，巴东县清太坪镇金龙山村三组的黄本国一家 4 口，

其中 3 人皆病残，仅靠他一人种田过活，20 世纪 90 年代初以来，他家一直处于绝对贫困之中。当然，值得注意的是，调研结果显示：这一状况不仅仅存在于高寒山区、革命老区与边远特困地区等地理环境十分脆弱的地区，而且在恩施州各县市农村都存在这种类似的贫困状况，这确实是值得人们深入反思的一种贫困现象。

当然，调研结果还显示：①改革开放后，农村社会保障体系在一段时期内相对缺失，这也是导致恩施州农村地区贫困人口增加的重要原因，虽然自实施精准扶贫战略与政策以来，农村的社会保障体系得到了一定程度的恢复，但农村的社会保障体系仍不健全，其瞄准机制有待于进一步完善，这种状况将直接导致某些因灾返贫、因学返贫与因病返贫的贫困人口处于经济贫困与心理压力的双重威胁和一些社会风险之中，从而产生不安全感，社会生活非常艰难；②虽然农村社会保障体系基本上实现了全覆盖，但因某些政策局限，一些老人或将要成为老人的中年村民置于潜在的返贫威胁处境中。例如，改革开放前农村的"五保户制度"[①]（本书据调查资料整理：五保对象指农村中"无劳动能力、无生活来源、无法定赡养扶养义务人或虽有法定赡养扶养义务人，但无赡养扶养能力的老年人、残疾人和未成年人"；五保是指"保吃、保穿、保医、保住、保葬或孤儿为保教"）可以使得鳏寡孤独等老人安享晚年，而现今的类似老人虽然享受到了低保与老年人"生活保障金"[②]，但他们仍然在贫困线左右挣扎，其社会生活状况不容乐观。

（七）绝对贫困与相对贫困并存，相对剥夺感意识增强

从总体上讲，恩施州农村贫困整体上还呈现出绝对贫困与相对贫困并存，相对剥夺感意识逐步增强的基本特征。那么，究竟何谓绝对贫困与相对贫困呢？通常情况下，社会学认为，绝对贫困又叫生存贫困，是指位于某一时期一定的社会生产方式和生活方式下的个人和家庭基于种种原因而"缺乏维持生存所必需的最低生活标准的能力（这些维持生存所需要的基本条件包括食品、住房、衣着等

---

① 人民公社时期的五保户制度使得鳏寡孤独等老人不致流落街头；同时，孝敬老人的传统也被维护；而现在，基于农村五保户制度的崩溃，不难理解如今为什么有这么多老人到城里要饭，五保户制度的缺失是其重要原因。

② 本书调研表明：60 岁以上老人可以享受 70～120 元的生活养老补贴。

消费)"①而形成的一种社会生存状态。这就是说，某一社会的个人和家庭依靠其劳动所得与其他合法收入不能维持其基本的社会生存需要，这样的个人或家庭就被称为贫困人口或贫困户。例如，从生产方面看，劳动力缺乏再生产的物资条件，难以维持自身的简单再生产，生产者只能进行萎缩再生产；从消费方面看，人们无法达到满足衣、食、住等人类生活基本需要的最低条件，也即人们常说的食不果腹、衣不蔽体与住不避风寒的一种生存状况。可见，绝对贫困是采用贫困线（即位于一定时期内某一地域的人们购买基本的必需品或维持最低限度社会生活需要所必须达到的最低收入水平）作为其衡量标准的，在贫困线这个水平之下，就可以称其社会生活状态处于绝对贫困的状态。而相对贫困则是"指在同一时期，由于不同地区之间、各个社会阶层之间、各阶层内部不同成员之间的收入差别而产生的低于社会认定的某种水平的状况"②，相对贫困的出发点是人们收入之间的比较和差距，它本质上已经与分配不公平、生活质量下降及其引起的精神痛苦等各种因素联系了起来，拓宽了贫困概念的内容。换句话说，相对贫困就是指社会个体的生活水平与社会平均水平相比，其收入水平少到一定程度时所维持的那种社会生活状况，各个不同社会阶层之间和各阶层内部的收入差异③。例如，"在一个大多数家庭拥有轿车的社会里，公共交通可能比较落后，在这样一个社会里，没有轿车的家庭可能会处于一种绝对贫困境地，而在一个比较穷的社会里可能不会是"④。当然，值得注意的是：绝对贫困和相对贫困是贫困的最常见的一种划分形式。这种从贫困程度的角度的划分明确地反映了接近人类生存临界点的最基本的贫困类型，尽管相对贫困在发展程度不同的社会有不同的解释，但绝对贫困的确定与推广，对于缓解和维持贫困人口的基本生存权起到了积极的意义与作用。

由于绝对贫困与相对贫困的并存是任何社会都存在的一种客观社会现象，因而，恩施州转型农村的贫困人口也不例外。本书的调研结果再次印证了绝对贫困与相对贫困的并存的基本观点：恩施州农村地区的绝对贫困人口主要集中在高

---

① 朱力：《当代中国社会问题》，北京：社会科学文献出版社，2008年，第299页。
② 朱力：《当代中国社会问题》，北京：社会科学文献出版社，2008年，第300页。
③ 其具体做法是：通常是把某一社会一定比例的人口确定为生活在相对贫困之中。例如，有些国家把低于社会平均收入40%的人口归于相对贫困组别；世界银行的看法是收入只要是（或少于）社会平均收入的1/3的社会成员便可以视为相对贫困。
④ 阿玛蒂亚·森：《资源、价值与发展》，杨茂林，郭婕译，长春：吉林人民出版社，2008年，第311页。

寒山区、革命老区、地方病高发区及不发达的乡村。这些贫困人口既缺乏稳定的收入来源，又缺乏进一步的发展能力，其收入水平也低于现阶段政府所规定的最低生活保障线。因而，这些贫困村民所面临的最大问题是缺乏最基本的食物等物质保障；而相对贫困人口则是指位于恩施州农村地区的部分低收入家庭，其收入能够维持其食物等物质保障，但无法满足在当地条件下被认为是最基本的其他精神生活需求。可见，绝对贫困与相对贫困的并存是恩施州农村地区现阶段贫困人口问题的重要特征之一。

不过，这里还需要进一步指出的是：调研结果显示，与进入 21 世纪初或改革开放前相比较，恩施州农村贫困人口的相对剥夺感比较强烈，从而强化了农村贫困人口对于其贫困生活状况的感受，似乎有形成所谓贫困现象的"晕轮效应"[1]的趋势。这种贫困的相对剥夺感可以用美国学者 Gurr 于 1970 年在 *Why Men Rebel* 一书提出的"相对剥夺论"来解释，他认为"每个人都有某种价值期望"，而社会则有某种普遍倾向的价值能力，当社会变迁导致社会的这种普遍价值能力小于个人的价值期望时，人们就会产生相对剥夺感意识，据此，他将相对剥夺感分为三种基本类型：递减型相对剥夺感、欲望型相对剥夺感和发展型相对剥夺感。[2]应该指出的是，在相对贫困背后隐藏的不仅仅是利益因素，有时很可能涉及一些权利与发展机会的缺少。

（八）贫困分布较广，分散性与区域集中性并存

通过调研与相关数据分析，恩施州农村的贫困人口具有明显的非均衡性分布特点，即呈现出宏观分散、微观集中、分散性与集中性并存的分布特点：①从宏观视角上分析，恩施州农村贫困人口分布呈总体分散性和局部集中性并存的格局，虽然现阶段全国农村贫困发生率降到较低水平，但恩施州作为国家扶贫开发工作重点县，截至 2017 年 10 月，该州农村的贫困发生率仍高达 15.6%[3]，根据调研数据估算该州农村的低收入人口比重也高达 12.7%；②从该州农村贫困人口

---

[1] 晕轮（一种当月亮被光环笼罩时产生的模糊不清的现象）效应，又称光环效应，最早是由美国著名心理学家爱德华·桑代克提出的，其引申意思主要是指对人或事物留下的最初印象将会影响到人们对此人或此事件其他方面的判断。

[2] Gurr T R.Why Men Rebel. Princeton: Princeton University Press, 1970.

[3] 周艳丽：《合力攻坚战贫困》，《恩施日报》，2017-10-17（A02）。

的空间分布上来看，其贫困人口主要分布在高寒山区、革命老区、地方病高发区及不发达的乡村等地区；相应地，其贫困发生率也明显高于湖北省其他农村地区，农村贫困人口的规模从东到西南呈递增的趋势。因此，农村贫困人口的分布呈明显的集中性与分散性并存的基本特征。

综上所述，恩施州民族山区农村贫困具有贫困面较大、贫困程度较深、农村产业结构不合理、社会事业发展滞后与返贫率较高等明显特征。可见，恩施州农村贫困的治理在整个湖北省的扶贫开发工作中占有极其重要的地位，以精准扶贫为契机，提高农民素质、加强基础设施建设、实现农民增收、促进经济发展与社会事业进步既是该州"三农"问题必须认真加以研究和解决的重点与难点，又是该州今后农村扶贫工作的重中之重。

二、贫困人口的基本类型

自从人类社会认识到贫困现象以来，它一直就是一个与人类社会相伴的长期性问题和魔咒，不仅是现代社会文明阴暗面的一种现实展示与表现形态，而且是人类社会在发展中必须应对的一个世界性难题。虽然有关贫困现象的客观事实是一目了然、昭然若揭、众所周知的，但并非所有有关贫困现象的事实都是如此清楚明白的。可见，要从整体上来有效认识和把握恩施州农村贫困现象及问题，就要基于其贫困人口的基本特征来讨论贫困问题的主要类型，这有助于更好地对恩施州农村贫困问题进行有效治理。然而，"贫困是一个极其复杂的概念，它涉及经济、社会、历史、文化、心理、生理等方面的问题，在不同的时间或不同的地域也有不同的表现"①，正因为这样，在相关反贫困的理论研究与实践中，人们对贫困的理解虽然有许多共同的认识，但也存在不少差异。基于这种判断和认识，要对恩施州的农村贫困状况进行较为合理的分类不是一件容易的事情，需要认真加以探索和研究。按照类型学的观点和思路，综合前人的基本观点，有关贫困的类型基于不同的划分标准主要有"绝对贫困与相对贫困、客观贫困与主观贫困、区域贫困与个体贫困、长期贫困与暂时贫困"②以及"古典贫困、稀缺中的贫困或经济不发展所导致的贫困、经济高速发展的贫困、富裕中的贫困"③等基

---

① 朱力：《当代中国社会问题》，北京：社会科学文献出版社，2008 年，第 298 页。
② 朱力：《当代中国社会问题》，北京：社会科学文献出版社，2008 年，第 299-301 页。
③ 叶普万：《中国城市贫困问题研究论纲》，北京：中国社会科学出版社，2007 年，第 49-50 页。

本类型。为了方便认识和研究民族山区农村贫困，本书主要以人们在现实生活中的生活状况以及本书对贫困的理解和定义①为基本依据与思路，把恩施州的农村贫困人口分为以下三种基本类型②：生存型贫困、温饱型贫困与发展型贫困。通常而言，生存型贫困一般对应于平常所说的绝对贫困，而温饱型贫困与发展型贫困则对应于平常所说的相对贫困。

（一）生存型贫困

通常情况下，生存型贫困是指贫困者基于某种原因导致其基本生活资料匮乏而形成的一种低于社会认可的正常社会生活水平的生存状态。在这种生活状态下，贫困者无法满足其最基本的需要，基本的生活没有保障，基本的生存受到威胁，因而，谋求并解决食物和衣物成了他们主要的活动目标，他们常常为基本的衣食问题而到处劳累奔波，能够谋求基本生计是这种贫困者的最大愿望。调研结果表明，在恩施州农村地区的贫困人口中，绝大多数贫困人口是属于生存型贫困的，该类贫困人口约占被调查贫困人口总数的 75%，这些贫困人口的基本生活状况大致可以概括为：①一年的劳动所得满足不了基本的衣食。例如，有 59 户（包括老年人贫困家庭）贫困户主坦诚地说年底没有钱过年，更不用说添置新衣服了，一般都是借钱过年，来年再还；有的农户有时甚至会出现青黄不接的生活状况，甚至有几户贫困者吃的油盐一般是用鸡蛋换来的，生活是靠亲朋好友与子女接济的，生活极其艰难。②有 15 个贫困户反映自己的居住条件十分简陋，或者是危险房屋，或者是房屋太小，有的还反映其房屋一到下大雨时都是"漏子"③，无处可以避雨，难以满足基本的居住需要。③有的被调查村民反映其生产资料缺乏、没有足够的钱买化学肥料，种田基本上都使用农家肥料，农作物收成不好，每年都入不敷出，欠债现象比较明显。④大约有 27 个贫困户反映当有病时，他们因缺少钱无法及时就医，其基本的医疗得不到保障，一般有一定程度的

---

① Tan X C, Zhu L. Fissure and Governance: Research on the Poor Groups of the Modertate-sized City in the National Areas Based on the Background of Social Transformation. 2009 International Symposium on Sustainable Development of City Group. Sydney, Australia: Aussino Publishing House, 2009, 511.

② 谭贤楚，朱力：《贫困类型与政策含义：西部民族山区农村的贫困人口——基于恩施州的实证研究》，《未来与发展》，2012 年第 1 期，第 109-113 页。

③ 方言，主要是指破烂不堪的屋子不能有效防止雨水而引起的漏雨现象。

借债。据统计，这类贫困人口约占被调查贫困人口总数的65%。可见，生存型贫困作为一种客观的社会贫困现象，需要从战略的高度来加以科学认识和把握，这是有效治理民族山区农村贫困问题的重要前提和基础。

（二）温饱型贫困

实践已经并将继续证明：在快速变迁的现代社会中，人们的基本生活不仅仅局限在基本的衣食住行上，社会文化与经济等方面的发展也是其基本社会生活的重要内容。基于这种考虑，温饱型贫困或许可以定义为在食物和衣物能够得到供给的正常条件下，贫困者在其文化、经济等发展方面还比较困难且没有获得当时社会认可的一种社会生活状态。处在温饱型贫困中的贫困者，虽然解决了温饱问题，但其抵御自然灾害与一些社会风险的能力还很弱，较好获取生活所需要的食物和衣物还缺乏可靠的基础和条件，其整体生活水平还比较低下，因而他们的收入水平在一定程度上制约着其生活水平的进一步发展与提高。通过这次对恩施州农村贫困人口问题的调查，结合刚才对温饱贫困型的分析，恩施州农村贫困人口属于温饱型贫困的约占被调查贫困人口总数的20%，调查结果显示：①大约有近30户农村贫困家庭缺乏承担子女上中学、大学的费用[1]，有的家庭是靠亲朋好友的借款来供子女上学的，若一家有两个孩子同时上学，则其中一个只能辍学在家务农或外出打工，以减轻家里的负担；②有的农村贫困户反映，即使省吃俭用也无法给子女攒足结婚的相关费用，有的农户则借钱给孩子结婚，而自己的生活则往往比较拮据和清苦，这类贫困户约为20户；③还有村民反映，由于缺乏抵御自然灾害和社会风险的能力，若遇到旱灾和风灾等自然灾害，农作物的收成则大大受损，他们又没有一定的积蓄，因而，其基本生活将面临威胁，这类家庭约有35户；④据调查，还有些农村贫困家庭的农作物种植结构不合理、种植水平也不高，因农业产品价格较低或者因交通不便，农业产品即使丰产，他们也不能够卖到一个好价钱，以维持其基本家庭生活，这类贫困家庭为17户。可见，温饱型贫困是恩施州现代转型农村贫困的一种特殊形式，在被调查的贫困人口总数中，有20%（表2-20）的贫困人口是属于这种贫困类型的。

---

[1] 虽然中学免学费，但与以前相比较，现在的中学生要寄宿在学校，其吃穿住的开支都比以前大得多；大学虽然有助学贷款，但只能够解决其学费问题，其生活费用对农村贫困家庭而言仍然是很沉重的负担。

(三) 发展型贫困

发展型贫困是相对于前面的生存型贫困和温饱型贫困而言的一种相对贫困,其主要内涵是指在较好解决了吃饭、穿衣、经济、文化等基本生活问题的前提下,贫困户及其个体因如何谋求社会生活的进一步发展而面临的一种发展相对缓慢的生活状态。值得注意的是:这种贫困类型又可被进一步划分两种基本类型:一种是以贫困人口或家庭为分析单位,另一种则是侧重于贫困地区的发展。这种贫困类型的划分不仅有助于从人类社会与个体发展的角度来看待贫困问题,而且有助于深入认识贫困问题,也就是说,贫困问题的治理不仅仅局限于满足贫困人口的基本生存问题,着眼于个体与社会的全面发展更是治理贫困问题的重要目标,这也为贫困问题的有效治理提供了理论依据。那么,恩施州转型农村在其发展过程中的发展型贫困状况究竟如何呢?调研结果显示:在被调查的贫困人口中,约有 5% 的村民认为自己已经解决了温饱问题,目前的生活水平处于温饱与小康水平之间,对目前的生活状况比较满意,但对如何进一步谋求更好的发展感到迷茫,也没有一个切实可行的发展规划。可见,发展型贫困者对自己的现状比较满意,感觉到自己在当地不贫困,温饱问题已经解决,当前的主要问题是如何谋求更好的发展。因此,前面提出的"假设 4:对贫困人口(群体)的基本类型、特征及分布状况的有效把握有助于从整体上来认识其贫困状况,从而初步揭示贫困人口的形成机理和治理机制,这是有效治理农村贫困人口(群体)及其问题的根本前提"在这里得到了较好说明和实证支持。

综上所述,基于调研结果的分析和判断,整个恩施州农村贫困的类型分布基本上也是呈正态分布的(表 2-20),其发展型贫困在贫困总体中所占的比例较低,这与前面的恩施州农村贫困人口的分布状况基本上是一致的。

表 2-20　民族山区农村贫困的基本类型

项目	生存型贫困		温饱型贫困	发展型贫困	总户数
	极端贫困	一般贫困 *			
户数 / 户	27	175	54	14	270
占比 /%	10	65	20	5	100

* 一般贫困指的是在贫困线以下,但相对而言,比极端贫困人口生活状况好一点的贫困人口

第三章

武陵山农村贫困的影响因素

21 世纪以来，我国民族山区农村的扶贫工作取得了引人瞩目的成效，农村居民的生存和温饱问题基本解决[①]，但随着现代化进程的加快，新形势下的农村贫困问题治理出现了减贫速度减小、返贫明显等新情况。截至 2014 年底，全国农村仍然有 7017 万贫困人口[②]，尤其是民族山区转型农村的贫困问题仍非常严峻。同时，"农村的贫困现象及其问题是全球未来贫困问题的主导形式"[③]。可见，"中国的减贫，在很大程度上就是解决农村的贫困问题"[④]，因而，进一步搞好农村的减贫工作，使农村贫困问题得到较好治理，这既是政府的职责与国家的发展目标，也是一项长期而艰巨的重要任务。目前，有关民族山区农村贫困问题的研究大多是涉及贫困状况、成因与指数等经验描述层面，尤其是对其贫困影响因素的讨论相对较少，这虽然对扶贫工作具有一定的指导意义，但对"如何测定反贫困效果的好坏……，显得力不从心"[⑤]，效果不尽如人意，且"年年扶贫年年贫，问题出在哪里？"[⑥]，这值得认真加以思考和深刻反思。因此，本书试图以恩施州的调研资料为基础，结合相关文献与理性判断，探讨新形势下民族山区农村贫困的影响因素及其模型，为设计有效的反贫困策略及贫困问题的治理思路提供理论

[①] 中华人民共和国国务院新闻办公室：《中国农村扶贫开发的新进展（2011 年 11 月）》，北京：人民出版社，2011 年，第 1-3 页。

[②] 国家统计局住户调查办公室：《2016 中国农村贫困监测报告》，北京：中国统计出版社，2016 年，第 11 页。

[③] Tickamyer A R. Poverty Rural//Atkins P J. International Encyclopedia of Human Geography. Oxford: Elsevier, 2009, 415-421.

[④] 中华人民共和国国务院新闻办公室：《中国农村扶贫开发的新进展（2011 年 11 月）》，北京：人民出版社，2011 年，第 2-3 页。

[⑤] 洪兴建，高鸿桢：《反贫困效果的模型分析法及中国农村反贫困的实证分析》，《统计研究》，2005 年第 3 期，第 40-44 页。

[⑥] 杨亮：《扶真贫，真扶贫》，《光明日报》，2014-8-7（13）。

基础与依据，以促进农村贫困的较好治理。

第一节　武陵山农村贫困的影响因素[①]与模型

根据前面贫困及其人口分布与特征的分析，民族山区的农村贫困不仅是一个多维度的概念与一种社会性存在，而且影响其贫困的因素也呈现出多元化与综合性的特征。调研表明：武陵山农村贫困问题及其人口在农村不断现代化变迁的过程中不断变化并呈现出新的特点，如其贫困人口的分布状况与贫困程度等。那么，影响该民族山区农村贫困人口产生的因素究竟有哪些呢？它们各自又如何对贫困问题的演变产生影响和作用呢？它们对贫困的影响又以什么样的方式呈现呢？等等。这些都是有必要认识和研究的。可见，为了比较深刻地认识和理解民族山区农村贫困是如何发生的，我们就应该对影响该地区贫困人口问题的因素进行深入的调查和研究，因为虽然全国农村的扶贫取得了良好效果，贫困人口的减少呈现下降的趋势，但 2014 年以来我国民族八省区[②]的减贫率却仍然比全国农村地区的平均减贫率要低（表 3-1），因而，民族山区农村的贫困程度及其影响因素与我国其他农村区域的贫困程度和影响因素是有差异的，认识这一点有助于更好地认识民族山区农村的贫困人口及其变化趋势。下面，本书在前人相关研究的基础上，试图对影响武陵山民族山区农村贫困人口及其问题的主要因素进行分析和归纳，并提出了影响民族山区农村贫困的因素模型。

一、影响武陵山农村贫困的主要因素

（一）自然环境因素

调研结果表明：恶劣的自然环境状况是导致民族山区农村贫困产生的重要

[①]　这部分内容的核心观点，笔者已于 2017 年 6 月在《第二届新能源与可再生资源国际学术会议》上宣讲过。

[②]　民族八省区是指"内蒙古自治区、广西壮族自治区、西藏自治区、宁夏回族自治区、新疆维吾尔自治区和贵州省、云南省、青海省"。

因素。调查区域恩施州的农村贫困人口绝大部分生活在自然条件恶劣与生态环境脆弱的高山区、高寒区、疾病高发区等地方。据被调查者说，这些区域的村民几乎每年都会不同程度地遭受到洪涝、干旱、冰雹、大风等自然灾害的袭击，从而导致其农业产品减收。现在的问题是，自然环境是如何影响贫困现象产生的？首先，恶劣的自然条件不利于农业的耕作，造成农业产品的产量不高，农业产品增收困难；其次，脆弱的生态环境容易导致自然灾害，这将直接导致农业产品的减收，促使某些村民陷入贫困或使摆脱贫困的村民再次陷入贫困的生活状态。

表 3-1　民族八省区与全国减贫率状况的对比　　　　　　　　　　单位：%

项目	2011 年	2012 年	2013 年	2014 年	2015 年
全国	26.1	19.1	16.7	14.9	20.6
民族八省区	22.3	20.3	17.9	13.9	17.8

资料来源：中国西部民族经济研究中心：《2015 年民族地区农村贫困情况》，http://www.cweer.cn/show-30-39-1.html（2017-5-19）

（二）个体因素

通过调查问卷及访谈等调查资料的分析，调研结果显示：个体特殊的生活状况也是促使民族山区农村贫困产生的重要因素。经整理，其影响主要体现在如下层面：①个体的文化素质较低，从总体上讲，村民文化素质越低，其贫困发生率相对较高，一方面，贫困村民一般只接受了初中或小学教育，文化程度不高；另一方面，贫困家庭若缺乏文化素质较高的人员，就没有致富带头人，摆脱贫困较为困难。②人口规模较大的家庭往往有其特殊开支，如长期病人、子女求学等，这也容易促使其陷入贫困的生活状态之中。

（三）人口因素

如前所述，人口作为构成社会的一个核心要素，是一个不断更替的动态综合概念，其遗传与变异是一个客观的社会现象，因而，对任何社会来讲，人口更替势必会影响人口质量与分布状况，从而直接影响社会的贫困人口状况及其分布。那么，人口更替究竟是怎样来影响贫困现象及其问题的产生呢？首先，民族山区农村人口在其出生前后受到三个方面的影响：一是生物学亲代遗传因素对出生人口的影响；二是遗传变异的客观存在使得人们无法控制聋、哑等残疾人口的产生；三是亲代的生活习性及其周围环境对出生人口的成长所造成的影响。其次，人口的性别、年龄等变量也会对民族山区农村贫困的产生造成一定的影响。例如，老年人的贫困就直接与年龄相关。可见，人口这种先天因素将直接导致某些农村人口在社会的发展中处于劣势，从而陷入贫困的生活状态中。

（四）社会发展状况

基于前面综合分析与判断，民族山区转型农村人口的贫困程度和分布状况与其社会发展的客观状况有着一定的内在关联，因而，一个社会发展的客观状况就成为影响其贫困状况及程度的重要因素。通常情况下，社会发展状况指的是由经济、政策、文化、保障与交通基础设施等方面形成的一个综合的社会客观水平与总体情况。这里主要从以下几个方面来讨论社会发展状况对民族山区农村贫困人口问题的制约与影响。

1. 农村基础设施相对落后

调查结果表明：民族山区转型农村的交通、水利与农田等基础设施的落后，在一定程度上是导致其农村贫困人口面比较大的重要因素。基础设施相对不完善对农村贫困村民的影响主要体现在其生产发展与增收方面：①农业基础设施薄弱、落后，不能满足农业生产发展的需要，使得村民的抗灾能力较弱；②交通条件不好直接导致农业产品及生活必需品的运输困难，这既限制了农村市场的发展，不利于农业产品的流通，也在一定程度上阻碍了农村第二、三产业的发展；③相关信息不灵在一定程度上限制了村民与外界的交流和沟通，不利于村民的自我发展。

2. 经济结构及其发展水平较低

一般情况下，影响民族山区农村贫困人口的经济因素有两个方面：一是农村经济基础薄弱，经济结构单一，第二、三产业发展缓慢，农业生产效益不高，这使得村民增收的渠道少，容易陷入贫困的生活中；二是我国城市经济发展虽然较快，但仍然不能较好地吸纳农村的剩余劳动力，这在一定程度上减少了山区农村贫困村民的脱贫机会。

3. 相关社会政策的局限

社会保障等政策对民族山区农村贫困人口的产生也有一定影响，其主要表现为：①长期的城乡分治策略使得公共财政投入长期向城市倾斜，农村的农业、教育及医疗等投入不足，导致民族山区农村发展比较落后，贫困面仍然比较大；②基于城乡分离而实施的价格体系也不合理，即使村民的农业产品丰收，亦不能够使其实现农业产品的增收；③在现阶段，民族山区转型农村的扶贫工作主要是基于精准扶贫来实施开发式的扶贫战略与模式，其假设是在精准识别的前提下，有能力的村民参与到相关扶贫项目之中，从而促使其摆脱贫困。但因种种原因可能导致一些精准识别不精准的情况，这就导致诸如残疾人和老人等一些没有能力参与到项目中的贫困村民可能游离于扶贫对象之外，使其不能摆脱贫困的生活状态；同时，由于农村缺乏健全的社会保障体系，这也使得一些脆弱的村民因大病、子女求学与大灾等而初次或再次陷入贫困，如"教育扶助一批"[①]的局限等。

二、影响武陵山农村贫困的因素模型

由以上综合判断可知，影响民族山区农村贫困产生的主要变量可以分为个体因素、社会发展状况自然环境因素与人口因素四个方面，对民族山区农村的贫困区域而言，其贫困现象及其问题的产生是这些因素共同作用的综合产物；而对其个体贫困者来说，既可以是上述某一个变量的作用，也可以是某些变量共同作用而导致其陷入贫困的生活状态的。由此，本书选取社会贫困为因变量 Y，选取贫困的主要影响因素为自变量 X（X_1, X_2, X_3, X_4），其中，X_1 表示个体因素（文化素质、身体状况及就业状况等为 X_1 的子变量），X_2 表示社会发展状况（交通条件、经济状况与贫困线等为 X_2 的子变量），X_3 表示自然环境因素（自然环境、气候等为 X_3 的子变量），X_4 表示人口因素（人口的自然差异等为 X_4 的子变量），通过调查样本来分析民族山区农村贫困的差异及其演变规律，因而，这里利用多元线性回归的随机影响模型来进行分析，其社会贫困形成的公式的一般形式如公式 3-1

---

① 谭贤楚，洪科：《"精准扶贫"的草根实践：现实困境与化解策略——基于湖北 H 区两个村庄的实证》，《湖北民族学院学报（哲学社会科学版）》，2017 年第 4 期，第 56-62, 98 页。

所示。

$$Y_{it} = A_0 + A_1X_1 + A_2X_2 + A_3X_3 + A_4X_4 + u_{it} + \varepsilon_{it} \qquad (公式3\text{-}1)$$

其中，A_n（$n = 0,1,2,3,4$）依次为相应的回归系数；X_1 为个体因素；X_2 为社会发展状况；X_3 为自然环境因素；X_4 为人口因素；u、ε 为随机变量；i、t 依次为区域与时间下标。

为了直观认识和理解，基于社会运行的动态视角，任何农村社会及其区域都要不断地向前演变和发展，由此，公式 3-1 还可以简化为如图 3-1 所示的农村贫困影响因素的直观模型。

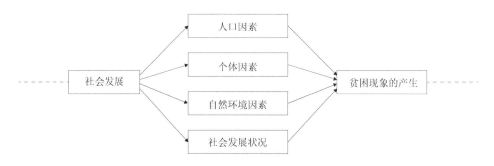

图 3-1　民族山区转型农村贫困的影响因素模型简图

值得注意的是，基于农村社会的运行是一个不断演变的动态过程，上述所讨论的各主要因素之间存在着比较复杂的内在关联，因而，在理解影响民族山区农村贫困产生的因素模型时，要注意把握好以下几个认识：①要想科学认识并把握武陵山民族山区农村贫困的现状及其发生机理，必须从社会运行的角度来进行历史考察和分析，不能忽视环境的演变与农村发展的历史进程；②影响贫困产生的诸要素之间的相互关系不是静态的，而是动态演变的；③农村贫困人口状况的变化过程并不是由某一个因素单纯引起的，而是由这些因素共同作用的综合结果；④由于不同的农村处在现代化进程的不同阶段，其贫困程度及分布状况并不完全一样，通过比较分析和研究，既可以看到农村贫困的共性，又可以注意到不同农村的贫困差异。可见，运用历史的观点、整体的观点、运行（演变）的观点、比较的观点与综合的观点是分析影响武陵山民族山区转型农村贫困现象及其人口问题产生因素的重要视角与路径。

因此，上述几个方面是导致武陵山民族山区转型农村贫困现象及其人口问题的主要因素，这些因素不仅相互交织、耦合演变、综合作用，而且基于一定的运行机制和协同方式来影响贫困人口的产生，从而比较明显地制约着民族山区转型农村的社会经济发展与社会进步。

第二节　武陵山农村脱贫的影响因素与模型

基于前面民族山区转型农村贫困的影响因素分析，影响其农村贫困人口摆脱贫困的因素也呈现出多元化的特征。经调研资料整理及与理性思考，其主要因素可以分为三种基本类型：个体因素、自然环境因素与社会因素。下面，本书在调研的基础上结合相关统计资料来具体分析这些影响因素，并据此构建出这些因素影响民族山区转型农村脱贫状况的作用模型，以加深人们对民族山区转型农村贫困人口问题的认识，从而较好地推进其扶贫开发工作。

一、影响武陵山农村脱贫的主要因素

（一）个体因素

1. 文化素质偏低

调研表明，武陵山农村村民的整体文化素质不高，这将直接影响到村民的生产效率与增收能力。首先，文化素质不高，家庭中就可能缺乏致富的"带头人"，导致农业生产效率不高，从而使家庭缺乏进行多样化经营的机会与能力，这是影响贫困村民摆脱贫困的根本内在因素。其次，文化素质不高，村民既难以规划家庭发展计划，也不能领会适度规模化经营等现代农业理念，他们虽然有科学种田的意识，但难以较好地把握农业产品的市场，增收能力不强。可见，村民的整体文化素质偏低是制约民族山区转型农村贫困村民脱贫的根本因素。

2. 抵御风险的能力较弱

调研结果及相关统计资料显示：由于经济基础薄弱，村民不能承受天灾、人祸与突发严重疾病等风险带来的压力，很可能不能摆脱贫困。由此推知，抵御风险能力较弱是影响民族山区转型农村贫困村民脱贫的重要因素。

3. 就业结构不合理

虽然各级政府较好引导了农村产业结构的调整，但某些家庭的就业状况依然不佳，其就业结构不尽合理：一是某些农户很少有家庭成员去从事第二、三产业，仍然是以农业生产为主要收入来源，摆脱贫困的路子不宽；二是尽管农业产品价格有所提高，但由于种子、农药与化肥等农业生产必需品的价格上升，农业生产的成本大大提高，农民持续增收困难；三是一些农户的种植结构不合理，生产效益不高。

4. 特殊的家庭结构

调研结果表明：农户的家庭结构越完善，就越不容易陷入贫困，而残缺家庭就比较容易陷入贫困。贫困发生率与家庭结构有着较强的内在关联，呈现较显著的相关关系。例如家庭成员有重大疾病的家庭就容易陷入贫困。武陵山转型农村的这类特殊家庭主要有独身家庭、单亲家庭、家庭成员长期有疾病或患有严重疾病的家庭以及无子女的老年人家庭等。

（二）自然环境因素

调查表明：武陵山农村的贫困人口大部分生活在偏远山区、高山区（深山区）、革命老区和地方病高发区等区域，这些地方不仅生态环境脆弱，信息闭塞，而且自然灾害频繁发生，自然环境等条件对村民的经济发展制约比较大。因此，对武陵山的贫困村民来说，自然环境因素是影响其脱贫的重要因素。以恩施州为例，有些贫困农村地理位置偏僻，自然条件比较恶劣，生态环境恶化，自然灾害较为频繁；有些贫困农村地方病高发，生活条件简陋；有些贫困农村交通困难，信息不畅等。这些自然环境因素成为易地扶贫搬迁的重要依据，也在一定程度上影响了民族山区转型农村的贫困状况和脱贫进程。

（三）社会因素

1. 农村基础设施落后，社会发育程度较低

首先，武陵山农村基础设施落后主要体现为：①贫困农村的农田水利设施建设不足或很少，抵御自然灾害的能力较弱；②公路交通和通信设施发展滞后，特别是与农业密切相关的能源、交通与信息等条件滞后，不能满足农村发展的基本要求；③一些贫困村落的饮水问题仍然是一个严重问题。其次，贫困农村的社会发育程度也是比较低的，具体表现在如下层面：①农村生产要素市场发展不够；②农村市场发育比较缓慢，市场规模较小；③农村市场的透明度不高，如信息渠道少、村民对市场行情不是很清楚等。

2. 经济发展的客观状况

（1）农村经济发展水平不高，经济基础薄弱

调查表明，武陵山转型农村的经济虽然有了一定的发展，但其发展水平仍然较低，这主要表现在以下几个方面：第一，产业结构单一，贫困山区的农村仍然主要是以农业为主要产业；第二，第三产业等非农产业发展缓慢，经济效益低下；第三，整个农村经济水平及其规模有限，其自我缓解贫困能力与发展能力较弱。

（2）城镇经济发展不足，城镇化水平比较滞后

这在一定程度上限制了农村剩余劳动力的转移。实践证明：城镇经济发展较好，一方面带动了农村非农产业的发展，另一方面也可以吸收更多的农村剩余劳动人口。可见，城镇经济发展不足是武陵山转型农村经济相对落后的一个重要表现，这在一定程度上影响了农村的脱贫效果与进程。

（3）市场经济的影响

国内外农村反贫困实践表明[1]：在发展市场经济的过程中，贫困地区与贫困

---

[1] Yunus M. Creating a World Without Poverty: Social Business and the Future of Capitalism. New York：Public Affairs，2008；速水佑次郎：《发展经济学：从贫困到富裕》，李周译，北京：社会科学文献出版社，2003 年；张平、祁永安：《经济增长与西部少数民族贫困——基于甘肃省的实证研究》，《人口与经济》，2009 年第 4 期，第 53-58 页。

人群最容易受到忽视和伤害，从而影响着一定区域的贫困状况及其缓解程度。基于调研及理性分析，武陵山转型农村在市场经济中的这种不利地位主要有：首先，与城市及发达地区农村相比较，武陵山农村在市场竞争中处于劣势与不平等的地位，我国东、中、西部地区发展的客观差异使得武陵山贫困农村及其村民容易被排斥或被淘汰在市场经济的好处之外或者享受到较少的市场经济的好处；其次，市场经济的发展加速了民族山区农村的阶层分化、职业分化，但也加剧了其贫富分化，其绝对贫困现象似乎加剧；最后，基于现代化发展水平的客观差异，武陵山农村村民的商品意识、市场意识与竞争意识都比较弱，在市场经济日益完善的今天，一些村民势必会面临一种被市场淘汰的命运。事实上，市场经济指的是以社会分工和市场为基础来实现的一种市场主导资源配置型经济，在本质上仍然是一种商品经济，有着利益驱动、优胜劣汰与诚信契约等基本特征，其运行必然要遵循效率、公正与优胜劣汰的基本原则。但是，由于我国目前正处在由初级市场经济向成熟市场经济转型的关键时期，我国还没有建立起较规范的市场经济体制，也没有形成公平竞争的市场环境（包括政策环境），这使得武陵山转型农村在市场经济运行的过程中处于不利的位置，从而在一定程度上影响了武陵山农村贫困的基本状况及其治理。

3. 政策因素

（1）农村社会保障制度不完善

调查表明：武陵山转型农村由于社会保障制度的不完善，有些贫困村民没有参与到相关扶贫开发项目中去，其基本生活资料缺乏，生活条件非常艰苦。这些贫困村民主要有残疾人、无子女的中老年人与一些单身村民。政府如果在实施开发式扶贫模式的前提下不设立专项救助基金（如生活救济、社会保障及严重疾病补偿等），那么，要使武陵山农村的贫困问题得到较好治理，其任务将是十分艰巨的。

（2）国家相关宏观政策的偏差

调查结果显示：从中央到地方，政府都十分重视农业发展与农村的扶贫工作，由于受到城乡二元结构的限制，政府虽然针对武陵山农村发展出台了一系列优惠政策，但仍然有着"重工轻农"的倾向，从整体上来讲，这将使得农村的财政政策、投入政策与价格政策等与城市的相关政策不协调，从而限制了武陵山转型农村的进一步发展，从某种意义上说，这也在一定程度上减缓了民族山区贫困农村的脱贫力度。

（3）扶贫政策的局限

如前所述，我国的扶贫政策就是指"直接针对贫困地区和贫困人群的各种专项扶贫政策，它具体包括组织保障政策、贫困地区和贫困人口的标准、政府投入政策、产业开发政策、人力开发政策、减轻负担政策、社会动员政策、异地开发政策和国际合作政策等"[1]。国内外扶贫实践表明：合理而科学的扶贫政策对贫困问题及其状况的治理有着积极意义和重要作用，也就是说，较好扶贫政策的制定与实施能够使一个区域的贫困状况得到较好的缓解与治理。但是，在现阶段，我国民族山区转型农村仍然实施的是开发式扶贫模式，应该说这种模式对武陵山农村贫困面积比较大的状况而言是比较好的路径和模式，但由于这种开发式扶贫模式在其具体实施的过程中客观存在着多个环节，这样就不免会出现一些缺陷：首先，一些扶贫政策的制定与实施缺乏连续性。例如，一些扶贫开发项目的定位不准，其在实施之前一般没有进行必要性和可行性论证，而是往往取决于某些官员的意志或某种政治需要或相关人员的活动能力大小等，因而，形象与"面子"工程较多；甚至，一旦与扶贫单位脱离，这些项目也就不了了之，贫困村民的真正受益不多；其次，一些扶贫政策不科学，如贫困线标准的制定；最后，贫困人口瞄准机制的偏差直接导致贫困区域中那些没有自我发展能力的贫困村民游离于扶贫对象之外，从而影响了该区域贫困状况的治理。

二、武陵山农村脱贫影响因素的内在关联及其模型

由以上分析可知，影响武陵山农村脱贫状况的主要因素可以对武陵山转型农村的脱贫状况产生直接的影响，这些因素的影响既可以是单一性的，又可以是综合性的：对其具体贫困个体而言，也许是某一个因素或几个因素的共同作用；而对贫困村落来说，其影响则是综合性的。

---

[1] 张军扩等：《中国区域政策与区域发展》，北京：中国发展出版社，2010年，第222页。

（一）武陵山农村脱贫影响因素的内在关联

用动态的、历史的与普遍联系的辩证思维来看，上述所讨论的影响武陵山农村脱贫状况的三个主要因素并非是单独起作用的，而是相互作用、相互联系的，具有一定的内在社会关联，其影响是综合性的、动态性的。这种相互作用与相互联系将促使各个影响因素基于一定的社会关联整合形成一个综合的、动态的有机影响网络与制约结构，以构成影响武陵山脱贫状况的一个动态演进的多元复杂社会系统。限于笔者水平和能力，这里仅仅对这些影响因素相互作用的内在社会关联做一些粗浅探讨。

首先，贫困村民自身素质与自我发展能力的提高，既有助于他们提高其家庭经营能力，以增加他们摆脱贫困生活状态的机会，也有助于他们能够较好地认识自然及社会的运行状况，增强他们对"自然与社会"环境风险的抵御能力，从而提高他们的社会适应能力。

其次，社会条件的改善，不仅有助于贫困村民自我发展能力的提高，而且在一定程度上保障了其发展权利。国内外的农村扶贫实践都表明：一个贫困区域的交通、通信及水利等基础设施条件的改善，一方面可以增强其发展基础，另一方面也可以增强城镇对贫困区域发展的辐射力，经济发展水平的提高及其结构的优化，不仅可以缓解整个农村的贫困状况，而且可以促使该区域吸收更多的农村剩余劳动力，直接带动贫困村民脱贫致富。社会政策的科学、合理制定与实施，既可以缩小区域的发展差距，又可以保障村民的发展权利。

最后，对社会运行与人口的自然更替及其变异性的认识和理解，有助于人们认识到农村扶贫工作的长期性、动态性，这不仅有助于建立有效的农村扶贫模式，而且可以较好地推动生态环境建设，从而使人们认识到农村扶贫工作或许是一项长期性的系统工程与事业。

（二）影响武陵山农村脱贫状况的因素模型

基于上述分析，影响武陵山农村脱贫状况的三个基本因素是相互影响和制约的，每一个因素又可以分为几个社会变量，这些社会变量之间存在着各种复杂的社会关联性，这种社会关联性的客观存在使得这些社会变量对武陵山农村贫困状况产生综合性的影响，由此，笔者构建了一个影响武陵山转型农村脱贫状况的因素模型（图3-2）。

值得注意的是，影响武陵山转型农村脱贫状况的这些因素还可以进一步划分为直接影响因素和间接影响因素，前者主要包括文化素质、就业结构、自然灾害等，后者则主要是指政策因素、经济发展状况等。也就是说，贫困村民的文化素质、就业结构与自然灾害等因素将直接影响到其经济收入水平与状况，村民的文化素质与其就业结构及抵御自然灾害的能力之间也呈现较强的正相关关系，从而影响农村的脱贫状况；经济发展状况及政策因素对脱贫状况的影响主要是通过扶贫政策的调整与产业结构的优化来实现的。

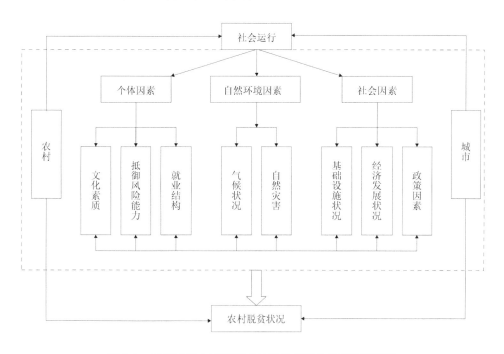

图 3-2　影响民族山区转型农村脱贫状况的因素模型简图

第四章

武陵山农村贫困的形成机理

前面第二、三章考察了武陵山农村贫困人口的基本状况与影响因素，本章则把研究焦点放在其形成的内在逻辑及规律——武陵山农村贫困的形成机理上，在分析其具体发生原因的基础上，重点讨论武陵山农村贫困的形成机理。

如前所述，自从人类社会认识到贫困现象以来，贫困现象及其人口问题就一直伴随着人类社会的发展而不断演进并呈现出新的形态，因而，人类社会的贫困现象及其人口问题是人类社会的天敌，是世界各国必须认真应对的重要社会问题之一。作为发展较快的发展中国家，我国政府一直把贫困等民生问题视为其工作的重大问题来加以治理，这也是展示社会主义制度优越性的一种重要方式与途径。可见，我国农村贫困，特别是少数民族山区农村贫困现象及其问题的有效治理理应受到人们的广泛关注和重视，这是我国乡村振兴与和谐社会构建中必须面对的重大理论问题和实践问题。现在的问题是：我国少数民族山区农村贫困及其人口问题究竟是如何发生的？其具体原因是什么？其贫困人口的发生有没有一定的规律可循？若有，其形成机理究竟是怎样的？等等。对这些问题的有效回答，不仅有助于人们对农村贫困现象及其人口问题形成科学认识，也可以为我国农村贫困人口的治理，甚至为世界贫困问题的治理提供事实依据与理论基础。然而，基于前面贫困研究综述与调查结果的综合判断，我国民族山区农村贫困问题的成因复杂多样，要把握我国民族山区农村贫困问题的成因与形成机理绝对不是一件容易的事情，这不仅需要掌握大量的动态贫困形态及其贫困人口的相关实际资料，而且需要经过从调查到整理、从分析到归纳、从具体到抽象、从个别到一般的理性识别、严谨归纳与科学提炼。综观目前已有的相关贫困问题研究文献，其学科分析视角主要有社会学、经济学、政治学、管理学等，其主要内容涉及贫困的现象描述、成因、测度、理论探究等方面的分析，主要是侧重于探讨贫困问题的形成原因。从总体上讲，这些研究或许主要是一种"事后社会学解释"，这种以经验资料为基础的事后说明旨在解释并证实所观察到的现象，其"事后解释停留在貌似有理（证明价值低）的水平，而没有导向'无懈可击'的证据（一种高度的证实）"[①]，而对其形成机理的讨论较少，这也是本书研究的现实依据与切入点。基于前面对贫困的认识和理解，本书认为综合因素分析可能具有较强的解释力，贫困成因与其形成机理是有区别的。

事实表明：我国农村贫困不仅在改革开放前是普遍存在的，而且在改革开放不断深入的今天也是很明显的，这一方面是由于农村贫困人口的复杂构成和致贫原因的多元化，另一方面是由于农村建立的保障制度及其体系是不完善的，一些政策是有某些局限的，对民族山区的农村贫困来说就更是如此；与此同时，多数民族山区的村民仍然生活在自然条件极其脆弱和恶劣的区域。因此，我国民族山区农村的反贫困实践依然任重而道远，这既是我国社会主义建设中乡村振兴的需要，也是构建和谐社会的内在要求和逻辑。不过，这里仍需值得注意的是，此处分析讨论的农村贫困（人口）的形成机理是一种带有规律性的认识。在 21 世纪，虽然民族山区转型农村贫困现象（人口）及其问题的具体成因各异，但这些具体成因之间的内在关联和贫困的形成机理才是本书的研究重点。所以，基于宏观层面和微观层面的有机结合，本书试图从社会系统的角度，通过前面对农村贫困人口状况与影响因素的描述，来深入探讨武陵山农村贫困的形成机理，并进行一些讨论与理性分析，从而为本书的后续研究提供理论基础。

第一节　什么是贫困的形成机理

要理解贫困的形成机理，首先就要明确贫困人口、形成与形成机理的基本含义。基于前面的讨论，贫困人口主要是指位于特定时空领域内的社会中的不能获得被社会所认同的维持基本生活需要的一种生存状态的社会群体，它既具有贫

---

① 罗伯特·金·默顿：《论理论社会学》，何凡兴等译，北京：华夏出版社，1990 年，第 190-191 页。

困的特性，又具有社会人的属性；而机理则主要是指客观事物所具有的带有规律性的模式和方式。这里主要就什么是形成与形成机理进行讨论。那么，形成究竟是什么意思呢？通常认为，形是指形体或实体，成是指成为或变为，形成是指"通过发展变化而成为具有某种特点的事物，或者出现某种情形或局面"①，由此，本书中形成的基本含义则是指某种事物在一定条件下通过发展变化而形成具有一定特点的事物或局面。基于这样的认识与考虑，再结合前面对机理和贫困人口的理解，贫困（人口）的形成机理或许可以界定为位于特定时空领域内的社会中的一定人口基于一定条件而成为贫困人口的一种带有规律性的模式与方式。从理论上讲，贫困的形成机理需要从社会的宏观与微观层面协同的角度去认识。值得注意的是，"贫困是各个国家都无法回避的社会问题，无论是不发达国家还是发达国家，贫困作为一个影响社会稳定的重大问题是始终存在的"②，但贫困及其人口的形成机理究竟是怎样的？目前似乎很少有人研究。就笔者掌握的有限资料来看，仅有学者基于国内外文献梳理，从分工理论的视角指出了"贫困的形成机制在于社会分工的水平及其差异"③，其余学者大多只讨论贫困的具体成因，而且"在所有解释贫困的形成原因的文献中，最引人注目的是从多方面刻画贫困"③，从而分析影响贫困的重要因素。然而，"仅仅罗列这些主要因素或多或少抓住了贫困的一个或一些特征性事实，但是缺乏对其本质与形成机理进行深入的认识，而这一点恰恰是认识贫困的基础，如果忽视这个基础，就会在一定程度上削弱相关理论对现实的解释能力并降低对扶贫工作的指导意义"③，这是本书研究的根本动力所在和试图达到的基本目标。

当然，这里还要进一步指出的是：机理与原因是既有区别又有联系的两个概念，其内涵是不同的，一般说来，前者是指客观事物所具有的带有规律性的模式和方式，而后者则主要是指"造成某种结果或引起另一事情发生的条件"④。可见，从形式逻辑学上讲，机理与原因这两个概念并不是完全等同的，两者之间是一种交叉关系。因此，对贫困的形成机理进行科学认识和把握，有助于更好地对

① 中国社会科学院语言研究所词典编辑室：《现代汉语词典》，第6版，北京：商务印书馆，2012年，第1458页。

② 朱力：《当代中国社会问题》，北京：社会科学文献出版社，2008年，第309页。

③ 毛学峰，辛贤：《贫困形成机制：分工理论视角的经济学解释》，《农业经济问题》，2004年第2期，第34-39页。

④ 中国社会科学院语言研究所词典编辑室：《现代汉语词典》，第6版，北京：商务印书馆，2012年，第1601页。

农村贫困问题进行治理。

第二节　武陵山农村贫困的具体成因
——基于恩施州的调查

　　带着上述研究目的，笔者断断续续历时近 5 个月，对所选定的上述三个县市的贫困区域进行了调研。在整个调查过程中，基于对各级扶贫部门的统计资料和相关人员的谈话资料的整理，再结合对贫困户（人口）的问卷资料的梳理（如贫困村民对自己的贫困原因进行自我总结）分析，调研结果显示：①每个贫困家庭（人口）的具体原因是不同的；②农村贫困人口的产生是多种致贫因素共同作用的结果；③贫困面积较大的区域，除了上述两点原因以外，还明显受到交通不便、自然环境恶劣等因素的影响。下面，本书基于调查资料并结合恩施州的实际扶贫状况来具体描述该州农村贫困（人口）产生的具体原因。

一、自然环境恶劣，农业基础设施落后

　　调研结果表明：①恩施州的农村贫困人口大多集中在高山区、深山区与地方疾病高发区等自然环境和气候条件比较恶劣的一些自然区域或自然村落，这些区域的农业基础设施比较落后、土地贫瘠、交通不便，这些不利的自然条件不仅减缓了这些自然村落的社会经济发展，也限制了当地村民的发展机会，不利于农村经济的生产与发展；②有些地方甚至至今未开通村级公路，村民只能靠人力来获取基本的生产与生活必需品；③频繁发生的旱、风与涝等自然灾害也可能导致村民因灾致贫等。例如，在所调查的贫困人口中，有 79 人把贫困原因归结为自然环境恶劣或是土地贫瘠，有 63 人认为其贫困的原因在于交通条件差，有 37 人则觉得自己贫困的原因在很大程度上是由于自然灾害。根据前述的贫困的"地

理环境论"[1]，由于该理论侧重于从自然资源开发利用的视角来研究贫困的分布和特征，因而，虽然这种观点"往往忽视了贫困主体的特殊性及其生存的社会环境"[2]，但这种观点在一定程度上解释了环境脆弱地区的有关贫困现象，有助于较好认识武陵山民族山区农村的贫困人口现象，该理论可以较好地解释这类贫困现象及其人口的形成。前面提出的"假设3：贫困人口的基本状况与其所处的环境状况（自然环境、社会环境）有着较强的内在关联，即环境状况较好，贫困人口就容易脱贫，反之，则不然"在这里得到了较好验证。

事实上，农村社会发展及其生产实践已经证明：自然环境状况的好坏与气候条件的优劣与否往往决定了农作物及其产量的富裕程度，这在很大程度上决定了农民的收入水平，"不利的自然条件是农村贫困的先天因素"[3]。正是基于这种考虑，自然环境恶劣，农业基础设施落后是恩施州农村大面积贫困的根本原因，也很容易理解为什么该州8个县市目前都是国家级重点贫困县，也是湖北省农村贫困率发生最高的区域。可见，自然环境恶劣、农业基础设施落后是该州农村贫困生产的根本原因。因此，恩施州贫困农村比较落后的农业基础设施状况限制了其较好发展，其可持续发展的后劲不足：一是"水与路"的问题，截至2016年底，该州还有"400多个撤并建制村还未通公路；62.3万人没有解决饮水困难"[4]，要想较好解决这些村落的"水与路"的制约，资金投入应越来越多；二是高寒山区自然环境仍然比较恶劣，农业产出效益比较低，截至2015年年底，该州还有居住在海拔1200米以上高寒山区的困难村民50多万人，其中23.68万人[5]需要采取易地扶贫搬迁措施才能解决贫困问题；三是自然灾害比较频繁，抗灾能力较弱，该州几乎每年都会有不同程度的旱、涝、风、雪、冰雹、雷电、滑坡与泥石流等自然灾害发生，这导致一些村民成为贫困人口。例如，仅仅在2016年的洪涝灾害中，该州就有"2829户、9408人'因灾致贫'，

---

① 该理论认为，区域性贫困（资源制约型贫困）原因分析概括起来有两类观点：一类观点认为贫困是对于自然资源开发利用不足使然，由于资金缺乏、交通、通信、能源等基础设施严重落后导致贫困；另一类观点把贫困归咎于资源状况先天性恶劣，由于土地资源和其他自然资源不足、资源结构不合理导致贫困。
② 朱力：《当代中国社会问题》，北京：社会科学文献出版社，2008年，第309页。
③ 王雨林：《中国农村贫困与反贫困问题研究》，杭州：浙江大学出版社，2008年，第105页。
④ 恩施土家族苗族自治州扶贫开发办公室：《恩施州2016年度脱贫攻坚工作总结》，2016年12月。
⑤ 恩施土家族苗族自治州扶贫开发办公室：《恩施州2015年度脱贫攻坚工作总结》，2015年12月。

2365 人'因灾返贫'"[①]，这表明该州农村贫困村民的抗灾能力是比较弱的，一旦遇到较大的灾害就会返贫。

二、产业结构单一，就业结构不合理

基于科技的发展和社会的进步，农村的社会经济结构与以前相比发生了深刻的变化，现代农业及其实践在我国应运而生，它主要是指自工业革命以来形成的以农业科技与市场为导向的农业，是逐步走向科技化、商品化、组织化、社会化的农业，它要求农民要基于现代农业意识及现代化的农业科技知识和经营管理知识，秉承"第一、二、三产业的并存融合的大农业"的现代理念，逐步实现农业生产经营活动的专业化、集约化、规模化、范围化、组织化与市场化，从而大力提高农业的综合生产能力。因此，在农业科技被广泛应用于农业生产的大背景下，农业生产的效率必然会得到一定程度的提高，相应的，完成同等农业工作量所需要的劳动力就必然要减少，这样势必就有一部分村民处于相对空闲状态，其出路就是根据自身特征从事第二、三产业，这是今后整个农村在现代化进程中的基本发展方向。但是，恩施州农村的调研结果却表明：①该州贫困农村的产业结构单一，几乎都是农业占绝对优势与主导地位，也没有一定的工业来带动农业的进一步发展，这样就使得该州贫困农村村民的分工程度较低，从而在市场化不断深入的现代社会中更加处于劣势，农村分工程度低下是导致该州农村大量农村贫困人口产生的主要原因；②该州农村贫困家庭及其人口的就业结构单一，贫困家庭成员仍然主要以从事农业生产活动为职业，很少从事第二、三产业，即使有，也是在城镇的相应超市打工，其就业结构不是很合理，这与现代化进程很不适应，由此就不难理解其收入是比较低的；③基于问卷资料分析，结果还显示，有93 户特别贫困的家庭几乎没有成员出去打工或就近从事第二、三产业；有54 户贫困家庭的成员虽然有出去打工的，但其仍然属于温饱型贫困；与此同时，若农村有一定的相关企业，则该村的贫困人口相对来说就要少些（表4-1）。因此，综合上述的这些分析，或许可以说，对该州而言，农村的分工水平及其程度与其贫困发生率呈负相关关系。调研结果还显示：①该州农村的产业发展水平低，农

---

① 梁公章：《关于全州脱贫攻坚工作情况的报告》，恩施州第七届人民代表大会常务委员会第三十二次会议，2016-9-29。

民增收潜力不足，其主要表现为，一是市场化程度不高，村民的商品意识不强，产品流通信息及其渠道不畅；二是产业集中度不高，主导产业规模较小，龙头企业较少，产业链条较短，产品多为初级产品，农业产品的增值率不高，部分产品处于微利或无利状态，农业比较效益低；三是贫困农民综合素质不高，村民依靠科技增收和外出务工增收的门路狭窄，增收难度较大；四是科技含量不高，科技服务体系不完善，产品市场竞争力不强，附加值低。②该州农村的经济发展水平低，总量小，其扶贫能力不足。虽然自改革开放以来，恩施州经济发展水平逐年提高，但由于起点低、基础弱，区域经济整体规模依然很小。例如 2015 年，该州农民人均纯收入 7969 元，比全省 11 874 元低 32.89%，比全国 10 772 元低 26.03%；第二产业增加值的比重仅占地区生产总值的 36.5%，其对农业的拉动作用不强；全州城镇化率仅为 39.98%，比湖北省城镇化率平均水平 56.85% 低 16.87%，其城镇化水平较低，以城带乡的能力不足。

表 4-1　恩施州农村贫困家庭的就业状况回答统计　　　　单位：户

家庭类型	有从事 第一产业成员	有从事 第二产业成员	有从事 第三产业成员
绝对型贫困家庭（192 户）	192	6	13
温饱型贫困家庭（54 户）	54	17	21
发展型贫困家庭（14 户）	14	9	11

三、村民自身的特殊状况

通过对调查问卷资料与访谈资料的理性分析与综合判断，恩施州农村贫困现象及其人口问题的形成与其村民自身文化素质的局限和特殊的家庭状况有着直接的内在关联，村民自身文化素质的局限和特殊的家庭状况是导致部分村民贫困的重要原因，下面对此做简要分析。

（一）文化素质的局限

文化素质较低仍然是恩施州农村贫困村民存在的一个相对普遍的现象，因而，农业现代化与农业科技的推广和应用就会受到一定的限制，从而制约着该州农村社会经济发展的进程，这也是制约该州农村剩余劳动力向第二、三产业有效转移的瓶颈。基于对恩施州贫困农村 270 份分层抽样调查资料的比较分析，结果表明：①在被调查者中，大多数贫困人口只有小学及以下文化程度，初中文化程度的只占贫困人口的 23.3%，高中文化程度的仅占贫困人口的 4.1%，这表明该州农村贫困人口的多少与文化程度呈现负相关关系，即村民自身的文化程度越低，其贫困的发生率越高。当然，这样的人口素质也是与农村现代化的日益发展不相适应的，也不适应农业增长方式的现代化转型（如集约型生产方式等），因而，面对竞争日益激烈的市场经济，这些素质较低的村民不仅市场意识薄弱，农业科技应用水平低，而且其农业产品结构单一，高效农业受到抑制，其收入增长受到影响；同时，村民素质低下还表现为村民的生活消费行为及其结构不合理，如穷人、文化程度较低的人都倾向于吸烟、酗酒，有的村民甚至还赌博，这无疑也成为加深其贫困的重要因素。②由于村民现代意识与文化素质都较低，其从事现代农业生产就具有一定的难度，这也限制了村民向第二、三产业的转移，使其失去了多渠道增加收入的机会与可能。③家庭人均纯收入与其成员的文化素质之间存在明显的正相关关系等。

　　恩施州农村贫困的这种原因也可以用前面的"素质贫困论"来加以解释，该理论认为贫困人口的素质是贫困与落后的本质规定，素质低下是导致贫困人口陷入贫困的基本原因。该理论还指出："中国的贫困地区存在着令人震惊的自然资源富饶和令人震惊的贫穷的矛盾现实，贫困的本质规定，不是资源的匮乏，不是产值的高低，也不是发展速度的快慢和收入的多少，而是人的素质差：指人从事商品生产和经营的素质。"[①] 相应地，持这种观点的学者把人的素质量化为《进取心量表》来进行测量，其贫困人口的素质特征被描述为："创业冲动微弱，易于满足；风险承受能力较低，不能抵御较大的困难和挫折，不愿冒险；生产与生活中的独立性、主动性较差，有较重的依赖思想和听天由命的观念；难以打破传统的习惯，接受新的生产、生活方式以及大多数新事物、新现象；追求新经历、新体验的精神较差，安于现状，乐于守成。"[②] 这种看法在某种程度上仍然对目前恩施州农村的贫困现象及其人口问题有着较好的解释力。

---

① 王小强，白南风：《富饶的贫困》，成都：四川人民出版社，1986 年，第 56 页。
② 王小强，白南风：《富饶的贫困》，成都：四川人民出版社，1986 年，第 59 页。

（二）特殊的家庭状况

调研结果还表明：恩施州农村家庭的一些特殊状况也是使某些村民陷入贫困的重要原因，这些特殊的家庭状况主要表现为家庭结构不合理（如人口多、有残疾人等）、因学致贫、因病致贫及因婚致贫等。具体而言：①家庭结构不合理，如人口数量多而劳动力少的家庭、老年人家庭、有残疾人的家庭等；与此同时，家庭成员整体上文化程度不高，家里缺乏带动家庭脱贫致富的"明白人"[①]；②因学致贫，在调查的贫困人口中，有 107 人认为供养孩子读书使得家庭陷入贫困或其边缘，虽然如此，很多村民都已经认识到文化素质的重要性，认为对孩子的教育投入是不计成本的，不管是男孩还是女孩，一定要让其成为一个文化人，道出了"自己苦点，没有关系，再苦不能苦孩子"的心声，其具体原因在于教育的产业化使得上学费用大大增加，即使是在中学读书，由于其饮食费用已经今非昔比，其年均开支都已超过了其人均收入水平，这些费用使得一些村民苦不堪言；③因病致贫，由于农村缺乏有效的社会保障制度及体系，因而，疾病等医疗费用就成为该州农村贫困户担忧的又一重要事情，很多被调查者反映，家庭成员长期受到疾病的缠绕，不仅心理负担重，而且无力承担基本的医疗费用，一般只能是"拖延"[②]，这种状况给该州的一些村民带来了极大的精神压力并导致其贫困；因病致贫是导致该州农村贫困的重要原因，这也从侧面印证了卫生部的观点："在贫困地区患病未就诊的达 72%，应住院治疗而未住院治疗的高达 80%，因病致贫或返贫的达 50%"[③]；④因婚致贫，地处高山区、边远区等自然环境恶劣的村子，结婚开支也是一件令人头疼的事情，调研表明，一些村民往往是举债为子女筹办婚事的，宁可自己贫穷受苦，也要让子女成家立业，因而，因婚致贫也是该州农村贫困的又一个重要原因。可见，对该州来说，随机的特殊家庭状况也是其农村贫困的重要原因，因而，为农村提供并完善其最基本的教育和医疗服务等社会保障制度及体系在目前显得甚为必要和迫切。

---

① 方言，指的是"有经济头脑、善于经营的致富带头人"。

② 这里的"拖延"是方言，指的是"无钱治病的人，不去及时医治，而是通过拖延让病自然好起来"。

③ 刘海军：《中国农村贫困成因研究综述》，《中国集体经济》，2009 年第 25 期，第 87-88 页。

四、社会政策的局限

实践及相关研究①表明：社会政策的设计制定与实施的合理科学，是较好治理贫困人口问题的重要前提与保证，因而，社会政策的设计与实施是否合理与科学就会对扶贫效果产生重要影响。事实证明：扶贫政策作为一项重要的社会政策，是世界各国治理其贫困问题必须采取的主要措施与手段。但是，"政策本身的不公平，政策价值导向的偏差或政策操作的扭曲，都将引起不平等，进而导致贫困"①。例如，"在长期的反贫困实践与研究过程中，社会因素，其中包括制度性因素等社会因素所导致的贫困常常被我们有意或无意地忽略或者屏蔽掉。实际上，中国目前所遭遇的贫困问题，多与长期推行不当的社会经济政策有关"②，也就是说，一些贫困人口和区域贫富差距的形成与某些具体社会制度或社会政策有着一定的内在关联。可见，社会政策的局限是引起贫困问题的重要原因之一。这里主要以扶贫政策为主线来讨论社会政策的偏差对贫困问题的影响。那么，究竟什么是扶贫政策呢？首先，就要明确社会政策的基本含义，这里采用德国维格纳的观点③：社会政策就是指"运用立法和行政手段，以争取公平为目的，清除分配过程中的各种弊害的国家政策"。这一定义主要包括如下几层含义：第一，它主要是指国家社会政策；第二，基于特有社会目标的相应社会政策，它有着差异性、阶段性等特征；第三，它着眼于社会公正的社会需求及其发展政策；第四，它指社会政策及其发展是一个动态的演进过程。这样，扶贫政策作为一种特殊的社会政策，同样具有上述特点。中国的扶贫政策主要就是指"直接针对贫困地区和贫困人群的各种专项扶贫政策，它具体包括组织保障政策、贫困地区和贫困人口的标准、政府投入政策、产业开发政策、人力开发政策、减轻负担政策、社会动员政策、异地开发与国际合作政策等"④。这些扶贫政策的制定与实施为我国的农村扶贫工作提供了基础和保障，目前已经取得了较好成绩，但是，国家扶贫政策的出台总是带有特定的政治目标，"如果政策是政治家决策的产物，贫困就相当于一个政策概念"⑤，这就是说扶贫政策的制定与实施基于某种原因可能具

① 朱力：《当代中国社会问题》，北京：社会科学文献出版社，2008年，第310页。
② 陈友华，沈晖：《国家独生子女政策与脱贫致富》，《江苏行政学院学报》，2011年第1期，第61-65页。
③ 曾繁正等：《西方国家法律制度社会政策及立法》，北京：红旗出版社，1998年，第165页。
④ 张军扩等：《中国区域政策与区域发展》，北京：中国发展出版社，2010年，第222页。
⑤ 周怡：《贫困研究：结构解释与文化解释的对垒》，《社会学研究》，2002年第3期，第49-63页。

有一定的局限性或不周全，而"社会政策的不周全会给穷人带来不公平或新的贫困"①。恩施州的农村贫困问题的调研结果印证了这种看法，该州农村贫困人口及其问题的形成也与扶贫政策的相关局限有着一定的内在关联，其主要表现是：①开发式扶贫战略及其运行模式的局限，由于"中国现阶段的扶贫政策最主要的特征是开发式扶贫"②，它强调的是基于特定项目而在贫困地区开展的产业开发与农业基础设施建设，这种扶贫模式本质上是一种特殊的区域发展战略，从而忽视了老年人、残疾人等没有能力参与开发项目的人群，进而导致了贫困人口的增加和扶贫工作的难度加大；②贫困人口瞄准机制及其保障政策的偏失使得一些贫困村民游离于救助对象之外，导致贫困人口瞄准不精准，从而增加了新形势下扶贫工作的难度；③管理缺位，一些政策落实不力，如控制农民负担的政策、粮油收购政策等惠农政策都没有得到较好落实和执行，从而降低了管理效率，这势必"容易造成各个部门和地方的制度与政策之间的不一致，降低了扶贫工作的效率"③。可见，这里的实证资料证实了前面的"假设5：相关社会政策（如扶贫政策、保障政策与就业政策等）有效功能的发挥是影响农村贫困人口及其问题治理的重要环节等"。因此，恩施州基于国家扶贫战略在制定治理农村贫困问题的相关政策时，既要根据社会发展的客观状况使其更加合理化、科学化，又要尽可能考虑并正确评估其局限性与负面影响，以避免某些不公正的"社会政策'制造'贫困"④。

当然，恩施州农村的这种贫困原因也可以用前面的"社会结构论"来加以解释，该理论的主要观点有"制度性贫困、社会政策制造贫困、社会冲突论、贫困是社会的需要"⑤等，因而，利用"社会结构论"可以较好地解释该州的社会政策制造一定农村贫困人口的现象。事实证明，社会政策本身的不公平、政策价值导向的偏差或政策操作的扭曲都将导致贫困现象及其人口问题的产生。例如，Alcock曾就指出：贫困的界定通常取决于"应对贫困的各项政策"⑥，其一是政策可以确定穷人标签的指向，其二是政策可能再造贫困；而Gregor则指出"如

---

① 朱力：《当代中国社会问题》，北京：社会科学文献出版社，2008年，第310页。
② 韩恒：《新时期农村扶贫的困境及其对策》，《农村经济》，2008年第9期，第63-66页。
③ 张军扩等：《中国区域政策与区域发展》，北京：中国发展出版社，2010年，第244页。
④ 朱力：《当代中国社会问题》，北京：社会科学文献出版社，2008年，第310页。
⑤ 朱力：《当代中国社会问题》，北京：社会科学文献出版社，2008年，第310-311页。
⑥ Alcock P. Understanding Poverty. London: The Macmillan Press, LTD, 1993, 4, 13.

果政策是政治家决策的产物,贫困就相当于一个政策概念"①。可见,在制定反贫困政策的过程中,尽量要考虑到扶贫等社会政策的不周全或不公正而给社会带来的新的贫困现象及其人口问题。因此,社会政策本身的不平等与不公正是导致贫困人口产生的原因之一。

五、灾难的影响

随着现代化的日益深化与社会进步,人类现代文明正在展现出其独特的功用与魅力。然而,社会发展的另一些客观事实却证明了"祸兮福之所倚,福兮祸之所伏"和"天有不测风云,人有旦夕祸福"。也就是说,虽然整个人类社会基于科技的进步有了巨大进步,有着良好的发展机遇,但人类却仍然面临着一定的社会风险与灾难。在这种宏观背景下,我国作为发展中的社会主义国家在21世纪同样会面临种种危机与灾难,这是一个不容回避的客观社会事实。历史表明,自古以来我国就是一个灾难频发的国家,可以说,我国发展的历史就是一部与灾难作斗争的历史。基于科技的进步和社会的发展,虽然人类社会文明得到了空前的推进,然而,现代化是一把双刃剑,在给人类带来福音的同时,也使人类社会比以前任何时候都要面临更多的风险,甚至灾难。实践及客观事实表明:灾难一旦发生,受灾人群一般都会陷入贫困之中。自我国提出实现农村现代化的战略以来,恩施州就开展了一系列实践活动,但调研结果却显示:由于种种原因,恩施州农村在推进现代化的进程中对其生态环境建设有一定程度的忽视,其农业生态环境的形势还相当严峻,由此将"导致自然灾害频繁发生,降低生产产量,增加直接经济损失"②;同时,"据专家预测,在短期内,中国自然灾害频繁加快,受灾、成灾面积不断扩大的趋势不会发生逆转"③。可见,由自然环境等方面带来的风险和不确定性是客观存在的,这势必导致部分农村的村民因突发的灾难而陷入贫困。例如,2015年,我国"农作物因受灾绝收223万公顷;因洪涝旱等灾害造成直接经济损失1406亿元;各类生产安全事故共死亡66 182人"④;2015年,

---

① 周怡:《贫困研究:结构解释与文化解释的对垒》,《社会学研究》,2002年第3期,第49-63页。
② 刘斌,张兆刚,霍功:《中国三农问题报告》,北京:中国发展出版社,2004年,第327页。
③ 刘斌,张兆刚,霍功:《中国三农问题报告》,北京:中国发展出版社,2004年,第328页。
④ 中华人民共和国国家统计局:《中华人民共和国2015年国民经济和社会发展统计公报》,http://www.stats.gov.cn/tjsj/zxfb/201602/t20160229_1323991.html(2017-12-19)。

恩施州"先后遭受了 14 次较大的自然灾害，累计受灾 71 万人次，因灾死亡 12 人，农作物因受灾直接造成经济损失 7.38 亿元"[1]。本书调研结果和相关数据显示：在恩施州农村的 270 户贫困人口中，因"灾难"致贫的约占 18%。当然，值得注意的是，"灾难"并不仅仅就是指基于生态环境恶劣而引起的自然灾害，有时候也指"人祸"，正如某县某乡镇的一位主管过农村社会经济发展的副乡长所说的那样："我镇每年为摆脱贫穷而出去打工的青壮年中约有 17% 的人因用人单位管理不善等原因而死亡或残疾，从而导致其家庭的处境更加艰难，'出去的是人才，回来的是棺材'的悲剧不知何时结束。"

当然，导致恩施州农村贫困现象及其人口问题产生的这些具体成因对具体的贫困者而言并非是绝对的、一一对应的关系，它们不仅是错综复杂的，而且它们之间有时候是相互重叠和交互性的。

第三节　武陵山农村贫困的形成机理探究

基于对恩施州农村地区贫困人口问题形成具体原因的阐述，现已初步明确其贫困人口的产生与这些原因有着密切的内在关联，只要其中任何一个具体原因出现或几个原因同时共同作用于某一农村的个体，该个体就会陷入一定的贫困状态中，这或许说明这些具体原因是导致该州农村地区贫困（人口）产生的直接原因。根据前面的论述，机理虽然与原因有一定联系，但又不同于其具体原因，也就是说两者之间是一种交叉关系，只有本质原因才是机理的一种表现。然而，在认识贫困现象及其人口问题时，"仅仅罗列这些主要因素或多或少抓住了贫困的一个或一些特征性事实，但是缺乏对其机理和本质进行深入认识和分析，而这点恰恰是认识贫困的基础，如果忽视这个基础，就会削弱相关贫困理论对现实贫困的解释能力与扶贫工作的指导意义"[2]。可见，要科学讨论并认识贫困现象及其人口问题的本质，仅仅讨论贫困的具体原因是不够的，其关键还在于把握贫困形成

[1]　恩施州民政局：《恩施州 2015 年民政工作总结》。
[2]　毛学峰，辛贤：《贫困形成机制：分工理论视角的经济学解释》，《农业经济问题》，2004 年第 2 期，第 34-39 页。

的根本原因与内在规律——贫困的形成机理。事实上,贫困现象及其人口问题作为一种客观的社会现象,其产生一定有其依赖的特定基础与形成机理,否则,一直缠绕着整个人类社会且世界各国都着力解决的贫困问题,为什么到现在为止还没有找到有效的解决办法呢?因此,要科学认识并有效治理贫困人口问题,就要在讨论贫困问题具体成因的基础上,进一步弄清社会贫困现象及其人口问题赖以产生的基础与形成机理,这是科学认识社会贫困现象及其人口问题并使其得到较好治理的根本前提与基础。下面,本书结合相关案例,主要从社会系统的角度与长远战略的思路来初步揭示中国民族山区农村贫困的形成机理,从而为本书的后续研究提供理论基础。

一、贫困的形成基础

贫困现象作为人类社会的一种客观社会现象,是人类社会生活的一种特定生活方式与生存状态,它既是人们对社会存在的一种客观反映与认识,也是人们的主观意识与自我感受,是一种基于客观与主观相统一的动态性综合认识。任何社会现象都有其赖以形成的一定的、必要的客观物质前提和基础,贫困现象及其问题也不例外。贫困现象及其人口问题的形成既有一定的生态基础,又有一定的社会基础。要科学地认识并说明贫困现象的形成机理,就必须科学地说明贫困形成的生态基础与社会基础。历史表明,人类社会的贫困现象是连续性与非连续性、客观性与主观性、随机性(偶然性)与必然性的统一,某一社会的贫困现象及其状态是以人为载体,在特定的生态基础与社会基础上相统一的一种社会生活方式及生存状态。因此,贫困现象及其人口问题的变迁和演变与整个人类社会运行的自然基础有着一定的内在关联。

(一)贫困现象形成的生态基础

生物学与生态学有关证据表明:人类社会是自然环境进化到一定阶段的必然产物,人类社会一旦形成,生态环境及其系统就成为人类社会赖以生存与发展的根本前提和基础。基于前面对贫困的认识,"贫困就是指位于特定时空领域内的社会基于社会结构的失调(制度、产业、政策、灾害等)和个体因素(能力、残疾等)的交互作用而造成的使个体或群体不能获得被社会所认同的维持基本生活需要的一种生存状态"①。可见,"个体(人)""时空领域""社会及其结构""生存状态"等是较好理解社会贫困现象的核心概念。由此,对社会及其结构等概念的正确理解,有助于正确认识贫困的真正本质及其形成机理。然而,社会是自然环境进化到一定阶段的必然产物,它脱胎于(自然)生态环境,因而,正确把握生态环境的内涵对贫困现象及其人口问题的科学认识是很有必要的。由此,现在的首要问题在于:生态环境究竟如何理解?其内涵如何认识和把握?众所周知,任何生物都生活在特定的环境之中,不能脱离环境而生存,人类也不例外。那么,何为环境呢?所谓环境就是指"某一特定生物体或生物群体以外的空间及直接或间接影响该生物体或生物群体生存的一切事物的总和"②。可见,环境总是相对于某一生物体或生物群体而言的,离开了相应的主体,也就无所谓环境。换句话说,人类总是相对于特定的环境而言的,这一点正如马克思所指出的那样:"主体是人,客体是自然,这总是一样的,这里已经出现了统一。"③因此,生态环境是人类赖以生存与发展的物质条件和精神条件的有机综合体(既适合于人类的安居乐业,又宜于其他生物的良性共生),是自然环境(含资源等)与社会环境(涵盖政治与政策等环境)的有机统一,它在现代化的进程中是一个动态的、综合的及整体的演化与进化过程。生态环境包括自然环境与社会环境,前者不仅向人类提供其生存的能源、营养和生存空间,制约着整个人类的衣、食、住、行等基本行为,而且对人类社会的心理、伦理、精神等产生重大影响;而后者则基于政治、经济、文化等因素,以人的行为为载体来影响人类的基本社会生活和行为,以制约社会的发展及其进步。所以,良好的生态环境是任何社会赖以生存和发展的根本基础,当生态环境变得脆弱或恶化时,人类社会将变得不稳定,甚至毁灭。

如前所述,"社会就是指位于特定时空领域内并基于相同或相近的物质和精神条件而形成的相互联系的人们的有机共同体"④,因而,社会运行就是指人类

---

① Tan X C, Zhu L. Fissure and Governance: Research on the Poor Groups of the Modertate-sized City in the National Areas Based on the Background of Social Transformation. 2009 International Symposium on Sustainable Development of City Group. Sydney, Australia: Aussino Publishing House, 2009, 511-512.

② 文祯中:《自然科学概论》,南京:南京大学出版社,2004 年,第 347-348 页。

③ 马克思,恩格斯:《马克思恩格斯全集》(第 42 卷),中共中央马克思恩格斯列宁斯大林著作编译局译,北京:人民出版社,1979 年,第 22 页。

④ 谭贤楚,刘伦文:《西方社会思想史研究:现状、问题与思考》,《前沿》,2006 年第 8 期,第 211-214 页。

社会有机体自身的一种有规律的运动、变化和发展过程，是一个退化与进化相统一的动态演进过程，它在现实形态上往往表现为影响其有机整体的多种要素（涵盖社会和自然）与多层次子系统之间的交互作用及其功能的发挥。社会学通常认为，社会运行包括纵向运行与横向运行两个基本方面：纵向运行指的是社会（含自然环境）的变迁与发展，表现出传承、变异与中断等三种基本关系；横向运行就是指某一特定的社会在其某一发展阶段上的社会诸要素之间的交叉渗透、制约、促进与转化等相互作用。当然，基于社会发展的基本客观状况，其"运行大致可以分为三种类型：良性运行、中性运行和恶性运行"①。可见，社会运行在本质上是一个生态环境（自然与社会）的动态演进过程。当社会运行出现失调时，如地震、风暴等自然灾害及生态环境被破坏时，相应人口就受到了损失，因而，贫困现象自然就会出现。基于这种判断和认识，社会贫困及贫困人口等便可看作是社会在其运行中衍生出来的。因此，任何贫困都是基于特定时空的特定社会背景的产物，都与一国的社会发展与环境有着内在关联，是特定社会认同并动态演进的一种客观社会现象，是社会在其自身运行过程中的产物。

事实上，基于客观现实世界的多样性，人类社会脱胎于（自然）生态环境，是生态环境演化的产物和精华，生态环境是人类社会发展的基础与根基。基于科技的发展和人类社会的演进，不仅科技的负面性日益凸显，而且人类社会本身的发展也面临着严峻的挑战：生态环境恶化、社会畸形发展（如贫富的两极分化日益严重等）。作为自然环境进化的产物，人类社会自出现以来就一直是整个生态环境及其系统的有机组成部分，并不断地由简单到复杂、由低级到高级的向前进化和发展，这是生态环境及其系统进化的一种内在需求和逻辑。社会历史与实践已经并将继续证明：人类社会发展的基本动力根源在于生态及其生物的多样性，自然界的多样性造就了社会的客观复杂性与多样性（如人及社会组织的多样性），生态环境及其系统的多样性不仅意味着人类生活的丰富多彩和不乏味，而且意味着社会的和谐发展和生命力，还意味着社会生存状态的多样性，从而初步揭示了社会贫困现象是生态环境进化与社会运行的一种表现方式，贫困现象的形成有其内在的逻辑与生态基础。

---

① 郑杭生：《社会学概论新修》（精编版），北京：中国人民大学出版社，2009 年，第 5 页。

（二）贫困现象形成的社会基础

虽然人类社会是自然物质世界长期演化的产物，但人类社会一旦形成，它便会基于其人口的更替有一种自我增长的客观趋势，因而，贫困作为一种客观的社会现象，它既是一种客观的生活生存状态和方式，也是一种社会性的认可与评判，即贫困现象不仅仅是一种客观的物质存在与社会现象，更是一种社会性的存在，有其形成与存在的客观社会基础。"没有客观事实的存在，社会问题就无法确认"①，贫困人口问题也不例外。这也表明社会问题的产生除了其生态基础以外，也存在着社会的确认等社会基础。在任何社会中，"意识一开始就是社会的产物，而且只要人们还存在着，它就仍然是这种产物"②，因而，人们对贫困现象及其人口问题的有关认识作为一种社会意识，也是社会历史的产物。马克思也曾经指出："语言是一种实践的、既为别人存在并仅仅因此也为我自己存在的现实的意识。"③可见，要科学认识并了解贫困现象及其人口问题这种特定的社会意识，离开特定的社会存在及其实践是不可能的，也是非现实的，更不是辩证唯物主义的态度与立场，在现实的社会生活中，贫困与富裕之间的交互作用是以社会存在及其实践为基础来实现的。历史表明，无论是从人类社会的发展史还是从个体的发展史来看，社会贫困现象总是伴随着社会存在及其实践的发展变化而不断演进的，在社会发展的不同阶段，它总是呈现出不同的形式与多种形态及类型，因而，对贫困现象形成机理的考察与认识，应基于其客观的生态基础来着重讨论它得以形成的社会条件及其基础。

如前所述，人类社会的贫困现象及其人口问题不是从来就有的，而是自然环境进化与人类社会发展的产物，但这绝不是一个纯粹的自然演化过程，不是社会个体基于其社会实践活动的简单演化，而是基于社会存在与社会实践促使其生活从个体层面向社会层面的一种扩展与提升。根据前面对社会的理解与认识，社会主要是由人口、地理区域、生态环境、社会规范等要素构成的一个有机的社会系统，这些要素之间的相互作用及其演变就构成了社会的基本运行，这就是说，

① 朱力：《当代中国社会问题》，北京：社会科学文献出版社，2008 年，第 6 页。
② 马克思，恩格斯：《马克思恩格斯选集》（第 1 卷），中共中央马克思恩格斯列宁斯大林著作编译局译，北京：人民出版社，1972 年，第 35 页。
③ 马克思，恩格斯：《马克思恩格斯全集》（第 3 卷），中共中央马克思恩格斯列宁斯大林著作编译局译，北京：人民出版社，1960 年，第 34 页。

社会在本质上是一个动态演进的自组织开放系统。因此，要科学认识并理解贫困现象及其人口的形成机理，就必须把贫困放到整个社会这个大系统中，因为"整体，当它在头脑中作为思维的整体出现时，是思维着的头脑的产物，这个头脑用它所专有的方式掌握世界"①，因而，探讨贫困形成机理的社会基础时，就一定要"从社会整体的角度、综合的角度观察社会问题现象与其他社会现象之间的联系"②，从而把握贫困现象及其人口问题形成与发展的规律。那么，现在的问题是：贫困现象及其人口问题形成的社会基础究竟是什么？如何理解其内涵？事实上，社会一旦形成，其实践及其发展就是一个自然的社会历史过程，然而，贫困现象及其人口问题的出现与演变，就必然既与当时的社会生活状况及生产力水平密切相关，又与当时的生态环境等的良性演化有着内在的逻辑关联。基于这种认识与判断，贫困形成的社会基础或许主要包括以下几个方面：①人口的整体素质及其自然更替状况；②社会生产力水平及整个社会生活的客观状况；③与社会发展相适应的社会保障制度等社会规范及其效用状况；④社会环境状况的优劣等。下面，本书就这几个方面进行简要分析和讨论，以初步揭示贫困现象及其人口问题形成的社会基础。

首先，作为社会系统的核心构成要素，人口既有其自然属性的一面，又有其社会属性的一面，是社会诸要素中最具有能动性的客观存在物。然而，人口作为一个群体概念，是由单个的人所组成的，虽然单个的人基于群体、组织最终能够形成社会，但离开了单个的人，群体与组织等便成为一种空洞的抽象物，社会也就不存在了。可见，研究贫困，首先就要研究单个的人，进而研究人口，这是认识社会贫困形成的逻辑起点与内在根据。那么，究竟应怎样来理解人呢？其本质是什么？经理性判断，要真正理解人，理解以下几点很有必要：①"人直接地是自然存在物"③，它在现实社会生活中表现为类、群与个体等形态；②"人是一个特殊的个体，并且正是他的特殊性使他成为一个个体，成为一个现实、单个

---

① 马克思，恩格斯：《马克思恩格斯选集》（第2卷），中共中央马克思恩格斯列宁斯大林著作编译局译，北京：人民出版社，1972年，第104页。

② 朱力：《当代中国社会问题》，北京：社会科学文献出版社，2008年，第81页。

③ 马克思，恩格斯：《马克思恩格斯全集》（第42卷），中共中央马克思恩格斯列宁斯大林著作编译局译，北京：人民出版社，1979年，第167页。

的社会存在物"①，这就是说，单个人的活动在本质上仍然是一种社会活动；③人的个体性是其基于社会实践活动在社会及其社会关系中得以实现和形成的，也就是说，社会（关系）及其实践是人展现其个体性的根本基础，因为"人只有以社会生活为中介才能够发现他自己，才能够意识到他自己的个体性"②；④人是自然属性和社会属性（含精神属性）的统一体，具有双重生命——自然生命与社会生命；⑤基于客观物质世界的多样性，人作为一个特殊的生物物种，也有多种多样的具体形态，这正是社会复杂多样性及其发展的内在根据。因此，"人的个体存在与这一个体所处的社会，是同一个问题的两面"③，人的个体性及其社会生活的客观多样性构成了社会生活及其实践的多样性与多元化。从这个意义讲，贫穷与富裕、穷人的生活与富人的生活、社会分工及其演化等或许正是现实社会及其生活实践本来面目的一种现实展现与形态。同时，基于人的自然属性，社会人口在其自然更替时，由于偶然性与随机性的原因（至少目前的科学仍无法从基因与遗传层面来消除自然人之间的差异，真正从科学层面来实现所谓的优生优育），自然人口的动态空间分布仍然与原来变化不是很大（特别是基因智力的分布），因而，在人口从"自然人"转变为"社会人"的起点上，消除人口的多样性分布是不可能的，如残疾与基因遗传等差异，这势必导致人口素质的差异及社会分工的多元化，这是社会绝对贫困形成的一种内在根据与根本逻辑。这一点似乎与意大利著名的社会学家帕雷托的"精英循环思想"④有异曲同工的相似之处。不过，"人们的意识，随着人们生活条件、人们的社会关系、人们的社会存在改变而改变"⑤，这就表明，基于科技的进步与社会的发展（包括人的素质的提高），即使人们的社会生活条件得到了"与世俱进"的改变，但由社会分工的差异所导致的人们收入的差距仍然存在，因而，人们便会基于相互比较产生一定的相对剥夺感及其意识，这也是社会相对贫困产生的内在根据及其根本逻辑。

其次，社会生产力水平及整个社会生活状况对贫困现象的形成会产生影响。

---

① 马克思，恩格斯：《马克思恩格斯全集》（第 42 卷），中共中央马克思恩格斯列宁斯大林著作编译局译，北京：人民出版社，1979 年，第 123 页。

② 恩斯特·卡西尔：《人论》，甘阳译，上海：上海译文出版社，1985 年，第 282 页。

③ 吴宁：《社会历史中的非理性》，武汉：华中理工大学出版社，2000 年，第 62 页。

④ 帕雷托：《普通社会学纲要》，田时纲译，北京：东方出版社，2007 年。

⑤ 马克思，恩格斯：《马克思恩格斯选集》（第 1 卷），中共中央马克思恩格斯列宁斯大林著作编译局译，北京：人民出版社，1972 年，第 270 页。

社会实践表明，某一社会的生产力水平越高，其社会财富也就越丰富，其社会公民就越容易获得社会生产与生活资料，就越能够过上幸福的生活，然而，基于社会生产力的复杂性与层次性，对某一社会而言，仍然有部分公民的生产效率低下，其生产力水平不高，不能够获得足够的生产生活资料，甚至不能够满足自己的基本生活需要。例如，美国是世界上生产力水平最先进的国家，人们对此应该是没有疑义的，但美国 2010 年"仍有贫困人口 462 万人"①，由此可判断，虽然比较高的社会生产力及其水平能够创造较多的社会财富，但却不能自动消解贫困现象及其人口，有时甚至还会逐渐引起贫富差距的扩大。那么，社会生活状况又是怎样对贫困产生影响的呢？基于社会发展状况及其水平的客观差异，不同国家之间的社会生活状况肯定是不同的，甚至同一国家的不同区域的社会生活水平也是不一样的，相应地，单就其贫困标准的制定来说，它就会对贫困现象及其人口的形成产生直接的影响。同时，随着社会生活水平的提高，对任何社会来讲，其贫困标准（即贫困线，它是判定贫困人口的基本依据）也是不断变化的，这是一个客观的社会规律。当然，值得注意的是，这些基本认识应引起人们的广泛重视和关注，否则，就会造成一些认识上的局限。例如，我国"2020 年后就应设计'城乡一体化'的扶贫战略与政策""贫困问题的解决也要同主要矛盾的解决相同步"②等观点的提出就值得商榷，如果忽视目前我国城乡甚至不同农村区域依然存在明显差距的客观事实，不构建与城乡协调发展相适应的思路和政策，那么就会消解我国积极的扶贫效果，也不利于我国和谐社会的有效构建。

再次，贫困现象及其人口的产生还与社会保障制度及其效用状况有直接的内在关联。事实上，人类社会发展及其扶贫实践已经反复证明：社会保障制度构建的基本目标之一就是对社会贫困现象及其人口进行较好的治理，它也是治理贫困的基本途径与方法，也就是说，社会保障制度的起源与其基本目标与贫困治理之间有着必然的内在关联。可见，社会保障制度的构建与完善对贫困现象及其人口的形成有直接影响。例如，贫困线就直接可以标识谁是穷人，最低社会保障政

---

① 王小林：《贫困标准及全球贫困状况》，《经济研究参考》，2012 年第 55 期，第 41-50 页。

② 李小云，许汉泽：《2020 年后扶贫工作的若干思考》，《国家行政学院学报》，2018 年第 1 期，第 62-66 页；汪三贵，曾小溪：《后 2020 贫困问题初探》，《河海大学学报（哲学社会科学版）》，2018 年第 2 期，第 7-13 页；万兰芳，向德平：《中国减贫的范式演变与未来走向：从发展主义到福利治理》，《河海大学学报（哲学社会科学版）》，2018 年第 2 期，第 32-38 页。

策也可以直接降低某一社会的贫困程度,因为"建立社会保障制度的重要一环"[①]就在于贫困标准与贫困线的合理科学确定,可以说这是有效制定社会保障制度及其政策的重要前提和基础。那么,社会保障制度及其政策的效用状况又是如何影响贫困现象及其人口的产生的呢?这里仅仅以社会救助政策与低保政策为例来加以说明:一是社会救助标准等政策的不完善导致贫困人口的产生。例如,若对某一特定社会"一定范围和时期内救助的规模……,社会救助对象动态变化率"[②]不科学把握,其社会救助标准就有一定偏差或通过设定指标促使部分贫困人口游离于救助范围之外,从而导致贫困人口的增加;二是社会最低基本保障标准的偏低及其区域性差异明显,这会直接引起一些区域的社会保障水平不高,从而直接"导致社保待遇的公平性受损"[③],由此,这也从侧面反映出贫困问题的解决与较好治理是要"受社会保障水平高低的影响"[④]的,社会保障制度及其政策的不完善与其发挥的效用状况也是导致贫困现象及其人口形成的一种重要原因。因此,构建并完善与社会发展相适应的社会保障制度及其体系等社会规范,逐步提升其效用状况对贫困人口的较好治理是很有必要的,这就要在"统筹城乡社会救助体系"[⑤]的前提下,通过城乡统筹来 逐步协调城乡最低生活保障标准,不断缩小城乡保障水平及其差距,搞好最低社会生活保障政策、社会救助政策与精准扶贫(扶贫开发)的有效整合与衔接,进一步完善生活最低保障等保障制度及其体系。

最后,社会环境状况也对贫困现象产生重要的影响,它主要包括地理环境、社会风尚、文化素质与社会保障等内容。社会实践及相关研究[⑥]表明,社会环境的优劣状况对贫困现象的形成有着直接的影响。例如,某一社会贫困问题的认定与贫困标准(贫困线)的确立就直接决定了贫困现象及其人口问题的认识与治理:第一,贫困问题的认定。贫困现象虽然是一个客观的社会现象,但要较好认

① 方卫东,糜仲春,程永宏:《社会保障制度中贫困线和贫困率的测算》,《上海经济研究》,2001 年第 2 期,第 63-66 页。

② 关信平:《朝向更加积极的社会救助制度——论新形势下我国社会救助制度的改革方向》,《中国行政管理》,2014 年第 7 期,第 16-20 页。

③ 孙文振:《民族地区社会保障反贫困存在六大问题》,《中国民族报》,2017-1-20(2)。

④ 王国洪:《民族地区社会保障水平对有效减缓贫困的实证研究》,《民族研究》,2016 年第 5 期,第 65-78 页。

⑤ 习近平:《决胜全面建成小康社会 夺取新时代中国特色社会主义伟大胜利——在中国共产党第十九次全国代表大会上的报告》,北京:人民出版社,2017 年,第 47 页。

⑥ 杰弗里·萨克斯:《贫困的终结:我们时代的经济可能》,邹光译,上海:上海人民出版社,2007 年;阿玛蒂亚·森:《贫困与饥荒》,王宇,王文玉译,北京:商务印书馆,2001 年。

识并治理它，就必须被社会认可和关注，否则，贫困现象即使很严重，也可能会被社会所忽视。那么，贫困问题的认定究竟需要经过哪些环节呢？下面来看社会问题究竟是如何被认定的。通常情况下，"公认的社会问题一般具有以下四个要素：①它们对个人或社会所造成的物质或精神损害；②它们触犯了社会里一些权力集团的价值观或准则；③它们持续较长时间；④由于处于不同社会地位的群体会作出不同的评判，对它们的解决方案也往往多种多样，因而在如何解决问题上很难达成一致"[1]，我国著名学者朱力先生在中外学者论述的基础上，认为社会问题的界定应包括"①利益受损集团的强烈不满和呼吁；②社会敏感集团及社会上某些有识之士的呼唤；③社会舆论集团及大众传播媒介的宣扬和推动；④公众普遍的认识和接受；⑤社会权力集团的认可与支持；⑥解决社会问题的开始"[2]等六个基本环节，然而，贫困现象及其人口问题显然属于社会问题的一种特殊形式和类型，因而贫困问题的认定也要经过上述基本环节，才能更好地被社会所认识与治理。第二，贫困线标准（即贫困线）的确立。其前提为某一时期某一社会所确定的人们所需要的基本社会生活必需品的"绝对水平"[3]，这是"衡量个人、家庭或某一些地区贫困与否的界定标志或测定体系"[4]，它涉及贫困标准的范畴、贫困测度方法、计算贫困的单位与扶贫模式等内容，如我国农村的贫困线标准，"2000年农村贫困线标准调整为人均年收入625元，2007年为人均年收入678元，2009年的新标准提高到人均1196元，2010年为2300元"，由此可知，我国农村的贫困线标准是基于社会经济发展客观水平的提高而不断变化的。当然，这里仍需要进一步指出：基于世界各国社会发展水平及其生产力水平的客观差异，各国的贫困线标准（即购买基本社会生活必需品的货币量）存在一定的差异是合理的、现实的、科学的，其基本的社会生活必需品有着自然价格的相同或相似性，然而，它在不同的社会关系网中所表现出来的现实购买力肯定是不同的。这也正如诺贝尔经济学奖获得者阿玛蒂亚·森所指出的那样："可以基本断定，那种在一

---

[1] 文森特·帕里罗，约翰·史汀森，阿黛思·史汀森：《当代社会问题》，周兵等译，北京：华夏出版社，2002年，第6-7页。

[2] 朱力：《当代中国社会问题》，北京：社会科学文献出版社，2008年，第10-13页。

[3] 这里的"绝对水平"是相对于某个特定时期和区域的基本社会生活必需品所耗费的货币而言的，其实它并不是绝对的，而是"与世俱进"的，是一个随着社会发展水平的提高而不断变化的。

[4] 叶普万：《中国城市贫困问题研究论纲》，北京：中国社会科学出版社，2007年，第35页。

个给定的社会中，存在着一致性的贫困线的假设是对事实的歪曲。"① 可见，贫困线标准的确定对贫困人口的状况有直接的影响。

综上所述，贫困形成的生态基础与社会基础是相互关联、互为条件、相互作用的，是同一个过程的两面，贫困现象及其人口问题之所以能够伴随着人类社会的发展而不断演进，是因为贫困现象既不是凭空产生的，也不仅仅纯粹是一个经济现象，而是一个环境、经济、政治、社会等综合作用的产物，它归根结底是多样化社会存在的一种反映与具体表现形式。因此，贫困现象一旦在社会存在的基础上形成，就会通过人们治理贫困问题的社会实践活动反作用于社会存在，从而在一定程度上促进社会的变化、发展与进步。

二、贫困的形成机理

前面已经说明，关于贫困形成的原因，目前学术界已经有多种解释②，但是，在这些理论及其解释的指导下所进行的种种扶贫实践活动并没有从根本上使贫困问题得到较好治理，消除或消灭贫困现象似乎只是一个口号与一种呼喊，因而，"贫困地区的发展及其贫困问题治理，不仅受到世界各国的重视，而且已经受到世界的广泛关注"③。社会实践表明：作为一种客观而复杂的社会现实及历史现象，贫困现象及其问题仍包含许多值得进一步探讨的理论问题与实践问题，尤其是对贫困本质及其形成机理的研究，这将对整个人类社会的"'返贫'或'脱贫'战略方案或规划的成功制定和实施具有重要意义"④。可见，探讨民族山区农村贫困现象及其问题的形成机理，并对其进行一些理性讨论与科学判断，是很有必要的，因为"这点恰恰是认识贫困的基础，若忽视这个基础，就会削弱相关理论对现实的解释能力和扶贫指导意义"⑤。那么，贫困现象及其问题在人类社会历史及

---

① 阿玛蒂亚·森：《贫困与饥饿》，王宇，王文玉译，北京：商务印书馆，2001 年，第 41 页。

② 朱力：《当代中国社会问题》，北京：社会科学文献出版社，2008 年；阿玛蒂亚·森：《贫困与饥荒》，王宇，王文玉译，北京：商务印书馆，2001 年；乔恩·谢泼德，哈文·沃斯：《美国社会问题》，乔寿宁，刘云霞译，太原：山西人民出版社，1987 年。

③ The State Council Leading Group for Economic Development of Poor Areas, P.R.C, International Forum on Development of Poor Mountain Areas, 1993, 59-66.

④ 成升魁，丁贤忠：《贫困本质与贫困地区发展》，《资源科学》，1996 年第 2 期，第 29-34 页。

⑤ 毛学峰，辛贤：《贫困形成机制：分工理论视角的经济学解释》，《农业经济问题》，2004 年第 2 期，第 34-39 页。

其实践中，究竟是怎样形成的？其形成的机理究竟是什么？基于前面对贫困现象及其问题的认识，本书认为贫困现象及其问题不是一种静态的社会现象，其变迁及其演进与整个人类社会自身的运行有着内在的关联和联系，其形成机理主要是指由构成社会的核心要素，即生态环境、人口、社会发展状况等之间的交互作用及其演化所产生的综合影响与共同作用，来引起贫困现象产生的一种带有规律性的生成方式和模式，这样就不难理解提高人口素质、改善环境状况、大力发展经济等为什么可以较好缓解贫困现象及其问题了，因为这里已经初步揭示了贫困现象的真正本质——贫困现象及其问题是指人们不能获取被社会所认可的以满足其基本社会生活需要的一种特殊生活方式与生存状态，是一个多维度的综合概念与社会现象，它不仅涉及一个社会的政治、经济、文化等方面，而且涉及社会本身的演进及其进步。下面，本书试图结合相关案例来初步揭示贫困现象及其问题的形成机理。

（一）遗传与变异：人口的自然更替

众所周知，社会人口的"新陈代谢与自然更替"是一个不以人的意志为转移的客观规律，也只有如此，社会才可以真正实现螺旋式的向前发展，这是社会存在的根本基础。作为贫困现象及其问题的重要载体，贫困人口显然也是社会总人口的一部分，由此，讨论构成社会人口的自然人口的遗传与变异，有助于更好地理解贫困现象及其问题的形成机理。作为地球上一个特殊的生物物种，人与其他动物一样，在其自身的生态环境中演变时，也具有遗传与变异的基本属性，是自然属性与社会属性的统一体，由此，社会人口在其自然更替的过程中，同样要遵循遗传与变异的客观规律[①]：①变异的普遍性，它是指子代与亲代之间或者同一世代的个体与个体、群体与群体之间的差异，这在生物界中是普遍存在的；②变异的性质，现代遗传学表明，生物的变异有可遗传的变异（基因型决定的变异）与不可遗传的变异（环境影响导致的变异）两种情形，可遗传的变异主要是由基因重组、染色体数目及其结构变化、基因突变这三个因素的影响所导致的。这样看来，人口的自然属性就是指人口的生物属性、自然差异与自然空间分布，生物属性主要是指人口个体从受孕、出生、成长、衰老到死亡的生理过程、新陈

---

① 文祯中：《自然科学概论》，南京：南京大学出版社，2004年，第313-314页。

代谢、遗传变异等①，自然差异则主要是指人口的多样性客观存在（如生理差别及天赋差异等），而自然空间分布主要是指人口在不同的自然地理环境区域的分布状况；人口的社会属性主要是人口具有的社会心理、文化素质等特性的总称。可见，基于上述的这种认识和判断，一方面，由人口的自然属性可以推知：根据人口的自然遗传与变异特征和规律，由此可以导致各种各样自然人的产生，如先天残疾、基因智力弱（天赋差等）的人口、处于自然环境恶劣区域的人口等，应该说，这类人的产生既是现实世界与社会多样性的客观表现，又为贫困现象的出现提供了现实的条件与可能性，但对他们自身而言，他们却又别无选择；另一方面，由人口的社会属性也可以明了基于人口的客观多样性特征与现实社会自身的多样性及客观的社会分化，不同人群之间的收入差异是客观存在的，即使社会不断动态演变的向前发展和进步，但人们文化素质的差异与环境的变化却改变了他们的意识，因为"人们的意识，随着人们的生活条件、人们的社会关系、人们的社会存在的改变而改变"②，特别是人们的相对剥夺感会随着社会的发展而不断增强，由此，相对贫困现象也会随着社会的演变而不断呈现出新的形态。可见，前面所提出并被实证资料所支持的"假设2：贫困人口的个体状况（文化程度、技能、身体状况等）是影响并导致其贫困的重要因素"在这里得到了理论上的论证，并在实践中得到了检验。因此，人口在其自然更替中所表现出来的遗传与变异的特征和规律是贫困现象及其人口问题产生的内在根据与根本理由。

案例1：恩施市"雨露计划"③的实施与实践

为加快民族山区全面建成小康社会与构建和谐社会的步伐，使贫困地区农民尽快"脱贫致富"奔小康，恩施市委市政府响应国务院的号召，积极组织并有效实施"雨露计划"——基于有效的组织领导、得力的工作措施与合理的培训方式，近年来，恩施市严格按照"稳规模、提质量、扩就业、强管理与创机制"的原则，积极实践"招生＋培训＋安置＋维权"各

① 于显洋：《社区概论》，北京：中国人民大学出版社，2006年，第127页。
② 马克思，恩格斯：《马克思恩格斯选集》（第1卷），中共中央马克思恩格斯列宁斯大林著作编译局译，北京：人民出版社，1972年，第270页。
③ "雨露计划"是指国务院扶贫开发领导小组办公室为进一步提高贫困人口素质，以增加贫困人口收入，加快扶贫开发与贫困地区社会主义新农村建设、构建和谐社会步伐的贫困人口培训计划。

个环节监督管理的新机制，严格把好"四关"，即培训学员"进口关"、培训基地"管理关"、结业学员"就业关"及培训文件"落实关"，通过"农村劳动力转移培训"与"贫困家庭学生资助"等基本工作，大力推动"雨露计划"，取得了显著的成效。基于调查与访谈，结果显示：自该市 2005年实施"雨露计划"培训项目以来，一方面，该市通过开展农村贫困人口的技能培训，主要涉及计算机应用、电子电工、缝纫车工、农产品加工、采矿等 12 个专业，贫困村民的素质普遍提高，逐步实现了产业结构的调整与优化，较好地治理了农村贫困现象；另一方面，有关数据显示，2010年以来恩施市通过实施"贫困家庭学生资助"工程，累计发放补助资金 640万元，8000 名贫困学生接受了救助，较好缓解了贫困家庭子女接受职业教育的经济压力，直接带动了 4000 多户贫困户的转移就业脱贫。那么，恩施市的"雨露计划"在其具体实施过程中是怎么做的呢？调查显示，其主要实施步骤表现在以下方面：①深入调研农村基本技能需要，开展"雨露计划"基地基本情况调查，目前该市现已认定省、州、县（市）三级"雨露计划"基地 6 所；②及时分解落实培训任务，在对市、乡两级"农村劳动力转移培训"基地进行前期准备工作的考核认定基础上，将省、州办下达的培训计划，分解到各培训机构，以确保全面完成劳动力转移培训任务；③不断加大招生的力度。利用扶贫招生优惠政策，加大宣传力度，面向全市招生，并同时调动扶贫干部的主观能动性，发挥各扶贫部门的政府职能作用；④该市把贫困劳动力的技能培训和就业转移作为培训重点，认真组织实施"雨露计划"等培训项目，广泛开展科技支农、送科技下乡和农村实用技术培训活动，确保了实施"整村推进"的重点贫困村每户有一个"科技明白人"。正因为如此，恩施市的农民人均纯收入由 2006 年的 1849 元增加到 2014 年的 7453 元，净增 5604 元，建档立卡农村贫困人口减少到 14.6万人，该市的贫困现象得到了较好治理。

值得注意的是，该市在加强"培训村民技能与贫困家庭学生资助"工作的同时，也把"突出塑造新型农民工"作为工作重点：一是狠抓农民道德建设，以宣传车、墙报、村组屋场会议等多种形式，每年开展农民道德、科普与法制培训活动三期以上；二是开展和谐社会、和谐村组，"美德在农家""十星级"文明户创建和争创平安乡镇活动；三是不断创新科技培训方式，每年根据实际培养一定数量的科技示范户并充分发挥示范户的辐射作用，加大农业现代科技推广力度，有效促进农业科技在农业生产中的应用。

（二）退化与破坏：生态环境的演变

既然人类社会及其发展是自然界长期演化与自我演变进化的产物，那么，整个人类社会的发展变化就要依赖于自然环境等生态环境的运行状况，这是人类社会赖以生存的物质基础和条件，因而，若人类社会赖以生存的生态环境受到了一定的破坏或严重退化，相应地，自然环境等生态环境就会基于一定的"灾难或脆弱退化"给人类带来某些痛苦，从而促使社会中的某些人陷入贫困状态。例如，"世界上绝大部分贫困人口生活于热带和亚热带这一众人皆知的事实被'南北'划分所强调"[1]。当然，由于生态环境主要包括自然环境与社会环境两个方面，因而，生态环境的演变就应主要包括自然环境的进化与社会环境的演化两个方面。首先，对某一个特定的社会而言，它所处的自然环境主要包括其地理位置、气候、地貌（地形）及各种自然资源，这是该社会生存与发展的自然基础和根本前提，也就是说，任何社会都不仅仅是整个自然界的重要组成部分，而且要受到自然环境的演化及其平衡的制约。正因为如此，"人类不但要在社会的范围内彼此发生联系，而且要同自然环境发生关系，来进行生产和生活，以求得社会的发展"[2]。但是，人类社会在利用自然环境来谋求发展时，基于认识上的局限与某些失误，在不知不觉中有时会对自然环境造成过度索取或极度开发，这样势必会导致自然环境的失调或退化，甚至导致生态环境破坏[3]，从而引起自然环境的恶化或退化。然而，自然环境的恶化会增加自然灾害的机会，进而引起贫困现象的产生。这也正如恩格斯所告诫的那样："我们不要过分陶醉于我们对自然界的胜利。

---

① 马太·杜甘：《比较社会学》，李洁等译，北京：社会科学文献出版社，2006 年，第 48 页。

② 编写组：《社会学概论（试讲本）》，天津：天津人民出版社，1984 年，第 35 页。

③ 所谓生态环境破坏是指基于生态系统自身调节功能的有限性，一旦社会对其过度利用，它就会削弱这种调节功能，从而影响生态系统调节功能的恢复，这就对自然生态系统造成破坏，生态系统重新恢复到与原来状态相当的状态往往不会在短期内实现，有时甚至还会对自然生态系统造成不可逆转的损害（文祯中：《自然科学概论》，南京：南京大学出版社，2004 年；王兵、戴正农：《自然辩证法教程》，南京：东南大学出版社，1997 年）。

对每一次这样的胜利，自然界都报复了我们。"[1] 这里的"报复"就是指自然环境对人类社会带来的意想不到的、不可预知的"灾难"——对人类过度索取自然界等不当行为的一种惩罚。

事实上，人类社会实践及相关研究[2] 已经证明：人类社会文明的进步是在不断变革过程中的人与社会、人与自然、社会与自然之间的关系的基础上来实现的，在这个社会实践过程中，社会及其环境的生态关系中的能量与物质的交换过程是一个动态演进的社会自然历史过程，其演变要遵循新陈代谢、物质循环、能量转化与守恒、生态平衡等自然规律与社会规律，这是不以人的意志为转移的，否则，就会破坏生态环境的平衡，从而增加自然灾害发生的可能性而促使某一些人的社会生活状况陷入贫困状态。例如，农村社区的自然生态若被破坏了，就会影响农作物的产量与收成，进而影响农民增加收入。农村社区生态平衡的破坏主要体现在以下几个方面[3]：①农业生产的气候条件在日益变坏；②生态的破坏引起自然灾害频繁发生，使得农业生产存在严重的危机；③生态的破坏使得农业的生态链受到损害，影响农业的收成；④自然环境的破坏也严重影响着整个农业的发展等。本书的调查结果证实了这些观点。因此，基于种种原因，自然环境在其演化过程中可能会出现一些退化与失调的现象，这样，相应的自然灾害就会发生，从而导致某些人的社会生活陷入贫困状态。

讨论了自然环境演变对贫困现象及其问题的影响，现在来看看社会环境在其演变过程中又是如何引起贫困现象的呢？要明白这一点，对社会环境的正确理解是关键，综合前人观点，本书认为社会环境就是指以自然环境为基础而形成的社会赖以生存与发展的一切社会要素所构成的系统，它主要包括"自然系统、人口系统、文化教育系统、政法经济系统、社会风尚与生活方式系统"[4] 五个方面，一切"社会事实"[5] 是构成社会环境的具体表现形态，是影响人们社会生活及其社会行为的具体社会因素，因为"这些社会现实环境不仅影响着我们追求的目标，

① 马克思，恩格斯：《马克思格斯恩斯选集》（第14卷），中共中央马克思恩格斯列宁斯大林著作编译局译，北京：人民出版社，1995年，第383页。
② 曹凑贵：《生态学概论》，北京：高等教育出版社，2006年；文祯中，陆健：《应用生态学》，上海：上海教育出版社，1999年；张大勇等：《理论生态学研究》，北京：高等教育出版社，2000年。
③ 于显洋：《社区概论》，北京：中国人民大学出版社，2006年，第180页。
④ 王雨田：《略论社会环境》，《社会科学战线》，2002年第1期，第199-204页。
⑤ E.迪尔凯姆：《社会学方法的准则》，狄玉明译，北京：商务印书馆，1995年。

而且最终会影响我们走向这个目标"[1]。如果说这个目标是较好治理贫困现象及其问题，那么，社会环境将如何影响贫困现象的治理就是现在要讨论的问题，这里仅仅讨论社会环境中的人口素质和政策环境对贫困现象及其问题的影响：①人口素质对贫困现象产生的影响，由于贫困现象最直接的表现就是某一特定社会相应人口的生存状况及其社会生活水平低于社会所认可的平均水平，其收入不足是根本原因，然而，社会实践及相关研究表明："人们的文化素质不同，其收入水平及社会生活状况存在着明显的差异，且贫困程度一般与其文化程度呈现正相关关系。"[2] ②社会政策对贫困现象及其问题产生的影响，一是有关贫困政策的局限，"社会政策的不平等是制造贫困的原因之一"[3]，如贫困标准（如贫困线）、社会保障与救助政策、某些就业政策等；二是在社会政策的实践过程中，由于中间环节过多或管理不善或监督机制的功能发挥欠佳，这将导致不理想的扶贫效果或弱化减贫效果，从而导致贫困人口的产生。从这里可以看出，前面的"假设5：相关社会政策（如扶贫政策、保障政策与就业政策等）有效功能的发挥是影响农村贫困人口及其问题治理的重要环节等"在这里得到了理论上的解释。所以，人类社会生存与发展所依赖的生态环境在其演变的过程中，出现一定的失调与退化有其客观必然性，因而，生态环境的演变将导致贫困现象的产生与形成。

案例2：鹤峰县农村的自然灾害状况

历史与实践表明：我国是世界上自然灾害最严重的国家之一，而在各类自然灾害中，气象灾害占了70%以上。据统计，"我国每年因各种气象灾害造成的农田受灾面积达3400万公顷，造成的经济损失约占国内生产总值的3%～6%"[4]。20世纪90年代以来，随着我国经济的快速增长与全球气候变暖加剧，适应气候变化，抵御气象灾害，利用气象资源促进人与自然的和谐发展，已成为人类社会发展必须面对的重大问题。据调查，该县自

① 戴维·波普诺：《社会学》，李强等译，北京：中国人民大学出版社，1999年。

② 夏英：《贫困与发展》，北京：人民出版社，1995年；西奥多·W. 舒尔茨：《论人力资本投资》，吴珠华等译，北京：北京经济学院出版社，1990年；国家统计局农村社会经济调查司：《2007中国农村贫困监测报告》，北京：中国统计出版社，2008年；王小强，白南风：《富饶的贫困》，成都：四川人民出版社，1986年。

③ 朱力：《当代中国社会问题》，北京：社会科学文献出版社，2008年，第310页。

④ 宋连春：《以科学发展观应对气象灾害和气候变化》，《光明日报》，2004-11-11。

中华人民共和国成立以来，各种灾害事件接踵而至（如干旱、风灾、洪灾、雪灾等），为了响应党中央"树立全面、协调、可持续的科学发展观"的要求，在全面建成小康社会与实施乡村振兴战略的进程中，如何预防并治理自然灾害来加快农村社会经济发展，促进经济与社会的发展、人与自然的和谐已经成为该县在 21 世纪新时代的历史使命与崇高责任。

自然灾害的基本情况

基于科技的进步和社会的发展，全球气候经历了显著变暖的过程，全球平均温度上升了大约 0.6℃，气候的变暖造成世界上许多的冰川消融，海平面上升，雪盖减少，干旱、洪涝等气象灾害频繁发生。可见，20 世纪以来我国气候变化的趋势与全球气候变化的总趋势基本一致。基于这种大的客观背景，气候变化对我国生态、资源与环境等的负面效应日益呈现。调查表明：该县农村的自然灾害也十分明显：①气象灾害频繁发生，影响日益严重，随着经济的快速增长，气象灾害的影响程度还会进一步加深；②生态环境进一步恶化，由于降水偏少与不合理的人类活动，农田的土质硬化，不利于农作物的生产；③资源形势严峻，在开发过程中，由于种种原因，生态环境有一定的污染和破坏；④动物疫病的发生与流行的危害对农民的影响；⑤农作物生物灾害，如农作物病害、农作物虫害等。例如，该县仅仅在 2016 年 6 月[1]就连续遭受到了六次暴雨袭击，据统计，因强降水天气，造成全县 9 个乡镇 14.02 万人受灾，因灾死亡 2 人、受伤 2 人，转移安置 15 637 人，农作物受灾面积 1751.3 公顷；直接的经济损失达到 2.27 亿元。

措施与对策：自然灾害的应对

对任何社会与国家而言，自然灾害一旦发生，当务之急就是立即采取应急行动，全方位展开实施救灾活动，尽可能减少灾害带来的危害与损失。调研结果表明：农村的自然灾害主要有两个层面的救助活动，一是要有效控制灾情及其损害程度；二是要有效应对灾害，即对受灾人群和灾区进行有效的救助。可见，该县在面对农村的自然灾害时，做到了科学防御，从早期的盲目抗灾到近年来的主动避灾，这体现了在防灾减灾中的科学发展观。

---

① 鹤峰县疾病预防控制中心：《鹤峰县疾控中心洪涝灾害卫生应急工作情况汇报》，2016 年。

1. 逐步建立预警系统，积极预防自然灾害

基于自然灾害的危害性，农村的自然灾害管理应建立起相应的灾害预警系统，力争能够将灾害发生的可能性及范围进行准确分析和预测或者将其控制在"苗头"之中，做到"未雨先绸缪"，从而及时提醒相关部门搞好相应预防措施，以有效降低灾害面积及其损失。例如，该县疾控中心重新修订了《自然灾害卫生应急预案》与《新救灾防病相关技术指导方案》。

2. 有效组织营救，尽可能减少灾害损失

当自然灾害发生后，该县政府应迅速启动相应的应急救灾系统与组织，有效利用各个职能部门和社会力量以最快的速度来抢险救灾，基于速度、时间与效率的最佳协同来实现把灾害的损失降到最低的目标。当然，任何灾害管理都应把生命放在第一位，这是实施灾害管理的最根本原则。

3. 土地的综合治理有新改善

2010—2016年，该县依次实施了升子小流域治理、九洞小流域治理与东洲河小流该县域治理项目，总投资达到600万元；在走马、中营、太平、容美、燕子实施了农业综合开发项目，项目总投资达到2800万元；完成了中营乡2600亩、总投资520万元的低丘岗地改造项目；对全县烟叶重点产区实施了田间沟、渠、路等农田设施配套建设，农田路管网逐渐形成，抵御自然灾害的能力显著增强，土地集约化程度大大提高，土地的综合治理取得明显成效。

4. 依靠科技进步，减少自然灾害的影响

社会发展实践表明：人与自然的关系反映着人类的文明程度。人类的生存发展依赖于自然，同时也影响着自然。人类为了持续发展，必须不断提高自身的生活质量，充分认识和掌握自然规律，合理开发利用自然资源，减轻自然灾害的影响。据调查，该县领导已经认识到气象与经济社会发展的关系日益紧密，必须依靠科技进步，减轻气象灾害和减缓气候变化的影响：①要建立相应的气候观测系统，获取气候变化及气象灾害形成机制的

第一手资料，并构成县域层面上的信息共享平台，为县政府的宏观决策提供重要的气象科技、信息和服务支撑；②建立和完善重大气象灾害的应急响应机制，减轻逐渐增多的极端天气气候灾害对农村经济和人民生命财产的影响，在综合防灾减灾体系中发挥气象的保障作用，在经济社会发展中发挥现实作用；③主动应对气候变化，减缓气候变化可能造成的不利影响，针对变化了的气候提出合理生产布局、土地利用、产业结构调整与生态环境建设等建议，为农村的可持续发展提供强有力的科技支撑。

应对自然灾害的效果

调查表明：该县通过较好的自然灾害预防体系及一系列的应急措施，使得其农业抵御自然灾害能力得到了提高，较好地对农村的自然灾害进行了救助，认真做好灾害核查和上报，在重大自然灾害发生后，及时启动救灾工作预案，落实各项救灾措施，保障救灾工作顺利进行，增强农民抵御自然灾害的能力，确保农民增收致富。正因为如此，该县不仅使得其农村贫困现象得到了较好治理，而且其新农村建设的成效也较显著。

1. 农村贫困得到了较好治理[①]

面对现代化及全球化浪潮的冲击，该县委县政府在大力推进新农村建设的同时，对其转型农村的贫困现象及其问题也给予了高度重视，采取了一些行之有效的政策和措施，农村的扶贫工作取得明显进展，使得其农村的贫困问题得到了较好治理。如 2014 年以来该县以科学发展观为指导，以"精准扶贫"统揽工作全局，抢抓"省定脱贫奔小康试点县"机遇，深入贯彻落实省、州党委政府关于进一步加强扶贫开发工作的文件会议精神，坚持"开发式扶贫"方针，紧紧瞄准贫困群体，稳定解决扶贫对象温饱并实现脱贫致富，以"保障民生解八难，加快脱贫奔小康"为主题，以整村推进"三个确保"为重点，大力实施素质提升、小康建设、惠民满意、双强双带"四大工程"，切实抓好产业化扶贫、"雨露计划"、老区建设等重点工作，扶贫开发工作取得显著成效，脱贫攻坚取得阶段性胜利。例如，2014 年和 2015 年，该县累计脱贫 10 141 户、30 838 人，预计 2016 年贫困村出

---

① 胡平江：《2017 年鹤峰县人民政府工作报告》，2016 年 12 月 23 日。

列 21 个, 脱贫 8 970 户、28 279 人; 同时, 该县 2015 年获得全州 "脱贫攻坚" 优秀县市称号并得到全省通报表扬, "脱贫奔小康试点县" 建设连续七年综合考核获优秀等次。

2. "现代农村建设" 成效[①]显著, 为 "乡村振兴" 奠定了坚实基础

自新农村建设实施以来, 该县基于新农村建设的总体要求, 率领各族人民展开了轰轰烈烈的新农村建设伟大实践活动, 扎实推进社会各项工作, 不仅运转良好、社会稳定, 而且经济运行总体上呈现出良好的发展态势。例如, 2016 年, 该县所有的乡镇都修通了村级公路, 完成了 12 万亩的土地整治, 解决了 10.2 万人的饮水困难与饮水安全问题, 其中 "规划内饮水安全" 普及率达 100%, "三万" 活动连续五年获评全省先进; 较好完成了农村电网的升级改造, 解决了农村 9000 余户的低电压问题; 成功应对了 "98+"[②]特大洪水灾害, 筹资 1 亿元较好推进了灾后的重建工作; 该县 "特色农产品" 板块基地人均 7.6 亩, 总共达到了 130 万亩, 农产品加工业产值占农业总产值的比重高达 218%, 位居湖北省第一; 农村常住居民人均可支配收入达 9159 元, 比上年增长 9.4%; 享受最低生活保障的农村居民人数有 1.65 万人, 等等。此外, 该县第一、二、三产业的结构比 2016 年已调整 "19.8∶41.7∶38.5", 其产业结构逐步优化, 农村经济发展快速, 大力提升了经济发展的新动力, 该县的经济社会发展已呈现出稳中有进与提质的基本态势。

(三) 制约与演变: 社会发展客观状况的影响

作为一种特殊的客观社会现象, 贫困现象及其问题自从被人类社会认识以来, 它就一直伴随着社会发展的每一个发展阶段, 并成为世界各国试图解决的重要问题之一。但是, 至少到目前为止, 人类社会的贫困现象及其问题似乎仍然是

---

① 胡平江:《2017 年鹤峰县人民政府工作报告》, 2016 年 12 月 23 日; 鹤峰县统计局:《鹤峰县 2016 年国民经济和社会发展统计公报》。

② "98+" 是指 1998 年以来特大洪水灾害的影响及后续治理。

整个人类社会面临的一个重大理论问题与实践问题。不过,值得注意的是:虽然任何社会都必须应对贫困现象及其问题,但社会发展水平及其客观状况的差异却表明,不同时代、不同社会及不同区域的贫困特征仍然不尽完全相同,从而使得贫困呈现出时代、社会、区域的差异性特征,如贫困标准、贫困状况及贫困程度等就与社会发展的客观状况和水平有着内在的社会关联。可见,社会发展的客观状况及其水平不仅对贫困现象及其问题的治理有着一定的制约作用,而且也促进了贫困现象随着时代变化、社会状况的改善而不断演变,呈现出新的具体形态。那么,社会发展的客观状况与水平究竟是如何制约贫困现象的产生并促使其演变的呢?结合社会实践及理性判断与分析,社会发展的客观状况及其水平对贫困现象的制约作用主要体现在如下几个层面:①某一社会的特定客观发展状况与水平决定了该社会的贫困人口数量及其程度与规模。例如,发达国家的贫困与发展中国家的贫困、城市贫困与农村贫困等就是有差异的,其治理思路和救助政策也是不同的。②某一社会的经济基础及其发展状况较好,该社会的绝对贫困人口相对来说要少些,这已经被相关研究[①]所证实。③某一特定社会的整体人口素质状况较好,不仅该社会的绝对贫困人口数量较少,而且其贫困程度及人数与该社会的人口素质状况之间呈现明显的负相关关系,这也被相关研究[②]所证实。④某一社会若形成了一个良好的社会风气与氛围,这就为该社会贫困状况的治理提供了相对较好的改善条件。例如,慈善机构的建立和完善、救助穷人的氛围、较好的社会保障制度及其体系等都有助于该社会贫困现象的治理。由此,前面提出并受到实证资料支持的"假设3:贫困人口的基本状况与其所处的环境状况(自然环境、社会环境)有着较强的内在关联,即环境状况较好,贫困人口容易脱贫,反之,则不然"在这里得到了理论论证与实践检验。那么,社会发展的客观现实状

[①] 李石新:《中国经济发展对农村贫困的影响研究》,北京:中国经济出版社,2010年;西奥多·W.舒尔茨:《改造传统农业》,梁小民译,北京:商务印书馆,2006年;杰弗里·萨克斯:《贫困的终结:我们时代的经济可能》,邹光译,上海:上海人民出版社,2007年。

[②] 西奥多·W.舒尔茨:《论人力资本投资》,吴珠华等译,北京:北京经济学院出版社,1990年;安塞尔·M.夏普,查尔斯·A.雷吉斯特,保罗·W.格兰姆斯:《社会问题经济学》,郭庆旺译,北京:中国人民大学出版社,2007年;文森特·帕里罗,约翰·史汀森,阿黛思·史汀森:《当代社会问题》,周兵等译,北京:华夏出版社,2002年。

况又是怎样促进贫困现象的演变的呢？通过比较历史上的贫困现象及相关研究[①]发现，当社会不断向前发展并进步时，贫困现象的特征就要发生一定的变化，以促使贫困现象的演变。经过归纳，贫困现象的这些演变主要表现为：①自从人类认识到贫困现象以来，贫困现象的规模、程度及其分布格局就不是一成不变的，而是随着社会的发展和进步不断变化的。例如，在传统社会里，贫困主要是指一种基于经济的物质贫困，而在现代社会里，精神贫困、文化贫困与权利贫困等则已经走进了人们的视野，并逐步受到重视，"在一个贫穷的社会中，参与一般的社会活动所需要的资源或物品实际上可能很少。在这样一个社会中，对贫困的感知基本是和满足营养需要的物质需求相联系的，也可能还包括一些穿衣、住房以及医疗方面的需要……。然而，在一个富裕的社会，营养以及其他身体需要一般来说已经被满足（比如针对气候条件保护身体的衣服），而社会参与的需求——尽管在能力的空间里绝对没有区别——在物品及其资源的空间里将会有高得多的要求。在这种情况下，相对剥夺只是在物品范围或者资源范围里的相对缺乏——导致了在能力范围里的绝对剥夺"[②]。②众所周知，随着社会的发展和进步，不仅贫困标准在社会经济发展的不同阶段有明显差异，社会发展的客观状况越良好、水平越高，其贫困标准也越高，而且其社会的贫困人口相对而言就要少些，相对贫困将上升为主要贫困现象而成为其治理的主要目标。③当社会进步并发展较好时，虽然其绝对贫困人口的数量降至最低，但基于消费水平的提高，其相对贫困问题更加突出，发展型贫困也将凸显，这是任何社会都必须面临的重大问题；等等。因此，通过上述分析和讨论，人类社会的贫困现象及其程度与基本状况不仅是受到社会发展的客观状况和水平制约的，而且还会随着社会的发展和进步不断演变并更新自己的具体形态。这就从理论上证明了前面的"假设1：基于社会的演进、发展与进步，农村贫困人口问题具有长期性、动态性、层次性等特征，因而其解决思路的调整与完善就要'与世俱进'"。

---

① 阿玛蒂亚·森：《贫困与饥饿》，王宇，王文玉译，北京：商务印书馆，2001年；Ravallion M. Poverty Comparisons. Switzerland: Harwood Academic Publishers，1994；林伯强：《中国的经济增长、贫困减少与政策选择》，《经济研究》，2003年第12期，第15-25，90页。

② 阿玛蒂亚·森：《资源、价值与发展》，杨茂林，郭婕译，长春：吉林人民出版社，2008年，第310-311页。

案例3[①]："131"扶贫工程[②]的历史与演变

"131"扶贫工程，即1个专职武装干部带领3个民兵帮助1个特困户脱贫，这是一个起源于20世纪80年代中期、由恩施军分区发起的以帮扶恩施州贫困群众为主要内容的扶贫工程。在这30余年的时间里，虽然军分区领导班子换了一届又一届，"131"扶贫工程不但不停止，反而其内容不断翻新，成效越来越大，成为该州农民脱贫致富的一个重要途径，谱写了一曲"人民军队爱人民"的时代凯歌与扶贫新篇章。

1986年，恩施军分区围绕岩洞户搬迁展开扶贫工作，使全州461户岩洞户喜迁新居，使3000多户住茅草棚的贫困户住上了砖瓦房；1988年，军分区率先开展了1个专职武装干部带领3个民兵帮助1个特困户脱贫的"131"扶贫工程，解决了20多万贫困户的温饱问题；1992年，军分区又开展了1个武装部联系3个经济部门兴办一个村级经济实体的"131"扶贫活动，使90多个村摘掉了贫困帽子；2000年，军分区围绕1个武装部协调3个以上部门建设1个小康文明村的目标开展新一轮"131"扶贫帮困活动，使79个村整体脱贫，23个村成为脱贫致富示范村；2012年以来恩施军分区逐步创新发展"131"扶贫工程，已参与18个贫困村的整村推进，每年派出9名现役干部担任驻村扶贫工作队长，选出3000多名专武干部与民兵骨干作为扶贫帮困带头人，先后投入帮扶资金1600余万元，帮助联系农村贫困农户2000多户。昔日穷乡僻壤、荒山沟壑之地，如今"幢幢新房拔地而起，村村寨寨茶叶飘香"。在恩施州这个中华人民共和国最年轻的自治州2.4万平方千米的土地上，人民群众的生活正在发生日新月异的变化。这些变化与恩施军分区大力开展的'131'扶贫工程密切相连！。30年多来，身着迷彩服的恩施军分区官兵翻山越岭、走村串寨，帮助恩施"土苗群众"盖房、修路、致富，目前，"131"扶贫工程已帮助3000多户"山顶洞人""茅棚户"住上了新房，20多万贫困户解决温饱，被国务院扶贫开发领导小组办公室

---

① 刘梦，周玲旭：《历久弥新的"131"扶贫工程》，http://www.enshi.cn/20090210/ca158017.htm（2016-9-18）；江卉等：《"131"深山扶贫记》，《湖北日报》，2016-2-6（1）；相关调研资料。

② "131"扶贫工程：20世纪80年代中期，由恩施军分区发起的一个以帮扶困群众为主的扶贫工程和模式，成为恩施州一个历久弥新的扶贫模式，其主要内容是1个专职武装干部带领3个民兵帮助1个特困户脱贫的"131"扶贫工程。

赞誉为"将党的富民政策落实到千家万户的成功创举"。

（四）协调与失调：社会诸要素之间的相互作用

社会学一般认为，人口、生态环境与社会发展状况等是构成社会的核心要素，基于前面对贫困概念的考察与重新考量，这些社会要素之间的相互作用是贫困现象及其问题产生的内在根据与逻辑基础，但是，在现实的社会发展与进步过程中，这些因素对贫困现象及其问题的影响并不是孤立的，而是相互交织在一起的，也就是说，贫困现象是社会诸要素基于相互交织的综合作用的产物，它是内在的嵌入在社会结构之中的。

可见，贫困现象本身就是一个多维度的综合概念，从理论上来讲，它需要人们从整体与社会系统的综合视角来认识和理解，若单一从某个视角来认识或者从某个学科来研究，不免会产生一些认识上的误区，这也不难理解为什么当前虽然有如此之多的相关贫困理论及解释，但其治理效果却不尽如人意；同时，西方的认识及其援助之间的关系在其演变过程中若是比较协调的，那么其贫困现象及其问题便会得到较好治理；若有一定的失调或者严重失调，那么该社会不仅贫富两极分化严重，而且其贫困现象及其问题也会相对严重些，这种观点已经被社会实践与相关研究[1]所证实。当然，这里还要进一步指出的是：贫困现象及其问题之所以是一种客观的社会现象，是因为它既有一定的承担者——贫困人口的客观存在，又总是包含一种意义，特别是社会意义——这种社会意义是可以被人们与社会所认识和理解的，否则，它就不能成为贫困问题。根据这种认识，对贫困现象及其问题的理解可以着眼于五个相互依赖的层次，即生态环境（自然）层次、自然人口层次、社会系统层次、社会关系层次、意义层次，其简要示意图如图4-1所示。由于贫困现象的产生涉及这五个相互依存的系统，因而，它自然就比自然现象要复杂得多。可见，对贫困现象及其问题的理解也应涉及这五个相互依存的层次及其构成的系统：①虽然自然科学是一切认识与研究的基础，但基于

① Anders E, Jan B. Poverty and environment: Evidence of links and integration into the country assistance strategy process. Discussion Paper, No.4, Environment Group, African Regions, The World Bank, 1999；丁文广、陈发虎、南忠仁：《自然-社会环境与贫困危机的研究——以甘肃省为例》，北京：科学出版社，2008年；阿玛蒂亚·森、让·德雷兹：《印度：经济发展与社会机会》，黄飞君译，北京：社会科学文献出版社，2006年。

贫困现象的社会属性，若仅仅把自然科学的方法运用到社会系统及社会关系层次，则很可能只是一种近似或简单化的处理，相应地，得出的结论也只是近似的结论；②对贫困现象所涉及的社会系统及社会关系进行研究是很有必要的，这不仅有助于更好地认识贫困现象，也有助于对其进行有效的治理；③贫困现象的意义，尤其是其社会意义，也是值得探讨与认识的，这可以为有效治理贫困现象提供理论指导和方向上的指引，如某一特定社会的贫困标准、扶贫战略、扶贫政策及其模式选择等。因此，要较好理解并治理贫困现象及其人口问题，就需要从整体与系统的视角来研究这五个层次的内在关系。

图 4-1　理解贫困现象的示意简图

　　当然，结合上述分析，也不难认识和理解到：中国过去和现在秉承的精准扶贫理念、基于开发式扶贫模式的以工代赈和农业基础设施建设等治理措施与本书所讨论的结论有着某种一致性，其直接的扶贫效果就是基于人口素质的提高、农业基础设施的建设、社会发展状况的改善等路径来缓解贫困现象。例如，基于这种分析与思路，恩施州农村的生态建设及其发展就应视自身的地理特征和政策优势，以自然生态环境建设（含生物多样性保护研究）、社会生态建设及其优化（包括政策环境、文化生态建设等）为主要内容：①自然生态环境建设，就是为了保障自然环境的可持续发展，保护自然环境的再生产能力，确保自然原始生态及其结构的完整性，保证自然生态系统具有良好的自我恢复与调节能力，其主要内容体现为森林植被覆盖率的提高、水土资源的利用与治理、矿产资源的开发与利用、旅游资源开发等，以促使自然生态系统能够协调发展；②社会生态建设及其优化，基于一系列的社会改革及建设，如政策环境的优化、文化生态的保护等就是社会生态建设的一种表现形式，从而建立具有民族特色和后发优势的民族社会生态，以打造"生态大州"。当然，恩施州各级政府在推进现代农村建设与乡村振兴过程中，在进行社会生态建设及其优化时，应把上述两个方面有机结合起来，不可偏废任何一方。唯其如此，才能真正为恩施州社会经济的可持续发展提供一个具有良好新陈代谢功能的生态环境及系统。

案例4：巴东县农村贫困与反贫困的实践——基于社会要素的互动

巴东县是国家扶贫开发的重点县，该县除土家族外，还居住着汉族、苗族、白族等20多个民族，截至2016年，该县涵盖12个乡镇、1个经济开发区与491个村，总人口为49.27万人，其中在全县总人口中，农村人口占的比例达到84.5%，322个自然村落中共有重点贫困村118个，按照3072元的标准，有绝对贫困人口17.25万人。

1. 新阶段"扶贫开发"的成效[①]

据调查，该县2016年通过较好利用相关的扶贫政策，狠抓精准扶贫，全面启动了118个重点贫困村整村推进工作，完成39个重点贫困村的摘帽工作，减贫14 278户、45 582人，其中39个重点贫困村中有44 807人实现了脱贫，实施精准扶贫重点项目73个；完成易地扶贫搬迁3269户；发放脱贫助学金3054万元；完成了对30 917名贫困学生的助学扶持以及5777名留守儿童的帮扶；针对带动脱贫的涉农企业、专业合作社与产业基地，给予贴息贷款支持，使全县12.5万贫困人口受益；获得最低生活保障的农村居民达到了26 500多人。通过实施整村推进与易地扶贫搬迁工程，基本上破解了阻碍农民脱贫致富的瓶颈，改变了贫困户的生产与生活条件。

2. 扶贫的基本内容

基于调查问卷和访谈资料[②]的整理，该县基于精准扶贫与精准脱贫原则，其农村精准扶贫工作的重要措施体现在以下几个方面：①实践"五个一批"政策，把发展种养业作为扶贫开发的基础，把拓展农产品市场作

---

① 谭平，张应喜：《扶贫攻坚涌春潮——巴东县推进精准扶贫工作纪实》，巴东县人民政府网，http://www.hbbd.gov.cn/info/1518/32200.htm（2017-11-19）；巴东县发改局：《巴东县2016年国民经济和社会发展计划执行情况及2017年国民经济和社会发展计划报告》；调研资料。

② 谭显磊：《巴东县精准扶贫工作之探讨》，巴东县扶贫办公室，2016年；佘远美：《巴东县2011—2020年扶贫开发纲要》，人民网，http://bbs1.people.com.cn/postDetail.do?id=93751332#（2017-9-15）。

为扶贫开发的重点。扶贫实践表明:因地制宜发展种养业,是贫困农民增加收入、脱贫致富的最普通、最有效、最可靠的途径。要集中力量帮助贫困群众发展有特色、有市场的种养业项目。要以增加贫困人口的收入为中心,依靠科技进步,着力优化品种、提高品质、增加效益;要以有利于改善生态环境为原则,加强生态环境的保护和建设,实现可持续发展。帮助贫困户发展种养业,一定要按照市场需求,选准产品和项目,搞好信息、技术、销售服务,确保增产增收;同时,还要尊重农民的生产经营自主权,注重示范引导,不搞强迫命令。充分发挥贫困群体的主体地位和作用,政府投入的发展生产扶贫项目资金原则上只下达给贫困群体互助合作经济组织,由他们自己按照市场经济规律运作,政府扶贫开发主管部门给予必要的指导和服务。②积极推进农业产业化经营,提高农民的组织化程度。加强贫困乡村农产品批发市场建设,进一步搞活流通,逐步形成规模化、专业化的生产格局;对具有资源优势和市场需求的农产品生产,要按照产业化方向发展,连片规划建设,形成有特色的区域性主导产业。例如,积极发展公司加农户和订单农业,引导和鼓励具有市场开拓能力的农产品加工企业到贫困村建立原料生产基地,为贫困农户提供产前、产中、产后系列化服务,形成贸工农一体化、产供销一条龙的产业化经营;大力扶持和发展农村专业合作经济组织,提高农民抵御市场风险和自然风险的能力。③加快农村基础设施建设,进一步改善贫困村的基本生产和生活条件。以贫困村为单位,加强基本农田、基础设施、环境改善和公共服务设施建设;同时确保实现九年义务教育,进一步提高适龄儿童入学率。④加大科技扶贫力度。在扶贫开发过程中,必须把科学技术的推广和应用作为一项重要内容,不断提高科技扶贫水平。例如,无论是种植业、养殖业,还是加工业,都必须有先进实用的科学技术作为支持和保证;在扶贫开发中建立科技扶贫示范基地,注重示范效应,充分发挥科技在扶贫开发中的带动作用;要充分利用并调动广大科技人员的积极性,进一步改善发展环境,鼓励和支持科技人员把科技成果转化和扶贫开发相结合。⑤努力提高贫困人口的科技文化素质,提高群众的综合素质特别是科技文化素质,是增加贫困人口经济收入的重要措施,也是促进他们脱贫致富的根本途径,必须把农民科技文化素质培训作为扶贫开发的重要工作。⑥创新精准扶贫的体制机制，一是完善到户的工作机制；二是建立扶贫的利益链接机制；三是完善金融扶贫机制，等等。

3. 扶贫工作的保障措施

巴东县委县政府基于精准扶贫工作的总体部署出台了一系列扶贫的相关文件，该县上下按照政府引导、专家指导、部门帮扶、干部带头与群众参与的要求，尽可能地动员社会力量加入到农村扶贫的实践潮流中。据调查，该县采取了一系列保障措施（政策、制度等），促进了农村扶贫工作的有序开展，其主要做法是：①强化组织领导，实施分级责任制。②基于相关制度设计实施政策激励，推行单位对口帮扶制等。③强化典型示范作用，突出重点，以点带面。④稳定和加强扶贫开发工作机构[1]，鉴于扶贫开发的长期性、艰巨性、复杂性以及对外交流的需要，要充实和加强县、乡扶贫开发的工作机构，稳定人员，改善条件，提高素质，增强扶贫开发的组织领导和协调管理能力。⑤开展扶贫开发领域的广泛交流与合作，努力争取国际组织、国内组织、发达国家与发达地区援助性扶贫项目。⑥稳步推进自愿扶贫搬迁。例如，对居住在生存条件恶劣、自然资源匮乏的特困人口，要结合退耕还林还草工程实行搬迁扶贫。要制定具体规划，有计划、有组织、分阶段地进行；要坚持自愿原则，充分尊重农民意愿，不搞强迫命令；要因地制宜、量力而行并注重实效，采取多种形式，不搞一刀切；要十分细致地做好搬迁后的各项工作，确保搬得出来、稳得下来、富得起来；同时，要做好迁出地的计划生育和退耕还林还草工作，确保生态环境明显改善。⑦进一步弘扬扶贫济困的优良传统，动员社会各界帮助该县贫困人口的开发建设等。

总之，巴东县在享受国家扶贫开发政策的过程中，虽然目前仍然是国家级贫困县，但秉承精准扶贫理念，通过30多年的农村贫困与反贫困实践，基于社会力量的多方努力与综合治理，该县的农村贫困现象得到了较好的缓解与治理。

所以，综上所述，只有着眼于社会整体和生态系统，从历史学、发生学的角度才可以较好认识、理解和解释贫困的形成机理，任何社会的贫困现象及其问题必然是在生态环境层次、自然人口层次、社会系统层次、社会关系层次、意义层次这五个相互依赖的层次及其相互作用和演变的过程中产生的一种动态演进的社会生活和生存状态，其形成机理及其运行框架（图4-2）是生态环境层次、自

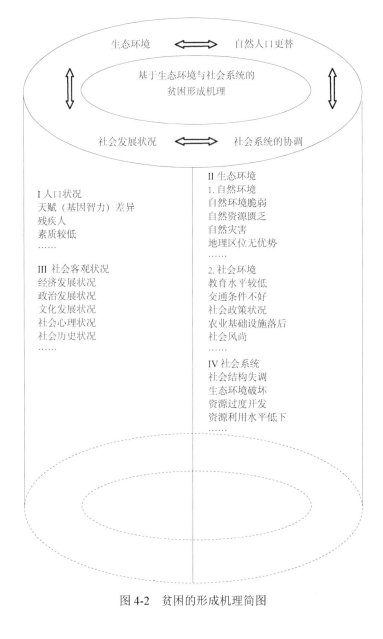

图4-2　贫困的形成机理简图

然人口层次、社会系统层次、社会关系层次、意义层次五个方面之间的演化及其一定的失调，其认识和理解平台是基于自然环境的整个社会系统，以实现对贫困现象及其问题的有效预防和协同治理。贫困的这种形成机理初步揭示了要较好治理贫困现象，就必须要面向社会系统内外、针对不同层次的对象实现其协同演变，促使构成社会的诸要素密切配合，并明确各自应承担的责任，从系统角度来讨论了贫困的本质，初步揭示了其发生机制，从而使人们对贫困现象及其问题本身的演进及其状况和扶贫政策有了一个初步的全新认识，并为中国等发展中国家，甚至全世界开展扶贫工作提供了新的扶贫战略思路与扶贫基本框架。但是，本书所讨论的结果仍需要进行进一步深入研究。

三、返贫机制探讨

返贫现象作为一种客观的社会经济现象，它既是一个世界性的社会问题，也是一种十分复杂的社会经济现象，是贫困现象的一种特殊形式，对其进行分析与讨论有助于更好地认识贫困的形成机理。事实上，基于世界各国社会经济发展的客观水平及其状况、人口状况、地理区位及气候等各方面的客观差异与国情的不同，世界各地的返贫现象不仅其具体情况不尽相同，而且其成因也是不一样的。作为一个发展中国家，自中华人民共和国成立后，特别是自从改革开放以来，基于精准扶贫战略的实施，中国农村的贫困现象及其问题得到了较好治理，基于社会经济进步和有计划、有组织、有重点、分区域、分层次、分对象的多种扶贫开发形式与模式，使得农村的贫困状况得到了极大缓解。不仅如此，农村贫困的发生率也迅速下降，根据官方数据，1978 年，农村贫困的发生率为 32.9%，2010 年为 17.2%（此后至 2020 年按照不变价格采用 2010 年的 2300 元的新标准），2015 年为 5.7%，2016 年则降至 4.5%[①]。即使按照国际贫困线标准衡量（按购买力评价标准为每人每天低于 1 美元），也仍然可以得出贫困人口的绝对数和发生率都有显著下降的结论[②]，我国的扶贫工作取得了辉煌成就。但是，"在我国虽然反贫困力度很大，效果也很明显，但农村贫困地区低收入群体的返贫率依然居

---

① 国家统计局住户调查办公室：《2016 中国农村贫困监测报告》，北京：中国统计出版社，2016 年，第 181-182 页；国家统计局住户调查办公室：《2017 中国农村贫困监测报告》，北京：中国统计出版社，2017 年，第 181-182 页。

② 李石新：《中国经济发展对农村贫困的影响研究》，北京：中国经济出版社，2010 年，第 10 页。

高不下"①；与此同时，我国民族自治地区农村的返贫现象比我国其他区域更加明显。例如，"据对民族自治地方（包括 5 个自治区、30 个自治州、120 个自治县，自治区域内的自治州、自治县，自治州的自治县不重复统计）农村贫困监测结果分析，2006 年因灾因病返贫的农村返贫人口为 160 万人，返贫率为 16.8%"②，这远远高于全国"其他农村贫困的发生率 7.1%"③；2016 年 4 月，中华人民共和国国家卫生和计划生育委员会与国务院扶贫开发领导小组办公室共同启动了建档立卡农村贫困人口的因病致贫、因病返贫的调查工作，截至 2013 年，我国"因病致贫、因病返贫的贫困户有 1256 万户"④；同时，截至 2017 年，中国农村"因病致贫返贫的仍有 734 万人、返贫贫困户 553 万户"⑤。此外，恩施州农村贫困调查结果表明：该州转型农村低收入群体的返贫率也是比较高的，有些自然村落的返贫率竟然高达 20%。例如，根据官方数据，该州"某县 2017 年仍然有建档立卡的贫困人口 7.5 万人，每年因病致贫返贫超过 3 万人"⑥，从而印证了上述相关研究的基本观点。可见，基于这样的客观社会背景与全球化的大环境，农村社会经济发展中的这种返贫现象及其状况与我国目前正在实行的现代农村建设伟大实践与和谐社会构建是有一定偏差的，因而，民族山区转型农村的返贫现象及其问题理应引起人们的广泛关注和重视。因此，针对民族山区转型农村社会经济发展中的这种客观现实状况，对民族山区转型农村的返贫现象进行深层次讨论，进而认识其形成的机理，这对我国的现代乡村建设及其振兴与和谐社会的构建具有重大的现实意义与理论意义。

当然，从危害的角度看，返贫现象作为一种客观的社会现象，它比单纯的贫困现象更应值得重视。首先，返贫现象的现实表现是使本来已经脱贫的人口再次陷入贫困的一种生存状态，它从某种程度上增加了贫困人口的规模，使得扶贫

---

① 王俊文：《当代中国农村贫困与反贫困问题研究》，长沙：湖南师范大学出版社，2010 年，第 4 页。

② 国家统计局农村社会经济调查司：《2007 中国农村贫困监测报告》，北京：中国统计出版社，2008 年，第 39 页。

③ 国家统计局农村社会经济调查司：《2007 中国农村贫困监测报告》，北京：中国统计出版社，2008 年，第 39 页。

④ 吴佳佳：《我国启动农村人口因病致贫因病返贫调查工作》，中国经济网，http://www.ce.cn/xwzx/gnsz/gdxw/201604/28/t20160428_11029431.shtml（2017-9-17）。

⑤ 王亦君：《全国因病致贫返贫 734 万人 2097 万贫困人口已获基本医疗保险》，中青在线网，http://news.cyol.com/content/2017-08/31/content_16456908.htm（2018-10-17）。

⑥ 向竹清：《恩施州脱贫攻坚进行时》，湖北省人民政府网，http://www.hubei.gov.cn/xxbs/szbs/etjzmzzzz_54954/201710/t20171009_1209867.shtml（2018-1-17）。

工作增加了难度。其次，它在一定意义和程度上消解了扶贫开发的效果，正在日益成为现代农村建设与和谐社会构建的瓶颈。最后，它在一定程度上削弱了返贫人口脱贫致富的信心，使他们产生了消极的情绪，也不利于他们再次摆脱贫困而成为温饱村民。值得注意的是，由于贫困首先往往表现为经济上的匮乏，因而，根据贫困现象的社会性及其与经济增长密切相关，贫困现象成为众多社会学家和经济学家等深入研究的一个重要领域，返贫现象亦是如此，但基于返贫现象本身的复杂性、特殊性，其研究成果往往不尽一致。这里，本书主要在前人研究的基础上，结合前面对民族山区转型农村贫困的现状及程度、人口现状及其分布的描述、成因及其形成机理的分析，来具体讨论以下几个问题：①什么是农村扶贫开发工作中的返贫现象？②民族山区转型农村低收入群体返贫的原因究竟是什么？③民族山区转型农村低收入群体的返贫机制又是怎样的？对此应如何认识？④影响民族山区农村脱贫人口返贫的主要因素是什么？本书试图初步揭示民族山区转型农村脱贫人口的返贫机制，从而为民族山区转型农村的贫困现象及其人口问题的较好治理提供一定的理论基础与事实根据。

（一）农村返贫人口的内涵

要理解农村返贫人口，首先就要搞清楚什么是返贫现象和人口，这是明白农村返贫人口的根本前提与基础。根据前面的分析，人口就是指"存在于一定时间和空间范围内，生活在某种特定的社会生产方式下，具有一定数量与质量，并表现为具有一定结构的有生命的个人所组成的不断运动的社会群体"[1]。这里主要来分析何为返贫现象。一般而言，返就是回到，贫就是贫困或者贫穷，因而，返贫的基本含义就是指返回到原来的贫困状态[2]。这样看来，所谓返贫现象或许就是指基于种种原因促使某一社会原来已经摆脱贫困状态的一些人口又重新陷入贫困状态的一种客观社会现象，它既是一种特殊的贫困现象，又是增加农村贫困人口总量的一种途径，从而加大了农村扶贫工作的难度。基于这种认识和判断，农村返贫人口或许就是指某一社会在某一特定时期，原来已经摆脱贫困状态的农村居民基于种种原因又重新陷入贫困状态的村民，它是农村贫困人口的一种特殊形

① 于显洋：《社区概论》，北京：中国人民大学出版社，2006 年，第 126 页。
② 中国社会科学院语言研究所词典编辑室：《现代汉语词典》，第 6 版，北京：商务印书馆，2012 年，第 362 页。

式与具体表现形态。可见，民族山区转型农村的返贫人口就是指位于民族山区内且在某一特定时期内的某一农村社会里，原来已经摆脱贫困状态的农村居民基于种种原因又重新或再次陷入贫困状态的村民。

值得注意的是：返贫现象在本质上仍然是一种贫困现象，要理解并较好促使返贫人口重新摆脱其社会生活的贫困状态，就需要在认识贫困现象及其本质的基础上来把握返贫人口现象的基本现状与特征。也就是说，既然返贫现象在本质是仍然是一种特殊的贫困现象，那么，返贫现象也是一个多维度且内涵十分丰富的复合概念，它带有一定的历史性、区域性、特殊性、复合性与阶段性等特点，因而，促使返贫现出现而导致返贫人口产生的原因不仅是错综复杂的，而且是多种多样的。一般情况下，从逻辑上讲，返贫人口不包括原来没有陷入贫困的生活状态，但基于某种原因而初次陷入贫困的农村居民，因而，本书所讨论的返贫人口是指农村中的摆脱贫困状态后基于种种原因而又重新或再次返回到贫困状态的贫困人口，且主要分析的是民族山区转型农村中的返贫现象及其人口问题。

（二）民族山区转型农村返贫人口的现状与特征

事实表明，农村返贫现象不仅是民族山区转型农村扶贫开发及其反贫困实践过程中出现的一种客观社会现象，而且是一种全国性、甚至世界性的客观普遍社会现象。这就是说，基于种种原因，在我国民族山区转型农村现阶段的扶贫工作及开发实践过程中出现一些返贫现象是一个不可回避的客观事实。例如，我国民族自治地方"2009 年因灾因病而导致的返贫人口为 160 万人，其返贫率为 168%"[1]；同时，2014 年 1 月，国务院扶贫开发领导小组办公室副主任王国良同志也曾指出"因病、因灾返贫问题也很突出"[2]，这表明，基于种种原因，我国农村的返贫现象是比较明显的。因此，我国农村地区如此，甚至是我国民族山区，特别是民族自治地方转型农村的返贫现象也仍然是比较明显的，只有正视这个问题，较好把握其返贫人口的基本现状与特征，才能够更好地治理民族山区转型农村的返贫现象及其人口问题。

---

[1] 国家统计局农村社会经济调查司：《2007 中国农村贫困监测报告》，北京：中国统计出版社，2008 年，第 39 页。

[2] 王国良：《中国农村仍有近 1 亿贫困人口 部分群众返贫问题突出》，中国新闻网，http://www.chinanews.com/gn/2014/01-27/5786823.shtml（2017-11-18）。

1.恩施州农村返贫人口的基本现状

自中华人民共和国成立后，特别是自改革开放以来，为缓解和消灭贫困，我国通过强有力的国家扶贫战略和扶贫措施，开展了卓有成效的农村扶贫开发工作，扶贫工作取得了重大进展，全国农村贫困问题明显得到改善，贫困人口大幅度减少，取得了举世瞩目的扶贫效果。如前所述，作为全国贫困集中区的恩施州是一个典型的老少边穷地区，其社会经济发展落后，农村基础设施薄弱，信息比较闭塞，农村人口素质较低，该州所辖 8 个县市都是国家级贫困县，不仅存在着较严重贫困区域（主要是以村为单位），而且特别不能忽视的是 2000 年以来这些地区已经解决温饱问题的农村人口的返贫现象及其问题日益凸显，返贫率较高，从而在一定程度上制约并削弱了扶贫效果。那么，现在的问题是：在 21 世纪，民族山区转型农村返贫现象及其问题的现状究竟是怎样的？其分布状况如何？又呈现出何种特征？对这些问题的较好把握有助于更好地认识返贫现象，从而对其进行有效的治理。下面，本书基于调查并结合相关统计资料，以恩施州为个案，来初步讨论民族山区转型农村返贫人口的基本现状。相关统计资料表明，该州 2012 年各县市的农村返贫率平均达到 10% 左右，脱贫难度大，返贫率高。[①] 截至 2015 年 12 月，该州已脱贫的部分村民依然没有从根本上摆脱贫穷，甚至出现不同程度的返贫现象[②]，其返贫率的高低受到灾害等多种因素的影响。然而，本书基于对 270 户贫困户及政府相关部门的访谈资料以及 270 份调查问卷资料的整理分析，结果却表明，该州目前各县市贫困村的返贫率平均达到 7%，有的偏远落后村落的返贫率甚至高达 12%（表 4-2），其农村返贫现象的具体状况主要体现在如下几个层面：① 2005—2013 年，该州农村的返贫人口呈现出明显的递增态势，然而，自从 2014 年实施精准扶贫战略以来，该州农村的返贫人口则呈现出明显的递减态势。②返贫人口的构成呈现出复杂化、层次化特征，既有脱贫后的低收入群体，也有原来脱贫后过上温饱生活的村民；既有老年人口，也有青年人口；既有人口规模比较大的家庭，也有独身一人的家庭等。③返贫人口产生的成因多元化，如因灾返贫、因病返贫与因学致贫等。④民族山区的农村返贫人口与其文化程度呈现明显的负相关关系，其相关程度较高。例如，在所调查的农村

---

① 湖北省人民政府扶贫开发办公室：《恩施州 2012 年扶贫开发工作总结》。
② 李家华等：《精准脱贫，一个都不能少》，《解放军报》，2015-12-17（12）。

返贫人口中,具有初中及以下文化程度的所占比例最大,约占返贫人口的90%,具有高中及以上文化程度的所占比例较小,仅为10%左右。⑤随着现代化的日益深化与社会的进步,2005—2013年,恩施州农村的扶贫效果具有一定程度的递减效应,即该州的转型农村不仅其剩余贫困人口的脱贫越来越困难,返贫现象也比较普遍,而且摆脱贫困过上温饱生活的低收入群体很不稳定,很容易成为返贫人口,这较好印证了这样的观点:从湖北省农村贫困人口数量变动的趋势可以看出,政府扶贫政策的效应具有递减现象。随着扶贫工作的步步推进,"剩余贫困人口的脱贫越来越困难,部分脱贫人口的脱贫效果也极其不稳定,已脱贫人口返贫比较普遍"[1]。例如,仅仅在2016年的洪涝灾害中,恩施州就有697户、2365人因灾返贫[2],而2014年以来截至2016年底,虽然该州因灾、因病与因学返贫的现象时有发生[3],但其返贫率逐渐降低,扶贫效果较好。⑥返贫现象不只是在社会经济发展水平较低与农村基本设施落后及自然环境脆弱的农村发生,在社会经济水平发展较好的其他农村也存在着一定的返贫现象,只不过,现代化程度与社会经济发展水平较高的农村返贫率相对来说要低些。

表4-2 所调查返贫人口的返贫率比较

年份	返贫人口	
	频数 / 人	占比 /%
2010	40	12.0
2012	30	12.3
2014	24	9.0
2016	21	7.7

因此,返贫现象及其人口问题目前不仅成为民族山区转型农村扶贫工作中应认真加以解决的重要问题,而且已经成为影响其扶贫绩效的关键问题之一,需要从战略的高度着眼于现代乡村建设及其振兴与和谐社会构建的全局来加以认识和治理,因而,农村贫困的返贫现象及其人口问题,似乎应是当前和今后民族山区转型农村在扶贫攻坚阶段以及我国和谐社会构建中不仅需要解决,而且必须应对的瓶颈与新课题。

---

① 侯伟丽:《湖北省人口与贫困问题研究》,《发展经济学论坛》,2006年第1期。
② 梁公章:《关于全州脱贫攻坚工作情况的报告》,恩施州第七届人大常委会第三十二次会议,2016-9-29。
③ 向前进:《恩施市第九次党代会工作报告》,2016-12-16。

2. 恩施州农村返贫人口的基本特征

如前所述，恩施州地处武陵山区腹地，是国家级贫困区域，该州所管辖的 8 个县市都是国家级贫困县。进入 21 世纪以来，基于国际环境（如全球化的深化）与我国整个农村经济社会环境（如市场经济与现代化的日益完善）发生了一些新的变化，这使得该州的农村贫困现象及其问题出现了一些新的特征，其形势不容乐观，扶贫工作仍然很艰巨。基于自然环境与自然灾害等因素的综合影响，截至 2016 年底，按照官方公布的数据，该州农村仍有绝对贫困人口 52.4491 万人，其返贫现象也十分明显[①]。那么，基于这种客观的社会环境及全球化背景，恩施州农村返贫现象及其问题究竟有怎样的特征呢？社会发展及扶贫实践表明：认识与把握民族山区农村返贫人口（户）的基本特征，对其返贫现象及其问题的认识与治理具有积极意义。下面，本书结合调研资料与相关统计资料，来初步讨论该州农村返贫人口的基本特征。

（1）返贫人口（户）的个体性（特殊性）特征

根据对调查问卷资料与相关访谈资料的整理分析，其结果显示：对恩施州而言，无论是返贫率较高的落后村落，还是返贫率较低的相对发达农村，虽然都存在返贫现象，但其产生又有其不同的成因，从而呈现出明显的个体性特征。换句话说，在贫困人口（户）身上，虽然其总体上都有身体状况差、素质较低与收入结构单一等特征，但其返贫的具体原因却是不尽相同的：有的因灾返贫，有的是因学返贫，有的是因病返贫，有的是因失地返贫，有的是因市场风险返贫，这使得该州农村的返贫人口呈现出明显的个体性特征。因此，个体性（特殊性）是民族山区返贫人口（户）的基本特征。

（2）返贫人口（户）的区域化特征

基于恩施州农村贫困问题调查问卷资料与对政府相关部门访谈资料的整理分析，结果显示：尽管该州总体上无论是在那些贫困面积较大、贫困比较集中的贫困片区，还是在那些贫困面积较小的农村，甚至是仅仅具有零星带点的个别贫困人口（户）的社会经济发展较好的村落，都有返贫现象产生，但是从返贫人口

① 恩施土家族苗族自治州扶贫开发办公室：《恩施州 2016 年度脱贫攻坚工作总结》；顾兆农，高云才：《农业部三十年挂钩湖北恩施，帮助减少贫困人口 100 万——定点扶贫，这一诺"千金"重》，人民日报，2016-3-20（11）。

（户）的区域分布来看，这些返贫人口有着明显的区域化特征。也就是说，返贫人口（户）是具体分布在一些具体区域内的，其区域分布是不均匀的，如返贫人口（户）有着明显的地域、文化程度与年龄等区域特征，这里主要来分析讨论其地域分布与文化程度分布。首先，从农村返贫人口产生的地域上来看，其分布与农村的现代化程度及社会经济发展水平有明显的负相关关系，也就是说，那些地理环境脆弱、社会经济发展较低及一些革命老区等贫困面积较大、贫困程度较深的地区，其返贫人口往往相对要多些，并有着较高的返贫率；而那些社会经济发展水平较高的农村，不仅其贫困面积较小，相应地，其脱贫人口的返贫率也相对较低。据调查，恩施市、鹤峰县等县市的一些贫困面积较大的革命老区、自然灾害多发地区等，不仅其自然环境脆弱、自然灾害频繁，而且其社会经济发展比较落后，一旦发生自然灾害，就容易导致返贫现象及其人口产生。例如，2008 年，"该州因灾造成主要农作物直接经济损失达 20 亿元，直接导致了农村一些脱贫的低收入村民再次陷入贫困"[1]；同时，2015 年上半年，"该州就发生九次较大的自然灾害，因灾造成直接经济损失达 5.54 亿元，累计受灾人次达 40.974 5 万人"[2]。值得深思和注意的是，不仅仅是西部民族山区转型农村的贫困现象会受到自然灾害的影响，可以说，我国大部分的农村地区，特别是中西部民族山区的转型农村，都会受到自然灾害的影响（表 4-3，表 4-4）。其次，调研结果还表明：该州转型农村的返贫人口还与其文化程度有着较强的内在关联，而呈现较强的负相关关系，有着明显的文化区位特征。基于种种原因，在返贫人口中的大多数村民的整体素质不高，大多只有初中及以下文化程度，具有高中及以上文化程度的脱贫村民返贫的可能性相对来说较小。可见，该州转型农村的返贫现象及其人口有着明显的区域化特征。

3. 返贫人口（户）的脆弱性

随着社会的进步与市场经济的完善，人们在享受社会进步所带来的现代文明时，也面临着相对于传统社会来说是越来越大的风险与生存压力，当风险达到一定程度的时候，人们便会因风险的产生失去相应财产而显得不坚强，导致这些人群呈现出一定的脆弱性特征。这也正如诺贝尔经济学奖获得者阿玛蒂亚·森

---

[1] 恩施土家族苗族自治州人民政府：《恩施州年鉴（2009 年）》，2010 年，第 210 页。

[2] 赵恩东，向巍：《恩施州 2015 年上半年自然灾害抗灾救灾工作有力有效有序开展》。

表4-3　全国农作物受灾与成灾面积情况

指标		1990 年	1995 年	2000 年	2014 年	2015 年
受灾面积 / 千公顷	旱灾	18 175.0	23 455.0	40 541.0	12 272.0	10 610.0
	洪涝灾	11 804.0	12 734.0	7 323.0	4 718.0	5 260.0
	风雹灾	6 354.0	4 479.0	2 307.0	3 225.0	2 918.0
	冷冻灾	2 141.0	3 578.0	2 795.0	2 133.0	900.0
成灾面积 / 千公顷	旱灾	7 805.0	10 402.0	26 784.0	5 677.0	5 863.0
	洪涝灾	5 605.0	7 604.0	4 321.0	2 704.0	3 327.0
	风雹灾	3 415.0	2 076.0	1 162.0	2 193.0	1 825.0
	冷冻灾	994.0	1 791.0	1 032.0	933.0	474.0
成灾面积占受灾面积的 比重 /%		46.31	49.43	62.87	42.14	58.36

资料来源：国家统计局农村社会经济调查司：《2016 中国农村统计年鉴》，北京：中国统计出版社，2016 年，第 68 页

表4-4　2014 年、2015 年中西部主要省市农作物受灾面积情况　　单位：千公顷

省市	2014 年				2015 年			
	旱灾	洪涝灾	风雹灾	冷冻灾	旱灾	洪涝灾	风雹灾	冷冻灾
重庆市	8	251	21	2	0	61	10	0
四川省	577	292	30	18	223	258	72	10
贵州省	10	390	161	44	19	161	41	4
甘肃省	644	155	143	676	533	81	263	135
湖北省	634	294	49	83	118	874	51	74

资料来源：国家统计局农村社会经济调查司：《2016 中国农村统计年鉴》，北京：中国统计出版社，2016 年，第 70 页

在谈到脆弱性时所指出的那样："人类不是在尽力地维持自然界，而是在尽力地维持其自身。自然界的不稳定性是我们的危险、我们的脆弱性。"[1]事实上，人类社会发展及其社会实践已经证明："人类的脆弱性既源于自然界的不稳定性，也源于政治、经济的波动与社会的动荡，以及人自身生命周期的各个时期生命力的不同，这都是造成人类脆弱性的基本原因。"[2]可见，由于人类脆弱性的普遍性，它既是引起人类贫困现象的一种基本原因，又是贫困人口的一个基本特征，因而，农村返贫人口也不例外的带有脆弱性特征。那么，究竟什么是脆弱性？要理

---

[1]　转引自韩峥的《脆弱性与农村贫困》，《农业经济问题》，2004 年第 10 期，第 8-12 页。

[2]　韩峥：《脆弱性与农村贫困》，《农业经济问题》，2004 年第 10 期，第 8-12 页。

解这一点，首先就要明确什么是脆弱。通常情况下，脆弱就是指禁不起挫折或不坚强，如感情脆弱、身体脆弱与环境脆弱等。从这里可以看出，贫困人口的脆弱性与风险有着较为密切的内在关联，要正确理解贫困人口的脆弱性，对风险的认识也是很重要的。通常情况下，风险就是指可能发生的危险[①]，由此看来，风险事件或许就是指能够带来某种危害的自然事件与社会事件，其发生的可能性与风险事件发生的概率息息相关，超出了贫困人口或个体贫困家庭，甚至社会的直接控制。影响贫困现象产生的风险因素包括自然灾害、社会风险（犯罪、暴力及政治等）、个人风险（疾病、受伤、事故与家庭变动等）、经济风险（失业与资产损失等）。[②] 实际上，在现实社会的实践及其发展过程中，不仅处于非贫困生存状态的人口可能由于某种风险冲击在将来某个特定时候陷入贫困，而且处于低收入状态的脱贫人口由于其收入的不稳定性也很可能由于某种风险冲击在将来某个特定时候再次陷入贫困，而成为返贫人口。也就是说，现在处于温饱状态的人口可能是在扶贫过程中摆脱贫困的人群，因而，认识并把握农村地区这些低收入群体和家庭在现阶段所面临的可能风险是很有必要的，否则，风险一旦发生就会促使一部分脱贫人口返贫，这一点已经被相关研究所证实。例如，有学者在 2002 年指出，"风险的产生会导致一些人口陷入贫困状态，了解人们目前将面临哪些风险很有必要，比如了解家庭现在面临哪些风险，哪些风险将更容易促使他们可能在将来再次陷入贫困……有助于更好地应对贫困的产生"[③]。正是因为风险的多样性与复杂性，人们对脆弱性的理解与定义也是仁者见仁的。例如，有学者认为脆弱性是指"在未来的某个时间，一个人的福利将比标准的福利降低的可能性"[④]，而 Moster 和 Holland 则将脆弱性定义为"个体、家庭或社区面对变化的环境福利的不安全"[⑤]，等等。基于这种认识，综合前人观点，本书认为脆弱性是指基于将来可能要面对的某种风险的冲击，位于某一特定时空领域内的人们遇到风险时禁受不住其财产损失的打击而导致其社会生活水平降低到当时所在社会所公认的

[①] 中国社会科学院语言研究所词典编辑室：《现代汉语词典》，第6版，北京：商务印书馆，2012年，第390页。

[②] 黄承伟，王小林，徐丽萍：《贫困脆弱性：概念框架和测量方法》，《农业技术经济》，2010年第8期，第4-11页。

[③] Chaudhuri S, Jalan J, Suryahadi A. Assessing household vulnerability to poverty: A methodology and estimates for Indonesia. Department of Economics Discussion Paper No. 102-52. New York: Columbia University，2002.

[④] Haroon J. Assessing Vulnerability to Poverty: Evidence from Pakistan. Research Report No. 80，2009.

[⑤] 转引自黄承伟，王小林，徐丽萍：《贫困脆弱性：概念框架和测量方法》，《农业技术经济》，2010年第8期，第4-11页。

正常社会生活水平以下的一种较大的可能性。它不仅是针对某一个体或家庭的一种动态性描述，而且是针对某一社会的长期动态性描述，具有不确定性；同时，它所涉及的风险主要有自然风险与社会风险两个方面。

当前，民族山区转型农村在扶贫开发工作中出现一定程度的返贫现象，与脱贫人口的自身素质有着内在关联。他们所面临的风险也是比较大的，由于脱贫人口在很大程度上仍然是低收入村民，其脆弱性程度也就相对来说要高一些，一旦遇到意想不到的风险发生，再次陷入贫困的可能性就非常大。这里之所以要引入脆弱性来分析返贫现象及其人口，就是因为返贫现象的背后实际上隐藏着脱贫人口或家庭自身无法应对的各种风险，因而其显得比较脆弱，这也是一个客观的社会事实。可见，对脱贫人口或家庭脆弱性的认识，既可以促使其不断提高应对风险冲击的能力，也可以为政府治理贫困现象提供一种新的思路，因而，对脱贫人口或家庭脆弱性的认识是很有必要的。值得注意的是：在有关脆弱性的研究中，有些学者基于学科的分野及个人的学术偏好而往往单独强调由风险导致脆弱性的某一层面，如社会资本的脆弱性、经济脆弱性、环境脆弱性等，其实这都是不完善的。事实上，贫困脆弱性与前述的贫困概念一样，也是一个多维度的概念，因为脆弱性在现实的动态社会生活中往往表现为经济、政治、文化、社会与自然等一系列因素共同作用的一种综合产物与结果，它既与个体及其家庭的特殊情形有关，又与个体及其家庭所处的特定自然环境和社会环境有着内在的关联。明确了贫困脆弱性的概念以后，现在的问题是：民族山区转型农村返贫人口（户）的脆弱性究竟是怎样的？其表现如何？下面，本书以恩施州为个案，结合调查问卷和相关访谈资料对此进行具体讨论。调查结果显示，该州转型农村地区返贫人口这一脆弱性特征主要表现为：① 2003 年以来，从整体上说农村摆脱贫困状态的低收入人口的自我发展能力较弱，不能够应对各种各样的风险与灾难等，其返贫率较高；②规模较大的低收入家庭很容易返贫，这类家庭在所调查的返贫人口中约占 15%；③家里长期有病人的农户，一旦其他家庭成员突然有重大疾病需要救治时，昂贵的医疗费用往往使其再次陷入贫困，不过，基于新型农村合作医疗制度的实施，这类返贫现象及其人口的出现受到一定的抑制，但依然不时仍有返贫现象发生；④一些农户主要靠子女外出打工暂时摆脱贫困的，一旦市场疲软或子女意外工伤或因工死亡，该农户立即再次陷入贫困而成为返贫人口；⑤还有一些脱贫的家庭由于积蓄不多，当子女到高中和大学求学深造时或子女结婚时，一般都会负债累累,这将会促使他们又一次陷入贫困;⑥基于扶贫工作的实施,每年虽然有相当数量的贫困者脱贫,但仍然有一些摆脱贫困的村民因种种原因会再次成为贫困人口,其返贫率约为10%。因此,影响农村返贫人口的原因不仅在时间序列中是非线性、处于不断变化之中的,而且其中的大部分因素又是农村返贫人口主体自身所无法控制的,其脆弱性内在地隐藏在动态演进的社会及其结构中(如自然与社会的关系等)。

当然,调研结果还显示:在民族山区转型农村的现实社会生活中,脆弱性的程度及范围在很大程度上依赖于风险的特点与家庭抵御风险的能力,也就是说,家庭抵御风险的能力依赖于家庭及其成员的基本特征,即家庭的构成及其资产与成员素质。当然,低收入群体,特别是刚刚摆脱贫困的低收入人口或绝对贫困者,在风险面前就显得更加脆弱,因为他们缺乏抵御各种风险的能力或者抵御能力相对来说更要低一些,这使得他们抵御风险的能力不能较好地保障他们的社会生活水平,这也从侧面印证了这样的基本观点:"风险打击导致个人或家庭福利降低或贫困,前提是家庭及其成员缺少抵御风险的能力。因此,家庭抵御风险的能力低,也是导致穷人持续贫困或再次陷入贫困状态的一个基本原因。"[1] 可见,基于自然的或社会的种种原因,该州转型农村返贫现象及其人口不仅是客观存在的一种社会现象,相对而言,而且其返贫率也还比较高,在风险面前的脆弱性是其农村返贫人口的根本特征。

当然,恩施州农村返贫人口问题的这些具体成因对具体的返贫者而言并非是绝对的、一一对应的关系,即针对具体的返贫者而言,其返贫原因不仅是错综复杂、非线性的,而且它们之间有时是相互重叠并交互的。

(三)民族山区转型农村返贫人口的形成原因

基于研究目的,间断持续6个多月的时间,笔者对所选定的上述贫困区域进行了调研。在整个调研的过程中,基于返贫的贫困户(人口)的问卷资料的归纳(如返贫村民对自己的贫困原因进行自我总结)与分析,调研结果与分析显示:①每个返贫家庭(人口)的具体原因是不同的;②农村返贫人口的产生是多种

---

① Armando B. Does vulnerability creat poverty traps? CPRC Working Paper 76, Institute of Development Studies at the University of Sussex, Brighton, BN19RE, UK, 2007.

致贫因素共同作用的结果；③贫困面积比较大的区域，返贫人口也相对要多些；④从总体上讲，村民返贫既有历史原因，又有现实的原因；既有自身的原因，又有外部的原因；既有经济的原因，又有文化方面的原因；既有自然方面的原因，又有社会的原因；既有可预测的原因，也有不可以预料的原因，是一个复杂的、综合原因的产物。可见，为了合理、有效、辨证、科学地认识、理解并解释民族山区转型农村返贫现象及其成因，这里还是要以前面对贫困问题的认识与理解为基础，这是因为返贫现象在本质上仍然还是一种贫困现象。基于调查及理性判断，民族山区转型农村返贫人口的形成原因主要是个体本身的原因或者社会结构性失调或者这两个方面原因的交互作用。下面，本书基于调查资料并结合恩施州的实际扶贫状况，从个体自身状况与社会方面来具体描述并讨论该州农村返贫人口产生的具体成因。

1. 个体方面的原因

调研结果表明，返贫人口个体方面的返贫原因主要体现在如下几个层面。

（1）个体素质比较低下

通过问卷与访谈等多种调查，结果表明，返贫人口的素质相对比较低下，不仅仅是身体状况及生理素质[①]较差，更为重要的是其文化素质的低下，这将直接导致其劳动技能缺乏或单一，市场竞争力弱。因而，在所调查的返贫村民中，只有初中及以下文化程度的约占75%。具体来说，身体状况和生理素质差就是指身体弱、多病，智力水平低下；文化素质低下主要就是指返贫村民的文化素养与技能素质等社会素质的低层次性。

（2）因"失"造成的返贫

这里的"失"有两层基本含义：一是"失地"；二是"失足"。首先，"失地"为什么会导致某些村民返贫呢？调查表明：虽然失地农民得到了一定程度的失地补偿（事实上，大部分农民反映，农民失地的补偿款很少），但是，农民失地后，他们所失去的不仅仅是土地，更为重要的是失地农民需要适应没有土地的生活方式（如谋求第二、三产业的相关职业），否则，这些所谓的补偿款一旦被用

[①] 所谓"生理素质"主要是指返贫人口的智力状况及其发展潜能，现代生物学亦表明，不同个体的基因智力是客观存在的，也就是常常所说的天赋。

完或消耗到一定程度，这些失地农民便会再次陷入贫困的生活状态之中，这也同时印证了这样的观点：有学者曾指出，"在被征地的农户中，有近 70% 的农民每亩地可得到 1 万～2 万元的补偿款，27.4% 的农民得到的补偿款不到 1 万元，实际得到补偿款超过 2 万元的农民约占 29%，这样的补偿是远远低于市场价格的，95.1% 的农民认为征用土地补偿标准低"[①]；同时，有学者基于调研甚至认为，"在土地用途转变增值的权益分配中，地方政府大约的 60%～70%，村集体组织的 25%～80%，失地农民只得到 5%～10%，甚至更少"[②]。可见，不合理的土地增值收入分配结构的直接后果就是特殊贫困阶层的不断扩大，加剧了城乡差距和贫富差距，失地农民的安置不仅仅是"给钱了事"，它其实是一项复杂的社会系统工程，需要妥善处理，否则，一些失地村民在摆脱贫困后基于自我发展能力的缺乏等原因很可能会再次陷入贫困。现在，来看看村民"失足"为什么也会再次陷入贫困呢？这里的"失足"主要是指脱贫村民禁不住一些诱惑，如赌博等一些恶习，一旦上瘾，很可能会导致其高额债务，从而促使其再次陷入贫困的生活状态。

（3）特殊需求的诱因

调查表明，因病、因学及因婚等特殊的社会需求也是促使一些脱贫村民再次陷入贫困状态的重要原因。具体来说：①因病返贫。一方面，脱贫家庭一旦有某个家庭成员突然患上了某种大病，这将立即促使某些积蓄薄弱的脱贫村民再次陷入贫困，或者家庭成员患上一些小病，耽误日久病情更重，此时再治病，也会背上沉重债务；另一方面，乡村卫生院虽然得到了改善，但其医疗水平相对较差，诊所设备简陋，不少农民因救治不及时而使病情恶化，最后不得不急送大医院，也会导致沉重债务，这将使刚刚摆脱贫困的家庭债台高筑，从而促使其再次陷入贫困的生活状态。这也印证了这样的观点："恩施州的一些县无卫生室的村达到 70% 以上，有的村卫生室连起码的消毒容器也买不起，有的村卫生室只能靠去痛片来减轻病人痛苦。贫困病人无钱治病的问题十分普遍。"[③]②因学返贫。2000 年以来基于教育体制改革的逐步深入，大学生就读期间的费

---

① 夏锋：《让土地成为农民财产性收入来源》，《财会研究》，2008 年第 6 期，第 18-19 页。
② 廖洪乐：《我国农村土地集体所有制的稳定与完善》，《管理世界》，2007 年第 11 期，第 63-70 页。
③ 吕成宗，时明国，汪军：《农村贫困：不可忽视的问题——对湖北省恩施州农村贫困状况的调查》，《调研世界》，2002 年第 1 期，第 29，46-48 页。

用由原国家负担转为学生家庭负担，这样，子女的培养费用（含生活费用）就成为一个贫困家庭最大的负担。对我们这样一个仍然不是太富裕的发展中国家而言，大多数农民手中的钱还是有限的，但他们希望子女改变命运的愿望往往又是很强烈的，因而，一些脱贫的村民往往都要"咬紧牙关"送子女上学读书，让他们能够上大学，可上大学又要交一笔不小的学费与生活费，这对摆脱贫困的一般村民来说确实是一个两难抉择，这也将促使部分村民返回到贫困的生活状态。③因婚返贫。民族山区转型农村的青年娶妻难也是一个普遍问题。通常情况下，这些贫困乡村一般地处偏远、交通不便，女青年一般不愿意嫁到此处，因而，摆脱贫困的一些村民为了给儿子娶媳妇，不惜满足女方越来越高的彩礼要求，少则几万元，多则十几万元，从而使得一些刚刚脱贫的村民又重新陷入贫困的生活状态之中。

值得指出的是，恩施州农村返贫现象的这些具体成因对具体的贫困者而言并非是绝对的、一一对应的关系，这些成因不仅是错综复杂的，相互交织地集中于某一个体，而且它们之间有时是相互重叠并交互的，有时甚至是长期性的。

2. 社会方面的成因

随着市场经济的不断完善与现代化的日益推进，社会转型日益加快，民族山区的转型农村也是如此。从某种意义上说，在社会转型及其结构的调整与优化过程中，农村现代化进程的加快、产业结构优化与市场经济的日益完善等在一定程度上引起农村的返贫现象，可以说有其一定的必然性与内在逻辑。正是从这个意义上讲，本书认为相对于整个社会的发展与进步而言，民族山区农村社会转型及其结构变迁所带来的返贫现象是其"负产品"，因而对其有效治理就要依赖于对其社会原因的较好认识与把握。那么，应如何认识和理解武陵山转型农村返贫现象产生的社会结构性原因呢？基于恩施州的调查与理性分析，本书认为武陵山转型农村返贫现象及其人口的产生不仅与其自身有着密切的关系，而且与其所处社会中不利的社会经济状况、社会政策的局限等社会结构性原因有着一定的内在关联，这些社会结构性的成因主要体现在以下几个方面。

（1）自然环境比较恶劣，农业基础设施落后

调研结果表明：从整体上讲，恩施州农村地区大多属于季风湿润型气候的

高山，自然生态比较脆弱，农业基础设施相对落后，这种状况直接导致了该州农村地区的自然灾害比较频繁，因而，该州农村因灾返贫的现象比较突出，其正常年份景况的返贫率在8%左右，若遇到较大的自然灾害年，有些村落的返贫率甚至高达15%左右；同时，该州农村返贫现象较为严重的区域，其农业基础设施十分落后，不能够较好抵御频繁发生的自然灾害与种子损坏等一些风险，从而导致其生产的综合效益低下，村民收入不足，生存环境比较恶劣。例如，在所调查的贫困人口中，有46人把自己返回贫困的原因归结为自然环境恶劣或是土地贫瘠，有27人认为其返回贫困的原因在于交通条件差，有31人则觉得自己返回贫困的原因很大程度上在于自然灾害。不过，这一点仍然可以用前述的贫困的"地理环境论"[①]来加以解释，由于该理论侧重于从自然资源开发利用的视角来研究贫困的分布与特征，因而，虽然这种看法在一定程度上"忽视了贫困主体的特殊性及其生存的社会环境"[②]，但这种观点在一定程度上可以解释环境脆弱地区的返贫现象，有助于较好认识武陵山民族地区农村的返贫人口现象，该理论可以较好解释这类返回贫困生活状态的村民的产生与形成。

事实上，基于民族山区农村及其农业生产的特殊性及农业生产对农民生存的基础性地位，对农民而言，其收入的增加除了靠国家和政府正确的相关政策（如价格与扶贫政策等）的引导与支持以外，自然环境与农业生产条件的好坏也将直接影响其收入，若遇到较大的自然灾害，其往往会导致村民的农作物减产，有时甚至是颗粒无收。例如，我国2016年"各类自然灾害造成直接经济损失3134亿元，比上年下降78.5%；农作物的受灾面积达2622万公顷，其中绝收面积达到290万公顷"[③]。还有相关研究表明：目前的中西部农村地区基础设施建设仍不十分完善[④]。同时，有学者通过对全国21个国家级贫困县67个村的调查指出，"自然灾害的破坏……已经成为我国国民经济发展的长期性制约因素"，进而认为"无论返贫率处于什么样的水平，3年内遭受自然灾害村在同类群体中所占

---

① 该理论认为，区域性贫困（资源制约型贫困）原因分析概括起来有两类观点：一类观点认为贫困是对于自然资源开发利用不足使然，由于资金缺乏、交通、通信、能源等基础设施严重落后导致贫困；另一类观点把贫困归咎于资源状况先天性恶劣，由于土地资源和其他自然资源不足、资源结构不合理导致贫困。

② 朱力：《当代中国社会问题》，北京：社会科学文献出版社，2008年，第309页。

③ 中华人民共和国国家统计局：《中华人民共和国2016年国民经济和社会发展统计公报》，http://www.stats.gov.cn/tjsj/zxfb/201702/t20170228_1467424.html（2017-12-19）。

④ 郑晓冬，方向明，储雪玲：《农村基础设施对收入不平等的影响研究——基于中西部5省218个村庄调查》，《农业现代化研究》，2018年第1期，第139-147页。

的比例都高于没有遭受自然灾害村的比例"[1]。这些研究从侧面进一步凸显了武陵山转型农村自然环境的脆弱和农业基础设施的落后。因此，武陵山转型农村恶劣的自然环境，落后的农业基础设施是导致其农村一些村民成为返贫人口的重要社会因素。

（2）社会经济发展相对滞后，城乡收入差距明显扩大

基于问卷调查及访谈资料的综合分析，结果表明：恩施州落后的社会经济发展、不健全的社会服务体系也是其农村返贫现象比较严重的重要原因。2010年以来该州转型农村贫困人口虽然呈现出递减的趋势，但减少的速度明显放慢，即使是村民的收入有所增加，但这没有从根本上扭转城乡之间收入日益不断扩大的趋势，村民增加收入依然很困难，因而，在这种背景下，返贫人口已经成为贫困人口的重要组成部分，农村扶贫工作的难度逐步加大。由于民族山区转型农村社会经济发展的落后，虽然一些农民学会了一定的科学种田，但其农业的"生产经营方式仍然落后，产业结构调整升级缓慢"[2]，再加上社会服务体系不健全带来的风险，也"使得刚刚过上温饱生活的农民由于其现金收入来源的不稳定性，极易返回到贫困状态之中"[3]。同时，有关资料还显示，我国"城乡之间的贫富差距问题明显加大"[4]。按照中国国家统计局历年的数据统计，从2005—2013年，"我国城乡收入比一直在3以上……2014—2016年，分别为2.97、2.92、2.72"[4]，虽然从2014—2016年,我国城乡收入比在逐步下降，但这也从侧面折射出了民族山区城乡收入差距逐步扩大的明显事实。因此，由于我国整个农村的收入增长速度放慢（表4-5）、社会经济发展的落后与城乡收入差距的扩大，民族农村村民一旦遇到风险与灾害就极易返贫。

不过，调研结果还表明，整个社会（特别是城市）产业结构的调整与优化（如企业重组、萎缩与破产等）使得一些区域性经济的发展相对落后，市场容纳能力相对来说就比较低，这将导致种种农民工返乡的客观社会现象，从而促使部分村民返回到贫困的生活状态而成为返贫人口。同时，基于农业产品的"不值

---

[1] 庄天慧，张海霞，杨锦秀：《自然灾害对西南少数民族山区农村贫困的影响研究——基于21个国家级民族贫困县67个村的分析》，《农村经济》，2010年第7期，第52-56页。

[2] 童玉芬，尹德挺：《西北地区贫困人口问题研究》，《人口学刊》，2009年第2期，第10-15页。

[3] 王俊文：《当代中国农村贫困与反贫困问题研究》，长沙：湖南师范大学出版社，2010年，第4页。

[4] 段娟：《我国共同富裕进程中破解贫富差距难题的路径探索》，《教学与研究》，2017年第8期，第13-20页。

钱"，即使村民丰收了，但由于卖不到好价钱，这也减缓了村民的增收。

表 4-5　2009—2016 年农村与城镇居民可支配收入年均增长率比较

指标	2009 年	2012 年	2014 年	2016 年
农村人均可支配收入年均增长率 /%	10.3	13.5	11.2	8.2
城镇人均可支配收入年均增长率 /%	9.8	9.7	9.0	7.8

资料来源：基于国家统计局相关年份《中华人民共和国国民经济和社会发展统计公报》数据的整理

（3）社会政策的局限及其制约

如前所述，实践及相关研究[1]表明：社会政策的制定与实施的科学性是较好治理贫困问题的重要前提和保证，因而，社会政策是否合理与科学就不仅对扶贫效果产生重要影响，有时甚至成为影响农村返贫现象的重要因素。事实证明：扶贫政策作为一项重要的社会政策，一方面是世界各国治理其贫困问题必须采取的主要措施和手段，另一方面也是抑制返贫现象恶化的重要手段。但是，"政策本身的不公平，政策价值导向的偏差或政策操作的扭曲，都将引起不平等，进而导致贫困"[1]，从而引起返贫人口的形成。可见，从这个意义上讲，社会政策的局限是引起返贫人口的重要原因之一。这里主要以扶贫政策为主线来讨论社会政策的局限对返贫人口产生的影响。基于前面的认识，我国的扶贫政策主要就是指"直接针对贫困地区和贫困人群的各种专项扶贫政策，它具体包括组织保障政策、贫困地区和贫困人口的标准、政府投入政策、产业开发政策、人力开发政策、减轻负担政策、社会动员政策、异地开发政策和国际合作政策等"[2]。这些扶贫政策的制定与实施为我国的农村扶贫工作提供了基础与保障，目前已经取得了显著成绩，但是，国家扶贫政策的出台总是带有特定的政治目标，"如果政策是政治家决策的产物，贫困就相当于一个政策概念"[3]，即扶贫政策的制定与实施基于某种原因可能具有一定的局限性或不周全，而"社会政策的不周全会给穷人带来不公平或新的贫困"[4]。这就是说，从某种意义讲，社会政策的局限是造成民族山区转型农村返贫现象比较明显的重要原因之一。在恩施州农村贫困问题的调查资料的

---

① 朱力：《当代中国社会问题》，北京：社会科学文献出版社，2008 年，第 310 页。

② 张军扩等：《中国区域政策与区域发展》，北京：中国发展出版社，2010 年，第 222 页。

③ 周怡：《贫困研究：结构解释与文化解释的对垒》，《社会学研究》，2002 年第 3 期，第 49-63 页。

④ 朱力：《当代中国社会问题》，北京：社会科学文献出版社，2008 年，第 310 页。

基础上，经过理性分析发现，该州农村返贫人口及其问题的产生也与扶贫政策的相关局限有着一定的内在关联，它主要表现为：①开发式扶贫战略及其模式本身的局限，由于"中国现阶段的扶贫政策最主要的特征是开发式扶贫"[①]，它强调的是基于特定项目而在贫困地区开展的产业开发和农业基础设施建设，这种扶贫模式本质上其实是一种特殊的区域发展战略，它不仅忽视了老年人、残疾人等没有能力参与开发项目的人群，从而导致了贫困人口的增加与扶贫工作的难度，而且基于"脱贫资金投入不足、脱贫资金管理不善"[②]而成为农村返贫的重要原因。例如，大量的脱贫资金被用到条件较好的村落或农村相对较为富裕的村民身上，而恰恰最需要资金的农村低收入群体得不到应有的政策支持与扶持，这样，这类农村低收入村民极易返回到原来的贫困状态而成为返贫人口。②贫困政策的偏失，如贫困线标准的偏差使得民族山区转型农村出现低水平的脱贫现象或者虚假脱贫现象（如只是出于完成脱贫任务指标而促使某些贫困村民归入脱贫范围等），因为我国现行的农村贫困标准"是国际上通行的每天 3.1 美元标准的 74.%"[③]，而 3.1 美元的国际贫困标准为发展中国家贫困标准的中位数，由此可知，我国现行的农村贫困标准相对而言是偏低的，然而，"贫困标准低，既难以充分反映我国目前农村的贫困状况，也造成部分名义上脱贫的人口因基础差而容易返贫"[④]，因而，贫困标准低成为农村返贫率较高的重要原因。"贫困线的标准偏低，意味着脱贫的标准也偏低"[⑤]，这样，低水平脱贫的村民返贫的可能性也就越大。③管理的缺位，一些政策的落实不力。例如，控制农民负担的政策和粮油收购政策等惠农政策都没有得到较好落实和执行，从而降低了管理效率，这势必会影响农民的增收。

当然，恩施州农村的这种返贫原因也可以用前面的"社会结构贫困论"来加以解释，该理论的主要观点有"制度性贫困、社会政策制造贫困、社会冲突论与贫困是社会的需要"[⑥]等，因而，"社会结构贫困论"可以较好地解释该州社会

① 韩恒：《新时期农村扶贫的困境及其对策》，《农村经济》，2008 年第 9 期，第 63-66 页。
② 麻朝辉：《欠发达地区农村返贫现象探析》，《商业经济与管理》，2003 年第 4 期，第 43-45 页。
③ 国家统计局住户调查办公室：《2016 中国农村贫困监测报告》，北京：中国统计出版社，2016 年，第 8 页。
④ 赵立雄：《农村扶贫开发新探》，北京：人民出版社，2008 年，第 21 页。
⑤ 汪三贵，曾小溪：《后 2020 贫困问题初探》，《河海大学学报（哲学社会科学版）》，2018 年第 2 期，第 7-13，89 页。
⑥ 朱力：《当代中国社会问题》，北京：社会科学文献出版社，2008 年，第 310-311 页。

政策诱发农村的返贫现象。事实证明，社会政策本身的不公平、政策价值导向的偏差或政策操作的扭曲都将导致农村返贫人口的形成。可见，在制定反贫困政策的过程中，要尽可能考虑到政策的不周全或不公正而导致的社会返贫现象。因此，社会政策的不平等及其局限正是导致武陵山农村返贫人口形成的重要原因之一。

（4）抵御社会风险能力较弱，社会救助专项基金不足

调研结果表明：恩施州转型农村返贫人口的形成还与日益凸显的社会风险、社会救助专项基金不足有关，脱贫村民一旦遇到灾害或意外事故，就会因为其基础薄弱再次陷入贫困的社会生活状态，进而沦为返贫人口。那么，现在的问题是，风险与救助专项基金究竟如何导致农村返贫人口的形成呢？基于调查与理性分析，日益凸显的社会风险导致农村返贫人口产生的途径主要有：①在市场经济日益完善的宏观背景下，一方面，一些村民比较缺乏一定的市场意识与商品意识，这使得其在市场竞争中处于劣势；另一方面，一些村民由于缺乏对市场信息的有效把握，盲目外出打工，有时甚至是借钱外出或夫妻"双飞"，由此，土地得不到较好耕种或无人耕种，其经济收入缺乏有效的保障；②基于整个社会生产管理的不完善，一些村民外出打工时因工致残甚至死亡，虽然有一定的抚恤金，但因失去家庭的"主心骨"，这类家庭往往会再次沦为贫困家庭；③农业生产所面临的市场风险所造成的返贫，在市场经济中，对市场主体而言，他们并不总是能实现其目标，即使是认识到了市场经济运行基本规律的村民，他们也不一定就能完全在其生产活动中规避并承担市场风险所带来的损失。村民在其农业生产活动中所面临的市场风险主要有以下几个方面：①村民在从事其农业生产活动中的盲目性等所导致的市场风险；②村民在农业产品经营中的风险，如农业产品价格及其加工等；③村民在进行农业生产及其经营活动时所面临的生产服务风险。可见，在市场经济日益完善的宏观背景下，由于社会风险的客观存在，那些抵御或抵抗社会风险能力较弱的村民一旦在市场竞争中失败，就有可能成为返贫人口。

讨论了社会风险对武陵山转型农村返贫人口的影响，下面来看看社会救助专项基金不足又是怎样来影响农村返贫人口的形成的。社会发展及其实践证明：健全而完善的社会保障体系不仅可以较好缓解村民在生老病死等方面的负担，保障其最基本的社会生活需要，而且可以较好抑制返贫人口的数量，社会救助无论

是在过去、现在，还是将来，其对社会的和谐发展都是十分必要的。然而，调研结果却表明：恩施州农村的社会保障制度及其体系不是很完善，社会救助专项基金不足，虽然该州实施了农村新型医疗合作制度，但因病返贫、因老返贫等现象依然十分明显，社会救助专项基金等社会救济的作用弱化，社会救助专项基金明显不足（原来计划经济时代的"五保户"制度也因农村的经济改革而弱化）。因此，基于武陵山转型农村贫困与其脆弱性具有一定的内在关联性，处于不健全的社会保障体系中的村民，基于市场经济的逐步深入与日益完善，若救助专项基金不足，其就极易因社会风险（如农产品的价格与生产成本的市场波动及打工者因经济不景气而失业[1]等市场疲软的冲击等）与自然风险（如一些洪涝灾害等）而成为返贫人口。

（四）民族山区农村返贫人口的返贫机制

基于前面恩施州农村返贫现象及其人口问题具体成因的判断，现已初步明确其返贫现象的形成与这些成因有着密切的内在关联，只要其中任何一个具体原因出现或几个原因同时共同作用于某一农村的个体，该个体就有可能重新再次陷入贫困的生活状态，这或许说明这些具体成因是导致该州农村地区返贫人口产生的直接原因。如前所述，机制（机理）虽然与原因有一定联系，但又不同于其具体原因，即两者之间是一种交叉关系，只有最根本的原因才是机制的一种表现。然而，返贫现象在本质上仍然是一种贫困现象，因而，在认识返贫现象及其问题时，"仅仅罗列这些主要因素或多或少抓住了贫困的一个或一些特征性事实，但是缺乏对其机理和本质深入进行认识和分析，而这点恰恰是认识贫困的基础，如果忽视这个基础，就会削弱相关理论对现实的解释能力和扶贫指导意义"[2]。可见，要科学认识返贫现象的本质，仅仅讨论返贫的具体成因是不够的，这需要揭示返贫现象产生的根本原因与内在规律——返贫机制。事实上，返贫现象及其问题作为一种客观的社会现象，其产生一定有其依赖的特定基础与返贫机制，否则，关于一直缠绕整个人类社会，并成为世界各国都必须加以治理的返贫现象及

---

① 陈功泉，程蹊：《少数民族山区长期贫困与发展型减贫政策研究》，北京：科学出版社，2014 年，第 71 页。
② 毛学峰，辛贤：《贫困形成机制——分工理论视角的经济学解释》，《农业经济问题》，2004 年第 2 期，第 34-39，80 页。

其人口问题，似乎到目前为止，为什么人们还没有找到有效的应对办法呢？因此，要科学认识并有效治理返贫现象及其人口问题，就要在讨论返贫问题具体成因的基础上，进一步弄清社会返贫现象赖以产生的返贫机制，这是科学认识社会返贫现象并使其得到较好治理的根本前提。当然，既然民族山区农村的返贫现象在本质上仍是一种贫困现象，那么，其返贫机制——返贫人口的返贫机制就一定与前面所阐述的贫困现象的形成机理有着内在的必然关联。因而，回顾前面对贫困现象形成机理的认识是很有必要的，这是科学认识返贫现象及其人口返贫机制的前提与理论基础。下面，本书主要从社会系统的角度与长远战略的思路来初步揭示中国民族山区农村返贫现象及其人口的返贫机制。

1.环境演变的失调

本书调研表明：作为一种客观的社会经济现象，武陵山转型农村的返贫现象及其人口的形成有着客观的环境基础与内在逻辑，与社会发展所依赖的环境演变有着内在的逻辑关联，是社会赖以生存的环境演变的一种产物。当然，这里的环境演变既包括自然环境与社会环境的演化，也包括二者的交融进化，返贫现象及其人口的产生是环境演变的一种不可避免的代价。如前所述，人类社会实践及相关研究[1]已经证明：人类社会文明的进步是在不断变革人与社会、人与自然、社会与自然之间的关系的基础上来实现的，在这个社会实践的过程中，社会及其环境的生态关系中的能量与物质的交换过程是一个动态演变的社会自然历史过程，其演变要遵循新陈代谢、物质循环、能量转化与守恒、生态平衡等自然规律与社会规律，这是不以人们的意志为转移的客观现象，否则，就会破坏生态环境的平衡，从而增加自然灾害，促使某一些人的社会生活状况再次陷入贫困状态。那么，究竟如何认识返贫现象是环境演变失调的一种产物呢？首先，基于调查与理性判断，自然环境演变对民族山区转型农村返贫现象的影响主要体现在：由于自然环境及其历史的演变，民族山区目前转型较快的农村多是革命老区、边缘地区及深山林区等，其自然环境比较恶劣，当地村民往往靠天吃饭，因而，一旦发生不可预见的自然灾害，就会直接影响该地区农村的生产和村民的收入水平，从而导致返贫现象及其人口的产生，自然环境恶劣及其破坏所导致的天灾是导致民

---

[1] 曹凑贵：《生态学概论》，北京：高等教育出版社，2006年；文祯中，陆健健：《应用生态学》，上海：上海教育出版社，1999年；张大勇等：《理论生态学研究》，北京：高等教育出版社，2000年。

族山区转型农村返贫现象产生的重要基础。可见，基于种种原因，自然环境在其演变过程中可能会出现一些退化与失调的现象，相应的自然灾害就会时而发生，从而致使某些人的社会生活再次陷入贫困状态，导致民族山区返贫现象及其人口的形成。

讨论了自然生态环境及其演变对武陵山转型农村返贫现象及其人口问题的影响，现在来看看社会环境在其进化过程中又是如何导致该民族山区转型农村返贫现象产生的呢？这里仅仅讨论社会环境中的人口素质的高低及政策环境的局限对该地区农村返贫困现象及其问题的影响：①人口素质对返贫现象及其问题产生的影响，返贫现象最直接的表现就是某一特定社会中已经摆脱贫困状态的脱贫村民，基于种种原因而重新陷入贫困的生活状态，其生存状况及其社会生活水平再次低于社会认可的平均水平，其收入增加缓慢是根本原因，然而，社会实践及相关研究[①]表明：文化素质不同，人们的收入水平就有明显差异，且贫困程度一般与其文化程度呈现正相关关系；调研还表明，由于村民素质的低下，一些"机遇型"[②]脱贫人口往往会因盲目外流与市场疲软等原因而再次成为贫困村民。②某些社会政策对返贫现象及其人口问题产生的影响，一是相关政策的局限，"社会政策的不平等是制造贫困的原因之一"[③]，如贫困标准的设定、社会保障及救助政策、某些就业政策等；二是在社会政策实施的过程中，由于中间环节的过多或管理不善或监督机制功能发挥欠佳（如开发式脱贫战略本身的缺陷），这将导致不理想的扶贫效果。同时，加上民族山区转型农村村民所面临的农业生产成本及其风险也在不断增加，这些因素很可能会导致返贫村民的产生。③社会保障体系的不完善，通常情况下，较完善的社会保障体系可以有效缓解村民老、弱、病、残等负担，然而，民族山区转型农村的社会保障体系似乎还存在着如贫困瞄准机制的缺陷、没有针对某些疾病等重大事件的救助等局限，这将导致部分脱贫村民在某些时间序列下因一些特殊原因而再次成为贫困村民。④交通、医疗卫生、基础教育等社会基础设施及公共服务滞后，这种社会环境也会促使一些村民返贫。

---

① 夏英：《贫困与发展》，北京：人民出版社，1995 年；西奥多·W. 舒尔茨：《论人力资本投资》，吴珠华等译，北京：北京经济学院出版社，1990 年；国家统计局农村社会经济调查司：《2007 中国农村贫困监测报告》，北京：中国统计出版社，2008 年；王小强，白南风：《富饶的贫困》，成都：四川人民出版社，1986 年。

② "机遇型"脱贫是指某些村民基于某种偶然因素（如移民、打工、搬迁等）得到补偿资金而暂时摆脱贫困生活状态的一种脱贫类型。

③ 朱力：《当代中国社会问题》，北京：社会科学文献出版社，2008 年，第 310 页。

⑤农村的产业结构不合理，发展缓慢，其服务组织不健全，信息不通也是造成农村返贫现象的重要社会因素。可见，人类社会生存与发展所依赖的生态环境在其演变的过程中出现一定的失调和退化有其客观必然性，因而，环境演变的失调将导致转型农村返贫现象及其人口的形成。

2. 脱贫人口自身的脆弱性

当前，民族山区转型农村在扶贫工作中出现一定程度的返贫现象是一种客观的社会经济现象，它虽然与脱贫人口的自身素质（可以说，素质差异在一定程度上决定了村民收入的差异）有着一定的内在关联，但他们所面临的风险也是比较大的；同时，返贫村民在很大程度上仍然是低收入群体，一旦遭遇到意想不到的风险，其再次陷入贫困的可能性非常大。可见，脱贫人口自身的脆弱性在一定程度上凸显了转型农村出现一定程度的返贫现象的必然性。这里之所以要引入脆弱性来分析民族山区转型农村的返贫现象及其人口，就是因为其返贫现象的背后实际上隐藏着脱贫人口或脱贫家庭自身无法应对的各种风险，因而其显得比较脆弱，这也是一个客观的社会事实。调查结果显示，该州转型期间的农村地区，返贫人口的这一脆弱性特征主要表现为：①返贫人口的素质（文化素质与身体素质等）一般都比较低，缺乏一定的自我能力和发展机会，不能在农村发展中较好地发展自己；②从整体上讲，农村摆脱贫困状态的低收入人口的自我发展能力相对比较低，不能够应对各种各样的风险和灾害等；③规模较大的低收入家庭很容易返贫；④农村返贫人口的产生在时间序列中是非线性、处于不断变化之中的，其脆弱性内在地隐藏在动态演进的社会及其结构中。

当然，调查结果还表明：在武陵山转型农村的现实社会生活中，脱贫人口自身脆弱性的程度与范围在很大程度上依赖于风险的特点及家庭抵御风险的能力，也就是说，抵御风险的能力依赖于家庭及其成员的特征。当然，低收入群体，特别是刚刚摆脱贫困的绝对贫困者或低收入人口，在风险面前显得更加脆弱。由此，基于社会的或自然的种种原因，该州转型农村返贫现象及其人口不仅是客观存在的一种社会现象，而且其返贫率还比较高，自身脆弱性对于刚刚摆脱贫困状态的村民而言，仍然是一个难以逾越的门槛。

3. 社会发展的代价

作为一种特殊的客观社会经济现象，返贫现象及其人口问题自从被人类社会认识到以来，它就一直伴随着社会发展的每一个阶段，但是，至少到现在为止，人类社会的返贫现象及其问题似乎仍然是整个人类社会面临的一个重大理论问题与实践问题，虽然社会在不断向前发展和进步，但每年仍然有一些脱贫的村民再次成为贫困人口。事实上，现代农村文明与其问题（贫困及犯罪等阴暗面）是相伴而生的，这恰似"阳光虽然普照万物，但也有照不到的地方"，是一个不容置疑的客观事实。因此，正视农村社会发展中出现的返贫现象及其问题，分析其返贫机制并找到其治理的有效办法，是促进农村、甚至整个社会经济协调发展的重要途径。不过，值得思考和注意的是，虽然任何社会都必须应对返贫现象及其问题，但社会发展水平及其客观状况的差异却表明，不同时代、不同社会与不同区域的返贫状况及其人口特征仍然不尽相同，从而使得各国农村的返贫现象及其人口状况呈现出时代、社会与区域的差异，如贫困线的标准、返贫现象及其人口状况、返贫规模等就与社会发展的实际水平与客观状况有着内在的关联。当然，对中国而言，民族山区转型农村贫困问题的出现虽然主要是农村社会转型及其变迁的产物，但它已成为影响我国社会经济健康发展的重要因素，妨碍了我国农村现代化及乡村振兴与和谐社会建设的进程。不过，返贫现象作为一种客观的社会现象，是任何社会和国家都是不可避免的，只要将它控制在一定限度之内，不影响到整个农村社会的良性运行与协调发展就可以了，这也是社会发展的内在逻辑所允许的，我国也不例外。

实践已经并将继续证明：基于现实社会的客观多样性，任何社会必然要向前发展，虽然在其发展的过程中，返贫现象及其问题会随着时空差异、社会状况的改善而不断演变，并呈现出新的形式与形态，但以现代农村文明为主要载体的农村社会的进步仍然是主流。基于这种认识和判断，农村的返贫现象及其人口问题可以说是转型农村社会发展及其进步的一种代价，是整个社会进步的一种衍生物。现在的问题是，究竟应如何认识转型农村的返贫现象及其问题是其发展的一种代价？社会发展及其进步的客观状况和水平究竟如何会导致返贫现象的产生并促使其演变呢？结合社会实践与理性分析，社会发展及其进步的客观状况及水平对返贫现象及其问题的影响主要体现在如下层面：①基于时代的进步与社会的发展，民族山区转型农村在其现代化的进程中不断进步有其客观必然性，相应地，其生活水平和贫困标准也就会随着社会的不断进步而有所提高，这样就有可能促使原来已经脱贫的村民再次成为贫困人口，因为社会一旦形成，便会有一种自我发展的客观态势，这是不以人的意志为转移的客观规律；②农村的返贫状况与其经济基础及社会发展状况有一定的负相关关系，如某一社会的经济基础及其发展状况较好，该社会的返贫人口相对来说要少些，这已经被相关研究[①]所证实；③由于民族山区农村处在较快的现代转型进程之中，其产业结构得到了进一步的调整与优化，农村经济的市场范围日益扩大，这样，若不懂得一定的市场经济知识，原来单纯依靠勤劳致富的村民就可能在市场竞争中处于劣势，甚至成为返贫人口（注意：这一点与城市的下岗工人成为贫困者有类似之处，但是，市场经济发展必然要经过优胜劣汰的路径，出现一定的失业现象有其客观必然性）等；④基于某种战略的实施和城市发展的疲软，这势必会导致一定的市场疲软，某一农村若是依靠劳务输出人数来脱贫的话，市场疲软很有可能导致部分村民返贫，因为返贫现象及其问题作为一个"社会问题并不单纯是对客观状况的反映，而是社会建构的一种产物"[②]。那么，农村的社会发展及其进步的客观现实状况又是怎样促进其返贫现象的演变的呢？通过比较历史上的贫困现象及相关研究[③]发现，当社会客观地向前发展和进步时，返贫现象的基本状况及特征就会发生一定的变化，以促使返贫现象发生变迁。经过归纳，返贫现象的这些演变主要为：①随着社会的发展与进步，贫困线的标准在社会发展的不同阶段有明显差异，社会经济发展的客观状况越良好、水平越高，其社会生活水平及贫困线标准也就越高，当基于种种原因而提高农村的贫困线标准时，这势必会促使一些脱贫村民成为返贫人口；②当社会进步并发展较快时，虽然其绝对贫困人口的治理会取得较好效果，但基于社会消费水平的提高，不仅其相对贫困问题更加突出，而且其返贫人口也会增加，这是任何社会都必须面临的重大实践问题；③基于现实社会自身的

① 李石新：《中国经济发展对农村贫困的影响研究》，北京：中国经济出版社，2010 年；西奥多·W. 舒尔茨：《改造传统农业》，梁小民译，北京：商务印书馆，2006 年；杰弗里·萨克斯：《贫困的终结，我们时代的经济可能》，邹光译，上海：上海人民出版社，2007 年。

② 成伯清：《"风险社会"视角下的社会问题》，《南京大学学报（哲学·人文科学·社会科学版）》，2007 年第 2 期，第 129-135 页。

③ 阿玛蒂亚·森：《贫困与饥饿》，王宇，王文玉译，北京：商务印书馆，2001 年；Ravallion M. Poverty Comparisons. Switzerland: Harwood Academic Publishers, 1994；林伯强：《中国的经济增长、贫困减少与政策选择》，《经济研究》，2003 年第 12 期，第 15-25, 90 页。

多样性及客观的社会分化，不同群体的收入差异是客观存在的，即使社会不断动态地向前演变和进步，但"人们的意识，随着人们的生活条件、人们的社会关系、人们的社会存在的改变而改变"①，这样，转型农村村民的相对剥夺感就会随着社会进步而不断增强，因而，基于意识的变化，那些原来已经摆脱贫困的某些村民也可能再次成为返贫人口。

值得注意的是，基于返贫现象在本质上仍然是一种贫困现象，因而，或许只有着眼于社会整体与生态系统，从历史学、发生学的角度才可以较好地认识、理解和解释返贫现象及其人口的返贫机制。任何社会的返贫现象及其人口问题也必然是在生态环境层次、社会系统层次、社会关系层次与意义层次这几个相互依赖的层次及其相互作用和演变的过程中产生的一种动态演进的社会经济现象，返贫机制也是通过上述几个层次之间的演化及其一定的失调作用下形成的一种综合作用机制，其认识和理解的平台同样是基于自然环境的整个社会系统。返贫现象的这种形成机制初步揭示了要较好治理返贫现象就必须着眼于返贫人口，以不同层次的对象为逻辑起点，面向社会系统内外，促使构成社会的诸要素密切配合并协同演变，以此可对返贫现象本身的演进及其状况与扶贫政策有初步的全新认识。

---

① 马克思，恩格斯：《马克思恩格斯选集》（第 1 卷），中共中央马克思恩格斯列宁斯大林著作编译局译，北京：人民出版社，1972 年，第 270 页。

第五章

武陵山农村贫困的治理机制

前面几章考察了武陵山农村贫困的基本状况及其形成机理，本章将进一步探讨在这种认识前提下的武陵山农村贫困的治理机制，即回答这样一个问题：基于武陵山农村贫困形成机理的认识，究竟应如何对其进行有效治理？其脱贫工作有没有一定的规律可循？其治理机制是什么？本章的考察重点是武陵山农村贫困治理的战略思路及其机制。马克思曾指出："以往的哲学家只是用不同的方式解释世界，而问题在于改变世界。"[①] 因此，研究民族山区转型农村贫困现象及其问题的根本目标是要使其得到较好治理，"我们不仅要科学的解释社会问题，而且要不断地探索改造社会和解决社会问题的对策"[②]，也就是说，认识、解释与把握武陵山转型农村的贫困现象及其问题是为了更好地对其进行治理。可见，根据前面对武陵山转型农村贫困现象及其问题的认识与理解，探讨民族山区农村贫困的治理机制，把握促使贫困村民摆脱贫困生活状态的治理路径，这是科学实施扶贫战略与模式，促使民族山区转型农村的贫困人口及其问题得到较好治理的关键。基于这种认识和判断，本章以恩施州为个案以及前面对贫困问题的认识为基础，来分析武陵山转型农村在转型中较好治理其贫困现象及其问题的战略模式与治理机制，这是本书研究的落脚点与根本目标。

---

① 马克思，恩格斯：《马克思恩格斯选集》（第1卷），中共中央马克思恩格斯列宁斯大林著作编译局译，北京：人民出版社，1972年，第19页。

② 朱力：《当代中国社会问题》，北京：社会科学文献出版社，2008年，第199页。

第一节　治理机制的内涵

如前所述，对一个概念基本内涵的科学认识与把握是理解寓于其中的相关现象的根本基础，否则，既不能对其进行较好认识，也谈不上对其进行较好处理，对武陵山农村的贫困现象及其人口问题进行较好治理就更是如此，这是引导其贫困村民有效摆脱贫困生活状态的内在关键。可见，要较好治理武陵山农村的贫困现象及其人口问题，就要以前面对贫困现象及其问题的认识与理解为基础，较好把握促使武陵山摆脱贫困状态的治理机制的内涵，以便更好地治理民族山区转型农村的贫困现象及其人口问题。那么，治理机制的内涵究竟是什么？为此，就要明确治理与机制的概念。根据前面的认识和讨论，机制就是指客观事物所具有的带有规律性的模式与方式，由此，这里主要来分析治理的基本含义。一般而言，治理一词的基本含义是指"统治；管理或处理；整修"[①]，政治学中的治理主要是指"统治者或管理者通过公共权力的配置与运作，管理公共事务，以支配、影响和调控社会"[②]。由此，这里的贫困治理是上述基本含义的一种融合，主要是指基于公共权力的配置与运作来实现个体、社会与国家的协同，以此来处理贫困问题，并把它控制在一定限度或范围内，这也是比较符合贫困问题的实际与社会发展规律的。基于这种判断与认识，治理机制或许可以定义为某一社会基于一定的社会发展目标，通过公共权力的配置与运作，来引导并支持其贫困人口摆脱贫困的社会生活状态过程所采取的带有规律性的模式与方式，它既是指一种过程，又是指一种结果，其主体、范围、手段等都呈现出一定的层次性、多元化等特征。因此，现阶段我国民族山区农村社会中的贫困现象及其人口问题是可以基于社会控制的手段把它抑制在一定限度内的，进而促使其得到有效治理的。

第二节　治理机制的运行原则

随着全球化的日益深化、社会的不断进步与农村扶贫工作的逐步完善，武

---

① 中国社会科学院语言研究所词典编辑室：《现代汉语词典》，第6版，北京：商务印书馆，2012年，第1679页。

② 徐勇：《GOVERNANCE：治理的阐释》，《政治学研究》，1997年第1期，第63-67页。

陵山转型农村中的贫困现象及其人口问题虽然得到了较好的治理，但它给社会经济发展带来的消极影响仍然比较明显，这主要体现为制约农村现代化建设与乡村振兴、妨碍民族农村全面建成小康社会的有效推进以及影响构建和谐社会的进程等。可见，民族山区，尤其是武陵山区各级政府在引导农村进行转型发展的过程中就要对这些贫困现象及其人口问题进行有效的治理。因此，武陵山片区各级政府等部门要对转型农村的这些贫困现象及其人口问题进行有效的治理，引导村民摆脱目前的贫困生活状态，就要秉承精准扶贫的理念，科学认识其贫困现象及其人口的基本成因与形成机理，运用现代化的思想来指导并规范自己的行为，从而把农村的扶贫工作真正落在实处。基于武陵山转型农村贫困现象及其问题的复杂性，在具体运作其扶贫工作时，就应做到以下几个原则的有机结合以及合理协同，以促使武陵山转型农村社会经济发展中的贫困现象及其人口问题得到真正而有效的治理。

一、马克思主义指导原则[①]

马克思主义指导原则的基本含义是指农村扶贫工作的有效开展要以马克思主义为指导，通过正确的世界观与方法论来科学认识武陵山转型农村的贫困现象及其人口问题，对武陵山农村的贫困现象及其人口问题进行客观描述与分类，使其贫困村民能够基于能力的提高来真正摆脱贫困的生活状态，保证乡村发展的正确方向，充分展现社会主义新农村的优越性，以建构与中国现代化建设及其发展相适应的社会主义现代化乡村。

二、系统性原则

基于前面的判断与分析，农村贫困现象及其人口的形成涉及整个社会经济系统中的诸构成要素，其形成不仅与村民特殊的个体有着内在关联，而且还与整个社会的客观发展水平、社会政策与环境等有着密切的关系。因此，武陵山转型农村的扶贫开发工作应基于国家战略与社会发展的大系统，为满足我国整个社会

---

① 邓克敏，蒋磊：《文化现代化建设的科学内涵与实现途径》，《河南商业高等专科学校学报》，2006 年第 1 期，第 105-108 页。

经济进步与社会发展的要求，对整个农村贫困人口的状况、分布与特征做系统分析，这是有效开展推进农村扶贫开发工作的重要环节（包括系统研究、设计、量化与协同等）。值得注意的是，武陵山转型农村贫困现象及其人口的系统分析也是一个动态的演进（动态适应与协同）与决策过程。

三、整体性原则

实践表明：任何事物都要借助于与其他相关事物的普遍联系而从属于某一个整体，由此，任何孤立而片面的分析都不能够揭示其本质与规律。要使武陵山转型农村的贫困现象及其人口真正得到较好治理，促使其农村社会经济得到良性运行，就要考虑影响它的各种因素，把区域内、外部作为一个整体来研究，这样才能全面、有效、合理地把其贫困现象及其人口控制在社会允许的范围内，以推动其农村现代化及其乡村振兴与和谐社会建设。

四、层次性原则

层次结构是自然界物质系统及社会系统的普遍属性，任何系统都具有一定的层次结构。这样，在研究现实社会中的贫困现象及其人口问题时，必须要首先区分其层次，搞清其结构，然后再区别对待。因此，在推进武陵山转型农村的和谐社会构建及贫困人口治理时，就要分清主次、层次分明，对不同层次的问题只能够在相应的层次上去分析并解决，不能"千人一面"，始终遵循一个模式，而是要分区域、分层次、因地制宜地应对。

五、前瞻性原则

一切社会的扶贫规划及其发展、扶贫战略的建构、资源的配置与基础设施建设等都必须建立在其现实状况及其发展趋势（更为重要的是潜在趋势）的基础上，从而体现其前瞻性与预测性，以探索武陵山转型农村社会经济发展的客观规律与未来发展趋势。特别是像我国正处在改革和社会转型的关键时期，前瞻性原则就显得更为重要，这就要坚持"有所为，有所不为"的策略，既能体现中国特色，又能显示我国现代化的未来客观发展态势，从而较好治理农村的贫困现象及其人口问题，以实现民族山区转型农村的和谐健康发展。

当然，基于前面对贫困现象及其人口问题的认识，贫困现象及其人口的形成是非常复杂的，在具体操作时，应把这几个原则有机结合起来，基于公共权力的配置与运作，来实现个体、社会与国家的协同，来处理转型农村在发展中的贫困人口，并把它控制在一定限度或范围之内，这也是比较符合武陵山转型农村贫困人口问题的实际与社会发展规律的。

第三节　治理机制探究

基于时代特征与我国农村社会经济发展的客观实际，现代农村社会的贫困现象及其人口更需要一种新型的治理机制——个体、政府与社会结合的互动治理机制。当然，这种新型的社会贫困治理机制不再仅仅是一个简单的或者阶段性的扶贫工作，而是一项具有长期性、动态性、全方位的引导贫困村民摆脱贫困生活状态的活动模式。现代社会中的农村脱贫机制是一种个体、政府与社会的有机融合，这三种活动主体之间的信息是畅通的，目标是一致的，协作是默契的，是一个动态的连续体，并最终形成一种新型的农村贫困治理机制。下面，本书来具体分析这种新型的农村贫困治理机制。

如前所述，我国目前既是世界上最大的发展中国家，也是世界上贫困人口相对较多的发展中国家，因而，为了缓解与治理农村的贫困现象及其人口问题，自中华人民共和国成立近70年来，党和政府基于农村不同的经济社会发展展开了以"输血、造血（开发式）"为模式的大规模农村扶贫实践行动，取得了令世人瞩目的伟大成就，受到了世界各国的一致好评。但是，从总体上说，由于社会经济的发展和脱贫机制主要是由政府主导的自上而下的路径与相应模式，这在全球化及市场经济日益深化的今天已经日渐显露出其一定的局限性。例如，"在自上而下的动员模式中，扶贫项目不单引起地方政府与民众的冲突，甚至令贫困民众长期陷入贫困的困境，甚或造成返贫的现实"①，从而在一定程度上削减了反贫困工作的效应。可见，在新形势下建立并完善适应全球化与市场经济规律的贫困治理机制，在目前就显得甚为必要和迫切，进而通过建立和完善有中国特色的农村贫困现象及其人口问题的治理机制，来较好推动民族山区，特别是武陵山转型农村的扶贫工作得到进一步有效开展。为此，基于前面对武陵山农村贫困形成机理的认识与武陵山转型农村贫困人口问题基本状况的把握，这里提出了一个以政府为主导的个体＋政府＋社会"三位一体"的综合治理机制与模式。在这种治理机制的战略框架下，政府的反贫困职能主要有以下几个方面：①科学构建层次化、区域化与精准化的贫困人口瞄准机制，逐步完善农村的社会保障制度及其体系。②转变政府职能，完善市场经济体制及其体系，尽可能提高公共服务及公共产品的质量。③进一步改善社会发展的条件。例如，搞好基础设施建设，以提供良好的社会运行环境。根据这种贫困治理的逻辑思路与战略框架，由政府主导的个体＋政府＋社会"三位一体"的农村贫困的综合治理机制的本质特征在于：基于政府职能的合理配置与充分发挥，处于社会结构中的贫困个体（人口）通过自身、社会（市场等）与政府的协同作用来摆脱其贫困的社会生活状态，从而把贫困现象及其人口问题控制在特定的限度之内，以实现贫困个体（人口）的较好治理。下面，本书结合调研，秉承精准扶贫理念，基于"输血与造血协同互动"②的综合扶贫战略与模式，以初步分析武陵山农村贫困的治理机制及其实现路径，以便有效地指导扶贫实践。

一、个体贫困与社会贫困：贫困治理的逻辑基础

调查及扶贫实践表明，要较好理解并把握这种由政府主导的个体＋政府＋社会"三位一体"的综合治理机制，还要区分个体贫困、区域贫困与社会贫困这三个概念，这是较好实施这种扶贫战略及其贫困治理机制的重要前提与现实依据。事实上，社会中之所以有贫困现象存在，就是因为社会上客观存在着的财富差异（如所谓的富人是相对于穷人而言的），相应地，某些人相对于富裕的人来

---

① 古学斌，张和清，杨锡聪：《地方国家、经济干预和农村贫困：一个中国西南村落的个案研究》，《社会学研究》，2004年第2期，第79-88页。

② 谭贤楚：《"输血"与"造血"的协同——中国农村扶贫模式的演进趋势》，《甘肃社会科学》，2011年第3期，第226-228页。

说就是穷人，这些穷人的不同组合便形成了所谓的区域贫困与社会贫困。因而，贫困现象必然是以具有一定自主性的贫困人口为载体而存在的，它不是一种静态的社会现象，而是一种随着环境的变迁不断演变的动态社会现象及过程。可见，要理解贫困个体的主体性，就有必要来认识什么是主体。通常情况下，主体是指"具有认识和实践能力的人"①，是与客体相对应的一个概念。这样，主体就可以定义为具有一定意识、经验和技能并在某一社会中从事认识活动和实践活动的个人与集团。根据这种认识和分析，贫困现象作为一种客观的社会存在，其主体就是贫困人口。由于人口是社会的最根本的构成要素，而贫困人口又是一种特殊的人口，因而，从人口与社会的层次性来看，根据前面对贫困及其主体的认识与理解，贫困现象就可以划分为个体贫困、区域贫困、社会贫困三种类型：①个体贫困指的是位于特定时空领域内的个体不能获得被当地社会所认可的维持社会生活资料的一种生存状态，这里的个体主要有"个人、家庭、阶层"等层次；②区域贫困就是指位于特定时空领域内的不同区域基于其自然条件和社会发展水平的客观差异而形成的一种贫困人口相对比较集中的社会生活状态，通常有贫困村、贫困地区、贫穷国家等层次，如我国的老少边穷等地区大多是贫困区域；③社会贫困则是指社会性贫困，它主要表现为在某一特定的社会内存在着客观的贫困现象及其人口，基于社会人口的自然更替，其具有动态性、长期性等特征。

不过，要理解并区分贫困主体的这种理论意义与价值，还要注意以下几点：①对某些特定的具体个体而言，其不仅具有层次化特征，而且还具有明显的个别性、短暂性与过渡性等特征；②具体的个体贫困的存在是区域贫困与社会贫困存在的根本前提和基础，即"区域贫困与个体贫困在多数情况下是联系在一起的，区域贫困一定会包含有个体贫困的发生，而个体贫困的发生则未必伴随着区域贫困的发生"②；③一般来说，个体贫困具有一定的阶段性、暂时性等特征，而社会贫困则具有动态性、长期性等特征。

当然，这里仍需要进一步指出的是：对贫困主体的区分与把握既具有重要的理论意义，又具有重大的实践意义。例如，贫困人口的层次性与区域性特征为科学确定扶贫的瞄准目标提供了基本理论依据和现实基础；在贫困县实施的开发

---

① 中国社会科学院语言研究所词典编辑室：《现代汉语词典》，第6版，北京：商务印书馆，2012年，第1701页。

② 朱力：《当代中国社会问题》，北京：社会科学文献出版社，2008年，第301页。

式扶贫模式虽然具有积极的意义，但现阶段主要是瞄准了贫困村，而这样就未必瞄准了真正的贫困村民等。因此，对个体贫困、区域贫困与社会贫困概念的正确理解和把握有助于科学确定治理贫困的重点、层次、范围以及合理安排治理贫困的步骤，任何国家和地区在制定其扶贫措施时，不仅要因地制宜，而且要根据扶贫工作的需要，基于社会的整体发展视角来优先考虑不同层次的个体贫困与区域贫困，从而把社会性的贫困现象及其问题控制在合理的限度之内，以便较好地治理其贫困现象及其人口问题。

二、扶贫工作的运行机制：贫困治理的重要保障

基于前面对机制（机理）内涵的分析，民族山区转型农村扶贫工作的运行机制也就不难理解了，简单地说，它就是指少数民族山区的扶贫工作基于其运动、变化和发展而形成的带有规律性的模式与方式。研究民族山区农村扶贫工作的运行机制既是民族山区农村贫困现象及其治理和社会现实发展的需要，又是实现城乡社会良性运行及协调互动发展的需要，从而更好地为我国社会经济改革与发展服务。因此，民族山区转型农村，尤其是武陵山农村要搞好其贫困现象及其人口问题的治理，就需要有效的扶贫工作运行机制。那么，民族山区转型农村扶贫工作的运行机制究竟包括哪些内容？其内涵是什么？这既是一个理论问题，又是一个实践问题。一般说来，扶贫工作的运行机制有横向和纵向两个层面，这里主要讨论其纵向的运行机制。如前所述，民族山区农村贫困问题的治理是一项复杂的社会有机系统和工程，具有整体性、长期性、动态性等特征，因而，基于调查及理性分析，本书认为武陵山转型农村扶贫开发工作的主要运行机制应包括动力机制、整合机制、激励机制、引导机制与保障机制等五个层面，这些机制既相互独立又相互联系并统一于武陵山转型农村的扶贫工作之中。本书试图以恩施州的农村贫困现象及其人口问题为个案，基于时空社会学视角，对民族山区农村扶贫工作的运行机制进行较为全面而系统地分析，向人们展示民族山区特别是武陵山农村扶贫工作运行机制的初步轮廓。

（一）扶贫工作的动力机制

社会发展及其进步的实践证明：一个社会只有在内在地形成了适度的发展

动力时，它才能保持其持续、稳定与和谐的发展态势。马克思曾指出："满足需要的活动和已经得到的为满足需要的工具，又引起了新的需要，这种新的需要的产生是第一个历史活动。"[①] 可见，动力源于人与社会的特定需要，农村的扶贫工作亦然。基于人与社会的复杂性，农村扶贫工作的运行及其动力是一个十分复杂的系统，人与社会的各种复杂需要则是最基本的原动力。当然，这种需要不仅是复杂的，而且其内涵也是不断变化的，根据不同的划分标准可以将其分为生存需要与发展需要、客观需要与主观需要、个体需要（个人、集体、国家）与社会需要等（当然，还有其他的划分方法，如马斯洛的五层次需要理论[②]）。因此，扶贫工作的动力机制主要是由基于其需要的多样性和层次性的动力主体(贫困人口、政府、社会)、动力对象（贫困人口及扶贫工作部门）、动力传输手段及其整合而形成的带有规律性的运作模式和方式。这里，我们主要讨论动力主体对扶贫工作的意义与作用。由于扶贫工作的主要目的是促使农村的贫困人口摆脱贫困的生活状态和生存方式，因而，其动力主体有微观（个体行动者）、中观（群体）及宏观（国家、社会）三个层次，这三个层次的运行动力融为一体而成为民族山区农村扶贫工作运行的整体动力。所以，民族山区转型农村扶贫工作运行的有效动力机制就是要通过对动力主体需要的科学合理调节来开发其动力，从而使其现实发展（生存）的需要转化为推进、支持、引导及践行扶贫工作与治理贫困现象及其人口问题的动力。

（二）扶贫工作的整合机制

社会整合作为一种客观的社会现象，是指"社会利益的协调与调整，促使社会个体或群体成为人类生活共同体的过程"[③]，以实现人类社会的和谐发展。民族山区，尤其是武陵山转型农村在其现代化过程中扶贫工作的整合机制则是指影响农村扶贫工作中所涉及的社会整合诸因素（城市、农村及其内部诸要素）的相互联系及其功能以及资源和相关利益整合的方式，其整合对象主要是农村和城市的资源及其相互关系，如资源整合（文化资源、自然资源、社会资源）、利益整

① 马克思，恩格斯：《马克思恩格斯选集》（第 1 卷），中共中央马克思恩格斯列宁斯大林著作编译局译，北京：人民出版社，1983 年，第 32 页。
② 亚伯拉罕·马斯洛：《动机与人格》（第 3 版），许金声等译，北京：中国人民大学出版社，2007 年。
③ 郑杭生：《社会学概论新修》，北京：中国人民大学出版社，1994 年，第 53 页。

合（城市与农村、工人与农民、个体与集体）、区域整合等；其运作方式也有自下而上、自上而下两种基本整合类型。例如，恩施州的农村扶贫开发工作就是基于统筹城乡社会经济发展的理念，对农村与城市的基础设施在整合资源的前提下进行综合建设，积极利用国内外相关部门的扶贫资金，从而使其农村的贫困状况得到了较好的治理。当然，值得注意的是，这种整合机制应是自下而上与自上而下的有机结合与互动，其主要任务在于促使社会成员基于农村扶贫开发工作这一整合中心，来调整各利益集团（如工农关系、城乡关系、个体与群体关系等）之间的利益格局，整合全社会的各种资源，从而形成一个良性运行、协调互动的城乡协同发展的社会整体，从而为农村扶贫开发工作的有效开展提供良好的社会条件。

（三）扶贫工作的激励机制

民族山区，尤其是武陵山转型农村扶贫开发工作的激励机制是指激发并引导扶贫工作的主体（个体与群体）的价值观念与行为方式以及使其（激发主体性：积极性、能动性与创造性）认同并实现较好治理农村贫困的基本目标的运作过程，其关键在于对扶贫工作主体（个体与群体）的价值观与动力的引导和激发。从结构上分析，扶贫工作的激励机制主要由激励主体、激励对象、激励手段与激励过程四个方面构成，这里仅就其激励手段进行分析。实践证明：激励手段是为达到农村扶贫工作的目标所采用的具体激励方式，是激励机制的重要组成部分。一般而言，激励手段可以被分为物质性与精神性的激励手段，在具体操作时不仅要高度重视精神性激励手段的作用，而且还可将物质性与精神性的激励手段结合起来使用，以促使激励机制得到良性运行。例如，恩施州在治理农村贫困问题时，就通过运用以开发式扶贫为主导的以资代补、整村推进、教育扶贫与精神鼓励等措施并取得了良好效果。

（四）扶贫工作的引导机制

所谓农村扶贫工作的引导机制主要是指运用相关政策、法律法规及信息（市场、科技）等对人们推进农村扶贫工作的行为与方式加以制约和引导的带有规律性的方式，其主要有政策引导、法律法规引导与信息引导三种方式：政策引导本质上就是政策导向机制，它是党和政府及相关决策部门根据农村社会贫困现象及其问题的治理目标而制定的一系列扶贫政策和措施，如财政政策、投资政策及社会保障政策等；法律法规引导主要是指利用相关法律和法规对人们的行为加以制约和引导，如市场经济法规、价格政策及教育法规等；信息引导则是指相关职能部门要为扶贫工作提供各种信息服务，引导贫困村民要基于市场导向来搞好产业结构调整、拓宽就业渠道以及城乡市场对接等。例如，恩施州人民政府在推进农村扶贫工作时，不仅出台了一系列惠农政策，而且深入调研当地农村的地理气候及土质情况，合理引导农民实现了产业结构调整，为农村社会经济发展提供了政策、科技、就业与市场等经济信息，较好地推动了当地乡村建设的和谐发展，基于社会经济的发展较好地治理了其贫困现象及其人口问题，使贫困村民的基本状况与生活状态得到了较好改善。

（五）扶贫工作的保障机制

这里的保障和通常的社会保障是不同的，通常的社会保障主要是指对社会上那些需要社会救助的人所采取的福利、保险及救济等措施进行保护的过程，而这里的保障则主要是针对扶贫工作而言的，其目标是确保农村扶贫工作的良性运行。根据这种判断，农村扶贫工作的保障机制则主要是指促使并维持农村扶贫工作得到良性运行和协调发展的手段与方式。基于调研与理性分析，武陵山农村扶贫工作的保障机制主要有组织保障、制度保障与政策保障三个层次：①组织保障主要是指各级组织在推进农村扶贫工作时，要从战略的高度相互协同配合以确保农村扶贫工作的有序进行，各级组织及组织间要基于扶贫工作的复杂性、长期性、层次性及动态性来相互协同支持，这是组织保障的关键。②制度保障一方面是指农村扶贫工作作为一项制度必须要坚持社会主义方向，其根本目标是消除两极分化，逐步实现农村的共同富裕，涉及农村扶贫的任何制度都不能背离农村扶贫工作的这一根本目标与方向，同时，农村扶贫工作相关制度的创新也应是有利于农村贫困人口的治理与现代化农村的有效发展及其振兴的；另一方面，它是指扶贫资金要从制度上来保障其真正落在实处、办实事，按照当地的俗话说就是要用在"刀刃上"[①]。③政策保障则主要是指推进农村扶贫的相关政策要保证其连续

---

① 也就是说，扶贫资金要用好，用在真正的贫困村民身上。

性、稳定性与有效性，这有利于农村扶贫工作的有效开展与推进。例如，恩施州的农村扶贫工作之所以取得了较好的成效，离不开其强化组织领导，实行分级责任制；基于制度设计实施政策激励；秉承和谐理念，抓好班子建设；多渠道筹集扶贫资金等措施对农村扶贫工作实践活动的促进与保障。

当然，值得注意的是，民族山区，尤其是武陵山在进一步推进农村的扶贫工作时，应把上述五个机制有机结合并协同起来，使之贯穿于农村扶贫工作的具体实践之中，不可偏废任何一方。唯其如此，才可把武陵山的农村扶贫工作真正落在实处，使其得到良性运行和协调发展，以消除两极分化，实现民族山区转型农村的和谐发展与振兴。

三、贫困人口的治理机制：一个理论框架

基于全球化的深化与我国社会发展的实际，现代社会更需要一种新型的贫困治理机制，即由政府主导的个体＋政府＋社会"三位一体"的贫困人口的综合治理机制。在这种贫困治理机制的战略框架下，要较好解决武陵山转型农村的贫困现象及其人口问题，我们就需要采取治理的思路。

（一）勤劳与进取：贫困人口层面的努力

由于贫困人口是贫困现象及其问题的直接承担主体，要促使其摆脱贫困的社会生活状态，贫困人口的勤劳与进取就是其脱贫致富的内在源泉与基本前提，因为内因是其变化的根据，而外因是其变化的条件。对武陵山转型农村的贫困人口而言，这种勤劳与进取主要有以下方面的含义：一是贫困人口要通过自己的辛勤劳动来获取基本的生活资料，这就要求贫困人口要不断增强自己的发展意识与能力，积极进取；二是指贫困人口要学会理财，如合理支配财产、积累一定资金等。那么，对贫困人口而言，究竟应怎样才能尽可能摆脱贫困的生活状态呢？结合调研与理性判断，本书认为贫困人口摆脱贫困生活状态的路径主要表现在以下几个方面。

1. 更新观念，增强自我发展意识

民族山区，特别是武陵山转型农村已有的扶贫工作实践证明：贫困村民要

摆脱其贫困的生活状态，最根本的就是要促使贫困村民更新观念，增强自我发展意识，从而增强其自我发展能力。因此，武陵山转型农村的贫困村民要树立勤劳致富的信心，就必须破除"等、靠、要"的依赖思想，形成同贫困生活做斗争的心理准备与良好的社会适应能力，逐步增强其摆脱贫困的自我发展意识和能力。结合调查与理性分析，贫困村民的这种自我发展意识主要表现为：①克服懒惰意识与"等、靠、要"的依赖思想，树立勤劳致富的观念；②树立自立自信的意识，强化商品观念与市场意识；③学会科学种田，树立现代农业的科技意识等。从这种意义上说，这些观念与意识的更新是贫困村民摆脱贫困的思想基础与行动起点，只有从观念上更新其思想与意识，贫困村民的自我发展意识才能真正得到增强。

2. 加强学习，提升自我发展技能

贫困村民自我发展意识的增强，并不等于直接提高了其自我发展能力，只有引导贫困村民意识到并主动学习掌握摆脱贫困的相关技术知识，贫困村民的自我发展能力才会得到真正增强，这是贫困村民摆脱贫困达到温饱生活的根本保证。调查结果表明，提高贫困村民自我发展技能的基本路径主要有：①引导贫困村民学会科学种田，实施科技扶贫，这是促使其摆脱贫困生活状况的根本措施；②加强农村职业学校教育，提高其科学文化素质；③通过农业使用技术培训与就业培训，促使贫困村民掌握多种技术等。这也正如李鹏同志 1997 年 7 月 20 日在贵州考察时所说的那样："没有文化素质和先进的农业科技知识，即使一时脱了贫，一旦遇到天灾人祸，就很容易返贫，更谈不上科技开发性扶贫。"[①] 可见，武陵山等民族山区能否打好脱贫攻坚战，最终要取决于贫困村民的文化素质与农业科技知识的掌握状况。

3. 加大人力资本投资，实现多样化的家庭经营

20 世纪六七十年代，美国著名经济学家舒尔茨等创立了"人力资本理论"[②]，开辟了人类关于人的生产能力分析的新思路，该理论的核心内容主要包括：①人力资源是一切资源中最主要的资源，人力资本理论是经济学的核心问题；②在经

---

① 转引自刘斌，张兆刚，霍功：《中国三农问题报告》，北京：中国发展出版社，2004 年，第 470 页。
② 西奥多·W. 舒尔茨：《人力资本投资——教育和研究的作用》，蒋斌，张蘅译，北京：商务印书馆，1990 年。

济增长中，人力资本的作用大于物质资本的作用；③人力资本的核心是提高人口质量，教育投资不仅是人力投资的主要部分，而且是提高人力资本最基本的主要手段；同时，不应当把人力资本的再生产仅仅视为一种消费，而应视为一种投资，这种投资的经济效益远大于物质投资的经济效益；④教育投资应以市场供求关系为依据，以人力价格的浮动为衡量符号，从而实现人力资本的回报。可见，人力资本投资主要就是指人们在知识与技能等方面所做的一种学习、教育投资，以形成一种以人为载体的可利用的未来资本。人力资本凝结在社会人身上，可用一个社会拥有的劳动力的质量与数量，特别是质量来表示，这种人力资本并非是与生俱来的，而是需要通过学习与教育等投资来形成，从而增加人的体力和未来的知识与技能。当然，形成人力资本的投资是多方面的，其形式复杂多样，内容相当广泛。值得注意的是：基于这种判断，前面分析的贫困村民通过学习提高自己的自我发展技能也就是一种人力资本投资。这里主要讨论教育投资对贫困村民自我发展能力的影响。用于教育和培训的投资，主要有以下几个层面的含义：一是对子女的教育投资，即以一定的成本支出让子女去获得在各种正式或非正式的学习场合系统地接受初等、中等与高等教育的机会，这既可以促使其子女掌握基本的科学文化知识和谋生技能，又可以使其品格、道德和观念都得到较好的社会化，为该家庭或子女的脱贫进行前期准备；二是贫困村民或家庭成员通过多渠道的再教育、学习与培训来提高劳动力的质量，即通过提高劳动者未来的知识、技能水平、工作能力、劳动熟练程度及劳动生产率，以增加其就业的机会，从而增加其未来收入；三是人力迁移投资，即通过花费一定的成本支出来实现人口与劳动力在地域间或产业间的迁移与流动，变更就业机会，以便更好地满足贫困村民或家庭成员自身的偏好并创造更高的收入，这主要包括用于农村剩余劳动力的转移和子女毕业后在劳动力市场上谋求职业时所花费的相关费用。

当然，调研结果还表明：贫困村民在提高自己的科学文化素质的同时，还要根据各区域的特色遵循政府主导与村民主体对接的原则来选择适合自己的发展模式，实现家庭经营的多样化与层次化，这里主要有家庭经营的规模化、范围化，以实现家庭经营的范围经济与规模经济，这既是武陵山等民族山区转型农村经济发展的基本趋势，也是贫困村民摆脱贫困生活状态的重要路径。限于篇幅，这里主要讨论家庭经营中的范围经济是如何实现的。家庭经营中的范围经济主要是基于区域与用途的相关性，通过农业产品（包括同一产品）的多样化生产及多种服务（人力及工具等）来实现的，是一种注重区域差异、时空差异，利用多样化经营与生产要素的有效组合来获取综合经济利益的生产方式，其主要有两种基本类型：农业产品的多样化生产；工具与人力的多样化服务。首先，究竟什么是农业产品的多样化生产？其他主要包括对传统农业的现代改造与新兴产业的开发及其发展。自改革开放以来，产业结构的调整使得湖北少数民族山区的种植结构发生了很大变化，农民不仅采用优良品种分季节来种植粮食作物，而且因地制宜地种植了一些见效快的经济作物，这样便可视季节的差异和土质状况来实现农业产品的多样化种植，从而获取范围经济；同时，同一农产品的多样化使用及其一体化、一条龙的加工服务，也可实现相应的范围经济。值得一提的是，部分农民目前已经突破原有农业产品的束缚，开发、引进并培植了新的农业产品（如技术密集型的蔬菜、菌类作物的生产、野生动物家养、花果的工业化生产等），从而拓展了农产品多样化经营的范围。其次，什么又是工具与人力的多样化服务呢？所谓工具与人力的多样化服务主要是指某些农用工具与人力的多种用途。农用工具一般都具有特定用途，但在现实生活中，人们却发现它还具有其他功用，从而通过降低成本来获取相应的范围经济。例如，干湿磨的基本功能是加工面粉，但人们发现还可以利用它来完成制作豆腐等的相关程序；牛的基本功能是自家犁田耕地，但现在人们还利用自家的牛给别家犁田耕地，以此来获取相应的经济效益；等等。至于人力的多种用途，这是基于劳动生产率的提高使得某些农户出现了剩余劳动力，这些剩余劳动力一般由于都具有一些特殊技能，于是通过经商、运输与加工外出务工等非农产业途径来实现范围经济。据调查，外出务工或就近务工（长期或短期）等多种家庭经营已成为目前贫困村民脱贫致富的有效途径。

当然，这里还需要进一步指出的是：贫困村民的自我发展能力是分层次、多样化的，在不同的时期有不同的内涵，是一个动态的渐进发展过程。在市场经济日益完善的全球化时代，村民的自我发展能力可以被概括为"观察能力、应变能力、风险承担能力、竞争能力、组织能力、学习能力和创新能力"[1]，这些能力的综合协同便构成了其摆脱贫困的自我发展能力，从而保证了农村社会的现代化建设及其可持续性。这也正如一些学者基于调研所指出的那样，"在有些地方，即在生产技术水平没有提高的地方，在新的投资没有改善人口质量的地方，在人

---

① 王春光：《农民的自我发展能力从哪里来？》，《湖北日报》，2006-3-30（10）。

均再生资本量没有增加的地方，贫困滋生出更多的贫困"①。这种观点从侧面进一步印证了贫困村民增强自我发展能力的必要性。因此，贫困村民观念的更新、自我发展能力的增强是促使其摆脱贫困生活状态的根本路径。

（二）主导与控制：政府层面的责任

随着全球化的日益深化与市场经济的不断完善，我国目前正处在社会转型的关键时期，不仅社会发展出现了一些新变化（如利益调整格局加快、产业结构调整明显与社会主要矛盾变化等），而且其社会结构也正在发生着深刻变革，因而，我国在"社会转型期出现较多的贫困问题就不难理解了"②。当然，这里还需要说明的是，虽然贫困现象自从人类社会产生以来就或多或少地客观存在着，但"贫困仅仅是在市场经济的现代社会才成为严峻的问题，那么也仅仅在市场经济的现代社会才迫切地呼唤着这一问题的解决"③。现在的问题是，在市场经济日益完善的今天，我国要较好治理农村的贫困现象及其人口问题，究竟应该如何应对？在应对农村贫困的过程中，究竟谁应该承担起治理贫困的主要责任？明确这两点是现代社会较好治理贫困现象及其问题的根本前提。事实上，社会发展及其实践已经证明：把贫困仅仅理解为贫困者的个人责任而且是道德的观点，在今天已经没有任何市场了，"把贫困理解为社会制度的责任，贫困是万恶的私有制的必然产物，人类在道德上有责任去推翻私有制的观点，在今天也已经暴露出其局限性，这是一种认识论上的局限性"③。那么，在以市场经济为基础的现代社会，究竟谁应该为贫困现象及其问题的治理承担起主要责任呢？基于前面对贫困形成机理的认识，贫困现象及其人口问题的形成是在社会自身运行的过程中产生的，其根本的原因在于贫困者自身与社会结构的作用，因而，只有"一方面承认和维护社会成员平等地具有占有物的权利，另一方面尽可能地努力解决对占有物的不平等问题，在承认和维护自由权利的前提下来解决贫困问题"③。由此，较好治理贫困现象及其人口问题的主要责任就在于政府，因为只有政府才可以维护和保障人们的自由权利与公正享受现代文明成果的基本权益，并尽可能地解决贫富的

---

① 西奥多·舒尔茨：《经济增长与农业》，郭熙保等译，北京：北京经济学院出版社，1991 年，第 206 页。
② 谭贤楚，朱力：《基于社会转型的贫困问题及其治理》，《前沿》，2010 年第 3 期，第 140-142 页。
③ 崔宜明：《自由、贫困与政府的责任》，《上海师范大学学报（哲学社会科学版）》，2008 年第 2 期，第 18-23 页。

两极分化与不平等问题。因此，在全球化不断深化与市场经济日益完善的客观背景下，我国政府应积极"应对社会环境变化和时代特征，对自己的职能进行调整与适应，转变政府职能，构建现代服务型政府"[①]，其主要目的在于构建和谐社会并使社会主义的优越性得到充分发挥，其结果是通过职能转变，使得我国政府真正成为与市场经济相适应的服务政府、责任政府、有限政府、民主政府。在这种现代服务型政府的职能中，对贫困现象及其人口的控制与治理就属于公共管理最基本的社会职能，从公民自由与社会公正的角度讲，这正是政府在扶贫工作及其管理中应承担的主要责任。那么，我国政府在武陵山等民族山区转型农村的扶贫工作中究竟应承担哪些责任呢？以调研与理性判断为基础，根据我国民族山区转型农村社会发展及贫困人口的实际状况，我国政府在武陵山转型农村贫困治理中的责任主要有以下几个层面。

1. 进一步完善贫困瞄准机制，科学制定贫困治理目标

人类社会已有发展历史与世界各国的扶贫实践表明：贫困现象及其人口的治理不仅是"与世俱进"的，而且是一项复杂而系统的社会工程，其治理过程是一个系统化、多层次的、社会性的动态演进过程。因此，政府要解决好武陵山转型农村的贫困人口治理问题，一方面要科学认识贫困的性质及其层次与类型，另一方面要对武陵山转型农村贫困状况及其分布进行较好识别与准确把握，这是政府较好治理武陵山转型农村贫困人口问题的逻辑起点与出发点，也是其科学制定贫困治理目标的根本前提与基本依据。

（1）转变观念，更新认识

"没有革命的理论，便没有革命的行动。"[②]武陵山等民族山区转型农村的基础落后、经济发展缓慢、城乡差距较大、生存环境恶劣及自我发展能力较低等客观制约因素，必然使得其贫困现象及其人口问题的治理具有特殊性、阶段性与渐进性等基本特征。然而，调研却表明，政府及其相关部门似乎对农村扶贫开发工作的长期性、艰巨性、复杂性、层次性等特征认识不足。例如，对残疾人与老年人等丧失其基本谋生能力的弱势村民更应成为社会关心和帮扶救助的对象。因

---

① 谭贤楚：《社会基础与路径选择：基于社会转型的政府职能变迁研究》，《湖北民族学院学报（哲学社会科学版）》，2010年第3期，第131-135页。

② 列宁：《列宁全集》（第6卷），北京：人民出版社，1986年，第23页。

此，武陵山等民族山区各级政府要有效推进其扶贫工作，使民族山区转型农村的贫困人口问题得到较好治理，就需要从战略的高度对贫困性质进行新认识①。事实上，基于社会的转型及其进步，社会结构的变迁是客观规律，因而市场经济体制的确立必然会导致追求效率与优胜劣汰，也就在一定程度上导致了某些贫困人口的产生，即贫困现象及其人口问题的产生并非完全是过渡性的，而是普遍存在的一种客观社会现象，具有长期性、动态性与阶段性等特征，因而，基于贫困问题的结构性、层次性与复杂性及其对扶贫政策选择的直接影响，政府对其治理应有战略眼光与新思路，在治理思路上要着眼长远、整体把握、层次分明、突出重点，这既是我国较好治理民族山区转型农村贫困人口的前提，也是使我国农村得到可持续发展的重要保障。

当然，值得注意的是，转变领导与群众的落后思想观念，目前也显得甚为必要和迫切。调研结果显示，武陵山转型农村贫困人口的思想观念和生活方式落后，其部分根源也在于当地领导干部的思想观念比较落后及素质比较低。因此，要重点转变各级领导班子的思想观念并提高其科学文化素养；同时，还要通过各种有效途径引导贫困人口反对封建迷信，革除落后的生活习俗，更新观念，增强市场意识与竞争意识，树立摆脱贫困的自信心，使他们拥有主动、积极、向上的精神风貌，以提高其自我摆脱贫困的发展能力。

（2）完善贫困对象的瞄准机制：以贫困人口为逻辑起点

在 21 世纪的今天，随着扶贫工作的进一步推进，我国农村扶贫工作进入了一个新的历史时期，特别是武陵山转型农村在扶贫工作中出现了扶贫效应递减、返贫问题较明显与扶贫成本增加等一些新情况。调研结果及相关资料均显示，目前我国武陵山等民族山区转型农村的贫困人口处于一种小集中大分散、三种贫困并存、发展型贫困比较突出、扶贫难度越来越大的格局，"用常规的扶贫措施与模式已经难以取得预期的效果"②，由此，在现阶段，完善贫困对象的瞄准机制显得甚为必要。所谓完善贫困对象的瞄准机制就是指在开展扶贫工作时，首先就要明确贫困对象，把过去的区域贫困瞄准转变为以贫困人口为逻辑起点的家庭瞄

---

① Tan X C, Zhu L. Fissure and Governance: Research on the Poor Groups of the Modertate-sized City in the National Areas Based on the Background of Social Transformation. 2009 International Symposium on Sustainable Development of City Group. Sydney, Australia: Aussino Publishing House, 2009, 516.

② 陈凯，李才：《论扶脱贫机制及操作要领》，《农业经济问题》，1996 年第 11 期，第 7-11 页。

准、个体瞄准与群体瞄准，真正做到精准瞄准贫困人口，基于对贫困人口的基本状况及其分布的准确把握，用事先确定好的标准与思路来分配扶贫资源，并有效实施不同的精准扶贫路径。

如前所述，武陵山转型农村的贫困人口可划分为生存型贫困、温饱型贫困与发展型贫困三种基本类型，这是较好治理民族山区转型农村贫困问题的基本事实与理论依据。这要求各级政府在确定扶贫对象时，不仅要区分贫困区域，而且要区分生存型贫困、温饱型贫困、发展型贫困这三种基本类型的农村贫困人口，从而在有效把握农村贫困人口的基本现状及其分布的基础上，来精准瞄准农村贫困人口，以便有针对性地实施不同的扶贫路径来救助不同类型的贫困人口。例如，对于生存型贫困人口应该直接以救济式扶贫为主，对于发展型贫困人口则应以开发式扶贫为主来实施扶贫。这也正如某些学者所指出的那样："对于贫困人口中的'五保户''残疾人'等丧失劳动能力的人口，救济式扶贫是唯一选择。"[①]。否则，真正的贫困人口就会"难以享受到国家扶贫资金援助和各种优惠政策，扶贫资金投入就易偏离目标群体"[②]。例如，真正的农村贫困户在目前所谓的贫困村瞄准机制中得不到资金扶持便会顺理成章了。同时，调查结果还显示，甚至有些扶贫资金以扶贫项目为名流向了农村非贫困人口，受益的反而是农村中比较富裕的人口。因此，区分贫困人口、贫困群体及贫困区域是现阶段武陵山转型农村在扶贫工作中较好治理其贫困现象及其人口问题的理论基础与事实依据，这对政府准确把握农村扶贫工作的重点和步骤，优先安排其贫困治理措施和资金投入具有重要的理论意义与实践价值，应引起各级政府及相关部门的高度重视。

（3）科学构建农村贫困的治理目标

如前所述，我国武陵山等民族山区转型农村的贫困现象及其人口问题虽然是在社会运行及其主要构成要素相互演变的过程中形成的，但对其具体的贫困人口而言，却往往是多种因素交互作用的产物，其致贫的主导因素之间有着明显的差异。因此，基于前面对农村贫困现象成因及其形成机理的认识，武陵山转型农村的贫困治理目标应该是一个多层次、多维度的综合目标，既要分清主次、突出重点，精准识别贫困人口，又要基于主要矛盾的解决来实施综合治理，以应对不同类型的贫困人口的基本需求与农村社会的良性运行及其和谐健康发展，其着眼

---

① 刘志文：《21世纪扶贫战略新思考》，《农业经济问题》，2005年第8期，第9-14，79页。

② 聂华林：《中国西部三农问题报告》，北京：中国社会科学出版社，2006年，第219-220页。

点与根本路径是瞄准真正的农村贫困人口，这是新形势下武陵山等民族山区转型农村扶贫开发工作及其目标的根本前提，也就是说，农村的一切扶贫工作都应该围绕其真正的贫困人口来展开。由此看来，合理构建武陵山等民族山区农村贫困的治理目标，强化其扶贫责任应是各级政府从战略与全局层面来认真加以思考的问题，关于这一点，中央文件早就明确指出，"各级党委和政府要进一步加大扶贫开发力度，强化扶贫工作责任制，提高扶贫成效"①。因而，科学构建农村贫困的治理目标应成为各级政府较好治理其转型农村的贫困现象及其人口问题的根本基础与前提。

那么，针对武陵山等民族山区转型农村而言，各级政府的治理目标究竟有哪些呢？结合调查与理性判断，这些治理目标主要有以下几个方面：①着力解决农村剩存贫困人口（特别是生存型贫困村民）的温饱问题，这是当前各级政府治理民族山区转型农村贫困现象及其人口问题的首要任务，以此为基础来提高贫困人口的自我发展能力（特别是处于生存型的贫困村民）应成为治理农村贫困现象及其问题的根本目标，因为"随着贫困人口的不断减少，剩余贫困人口的脱贫难度就越来越大，如果不是瞄准贫困人口，扶贫工作是很难取得更大成效的"②。②引导村民实现种植结构与产业结构的调整，大力发展农村经济，提高农村整体社会经济发展水平，改善农村的生产生活条件，以提高村民的生活质量与水平。③基于乡村建设及其振兴的进一步推进，促使农村社会得到全方位的发展（社会、经济、政治与文化等），实现农村的可持续健康发展。例如，虽然单纯的农村经济增长有助于贫困现象及其问题的缓解及治理，但经济增长并不一定就能减缓贫困，相反，"不适当的经济增长甚至还可能扩大和加重贫困"③。④加强农村基础设施与生态环境建设，完善农村公共服务职能和体系，如治理水土流失、农田水利建设、植树造林及强化基础教育等，为农村贫困人口提供良好的公共服务与社会生活条件。⑤消除贫富的两极分化，把农村贫困现象及其人口控制在特定的合理限度之内，实现农村社会经济的稳定与可持续发展。农村社会发展及其扶贫实践表明，若一个社会中的贫富分化比较严重，那么该社会就会面临着一定的潜在社会危机和不稳定，而社会经济发展的停滞或倒退是不利于农村贫困现象及其人

---

① 国务院：《中共中央国务院关于促进农民增加收入若干政策的意见》，网易财经频道，http://money.163.com/10/0126/18/5TVNNN3V002544P9.html（2011-3-28）。

② 范小健：《中国特色扶贫开发的基本经验》，《求是》，2007年第23期，第48-49页。

③ 屈锡华，左齐：《贫困与反贫困——定义、度量与目标》，《社会学研究》，1997年第3期，第106-117页。

口问题的治理的；同时，农村贫困区域要摆脱贫困的生活状态，需要一个稳定持续的发展过程，因为"无论是一定程度地缩减贫困范围，还是从总体发展水平超越贫困线，都需要有一个稳定持续的社会经济发展过程"[1]。因而，消除贫富的两极分化，引导贫困村民摆脱贫困的生活状态，实现农村社会的可持续发展是农村贫困现象及其治理的重要目标与根本保障。

2. 加大公共投资力度，培育良好社会环境

基于前面对农村贫困形成机理的认识和理解，一个社会客观的发展状况及水平对其贫困现象及其人口问题的治理有着重要影响，也就是说，良好的社会基础条件与环境是缓解与治理贫困问题的重要条件与客观现实基础。社会发展及其实践表明，社会发展客观状况的改善及其进步主要表现在经济的发展、基础设施的完善、公民素质的提高与社会环境的改善等方面。可见，改善社会进一步发展的社会环境与客观状况，对武陵山等民族山区转型农村的贫困人口治理具有重要的现实意义和作用。例如，有学者基于实证研究认为，"20 世纪 80 年代中后期以来，中国农村贫困问题的减少，70% 来自于经济快速增长。经济增长影响农村贫困主要是通过收入增长和就业增长两个渠道发挥作用的，二者都正向地推动了中国农村贫困的减少"[2]。不仅本书的调查研究证实了这一看法，而且这一论断也印证了国外相关研究[3]的观点。因此，良好的社会客观环境（经济发展、基础设施与公民素质等）及其状况是促使武陵山转型农村摆脱贫困的重要条件与现实基础。下面，本书结合调研对此做简要分析和判断。

（1）加大基础设施投资及其建设：治理贫困的客观基础

调研表明，武陵山转型农村基础设施落后，交通不便等仍然是制约其扶贫效果的重要因素。事实上，"贫困农户所处的自然环境相对较差，其所处环境的基础设施虽然不断完善，并已经达到一定水平，但与全国平均水平相比仍然相对

①　屈锡华，左齐：《贫困与反贫困——定义、度量与目标》，《社会学研究》，1997 年第 3 期，第 106-117 页。

②　李石新：《中国经济发展对农村贫困的影响研究》，北京：中国经济出版社，2010 年，第 276 页。

③　西奥多·舒尔茨：《经济增长与农业》，郭熙保等译，北京：北京经济学院出版社，1991 年；马丁·瑞沃林：《贫困的比较》，北京：北京大学出版社，2005；西奥多·W. 舒尔茨：《改造传统农业》，梁小民译，北京：商务印书馆，2006 年；阿玛蒂亚·森：《资源、价值与发展》，杨茂林、郭建译，长春：吉林人民出版社，2008 年；威廉·伊斯特利：《白人的负担：为什么西方的援助收效甚微》，崔新钰译，北京：中信出版社，2008 年。

滞后"①。 正视并明确这一点，不仅可以为武陵山等民族山区贫困农村加大投资力度提供合理的现实依据，而且有助于更好地为其转型农村的贫困人口提供较好的生产生活条件，以满足其摆脱贫困的基本生活与生产条件。可见，"加强基础设施建设，完善现代流通网络"②在现阶段显得甚为必要和迫切。事实上，比较好的农村基础设施与比较完备的现代流通网络是少数民族农村山区推进农村现代化建设及其振兴的重要支撑条件与保障。民族山区农村地区的基础设施建设主要包括交通、水利、能源与通信等，这是完善农村流通网络的基础，而流通网络的完备是农村实现规模范围经济的重要保障。可以这么说，民族山区农村地区的落后，在一定程度上是流通网络的落后。因此，在完善农村基础设施与流通网络的基础上，"以现代流通网络为依托，向农村产业化综合服务延伸，是形成助农增收长效机制的有效途径"③，农民不仅可以降低日常消费成本，而且可以通过规模范围经济来逐步实现增收。

因此，中央、省、地级市（州）及县等各级政府部门都要加大对民族山区贫困农村的基本农田、水利设施、公路、通信设施等方面进行重点投资和政策支持，建立"由国家、地方和贫困农户组成的多层次、多渠道筹集资金的新型融资机制"④，加大其贫困农村的基础设施建设。这些基础设施建设的重点似乎应是乡村公路、通信设施、水利设施、基础能源及基本农田等方面，以满足其贫困村民的基本生产能力⑤并为其增收提供较好的现实社会基础与条件，从而为较好治理民族山区转型农村的贫困人口营造一个良好的客观基础。

（2）加大农村教育投入，优化发展农村教育事业

本书调研表明：民族山区转型农村贫困村民素质的低下是影响其脱贫致富的重要因素，这与国外学者⑥提出的一些实证研究的观点是一致的。因此，加大

---

① 国家统计局农村社会经济调查司：《2007中国农村贫困检测报告》，北京：中国统计出版社，2008年，第19页。

② 谭贤楚，刘伦文，龙永红：《规模范围经济：新农村建设的着力点》，《商业时代》，2007年第7期，第8-9，32页。

③ 杨占科，朱修国：《现代流通助推新农村建设——山东莒南调查》，《求是》，2006年第12期，第41-42页。

④ 赵曦，刘慧玲：《农村反贫困战略的目标及思路考察》，《改革》，2007年第12期，第70-76页。

⑤ 这里的生产能力主要是指贫困家庭的综合生产能力，如基本农业生产能力、剩余劳动力的转移能力等。

⑥ 西奥多·W.舒尔茨：《人力资本投资——教育和研究的作用》，蒋斌，张蘅译，北京：商务印书馆，1990年；加里·贝克尔：《人力资本理论》，郭虹等译，北京：中信出版社，2007年；阿玛蒂亚·森：《贫穷与饥荒》，王宇，王文玉译，北京：商务印书馆，2001年；西奥多·W.舒尔茨：《改造传统农业》，梁小民译，北京：商务印书馆，2006年。

农村教育投入，完善其教育结构体系，培育高素质新型农民是治理民族山区转型农村贫困现象及其人口问题的关键。这也正如美国著名经济学家奥肯所指出的那样："落后地区贫困的根源是缺乏教育和训练，而要打破这种'贫穷—不良教育—贫穷'的恶性循环，最有效的办法就是向贫穷的敞开教育的大门。"[①] 同时，"国内外人力资源理论与实践研究表明，劳动者素质与生产率之间具有很强的正相关作用"[②]。可见，加大西部民族山区转型农村的教育投入，大力发展农村教育事业，尤其是农村职业教育是各级政府的重要责任。下面，本书结合实际调查，对此进行简要分析。

1）更新农村教育观念，完善农村教育结构体系。人类社会发展及其实践表明："不管是城市的青少年还是农村的青少年，都面对三个世界：生活世界、知识世界和心灵世界。"[③]生活世界的教育需要家长和社会的主导才能完成，知识世界的教育主要依靠学校教育来达到，而心灵世界的教育则是终生的教育，可以通过人文学科的教育渗透逐步完善。同时，基于武陵山转型农村教育状况的调查表明：现阶段，民族山区转型农村的职业教育脱离农村实际的问题还比较明显地存在着。可见，要真正搞好农村的素质教育，就应该针对农村的实际发展需要与多元化趋势来更新其教育观念，以真正提高农村的义务教育质量与村民素质。因此，适应现代教育民主化、多元化的发展趋势，民族山区转型农村更新其教育观念显得甚为必要和迫切，因为"教育观念的变革是教育变革的基础，是最根本的变革"[④]。胡锦涛总书记也曾指出，"全面实施素质教育，核心是解决好培养什么人、怎样培养人的重大问题，这应该成为教育工作的主题"[⑤]。因此，要切实搞好民族山区转型农村的教育，就必须秉承面向"三农，服务三农"的教育理念，树立民主化、多元化的现代化农村教育观念，构建适合农村现代化发展的教育结构体系。那么，现在的问题是：这种适合农村现代化发展的教育结构体系究竟是怎样的？基于调查并结合理性分析，其基本思路为：实行农科教结合，普通教育、职业教育与成人教育统筹；紧密结合当地农村的经济社会需要与劳动市场的实

---

① 转引自彭腾：《在制度完善中消除农村返贫困》，《荆楚理工学院学报》，2009 年第 10 期，第 66-70 页。

② 王俊文：《当代中国农村贫困与反贫困问题研究》，长沙：湖南师范大学出版社，2010 年，第 315-316 页。

③ 王保军：《教育民主化视角下的农村教育观念更新》，《农业考古》，2006 年第 3 期，第 344-346 页。

④ 于龙斌：《转变教育观念：农村教育面向三农的根本所在》，《中国成人教育》，2007 年 24 期，第 188-189 页。

⑤ 郭祯：《中共中央集体学习 胡锦涛强调优先发展教育》，中国政府网，http://www.gov.cn/test/2007-10/10/content-773179.htm（2018-3-19）。

际，确定其职业教育的结构和层次；多层次、多渠道、多元化发展职业教育；加强城乡教育合作，优化农村教育资源配置，九年义务教育、农村职业教育、农村成人教育与农村技能培训等构成了这种教育体系的主要框架结构，以此为基础来形成一个与现代农村经济社会发展相适应的初等教育、中等教育与高等职业教育协调发展的现代农村教育体系。当然，在具体实践中，还应把民族山区农村的基础教育、职业教育与成人教育有机结合起来。

2）加大农村教育投入，优化发展农村教育事业。本书调研表明：武陵山转型农村的教育不论是其基础设施，还是其质量；不论是其师资水平，还是其教师待遇，与城市相比较，还是有明显的差距。结合调研和理性思考，武陵山"转型农村贫困产生的主要原因是教育贫困和自然环境、经济结构与历史因素等构成累积的贫困恶性循环。在这种情况下，必须选择教育反贫困的战略"[1]。可见，为民族山区转型农村的每一个孩子提供相对均衡的教育资源与受教育的机会，不断缩小城乡教育差距，是各级政府最基本的教育责任。因此，各级政府应不断加大农村教育投入，提高农村教育质量，优化发展农村教育事业，这不仅是不断缩小城乡教育差距，实现公平教育的重要路径，而且是民族山区贫困农村摆脱其贫困落后状态的内在关键。当然，这里需要指出的是：针对农村教育的投入而言，各级政府的作用是不一样的。例如，农村九年义务教育基础设施的投资主要由国家及省等政府承担，国家对农村教育进行投资是实现缩小贫富差距的一种方式，从而延缓马太效应极端现象的出现；农村教师的待遇主要由县政府及乡镇政府承担，发展农村义务教育应成为镇政府工作的一项重要职责等，从而形成国家、省、地方政府投资及社会融资办学的多元化投资格局。所以，不管从哪个角度看，办好武陵山等民族山区农村教育是政府的重要责任与义务，在实施乡村振兴战略、全面建成小康社会及构建和谐社会的过程中，这尤其应成为各级政府的重要职责与工作目标。

3）实现性别公平，关注农村女性教育。我国新农村建设和乡村振兴战略的实施与实践，给山区农村的女性带来了良好的机遇与发展空间。但调研结果却显示：武陵山转型农村的女性教育虽然有了明显改善，在现阶段仍然是国民教育体

---

[1] 赵茂林：《中国西部地区农村贫困与"教育反贫困"战略的选择》，《甘肃社会科学》，2005 年第 1 期，第 138-141，126 页。

系中比较薄弱的环节。例如，武陵山转型农村的初中辍学率中，农村女性的比例
占到绝大部分，这些适龄女性多数处于偏远民族贫困山区；同时，"农村家庭中
父母对子女的教育投资存在明显的性别偏好，这种重视程度的差异也必将影响农
村女性教育机会与能够接受教育的程度"①。此外，还有一个基本的事实，"相对
于男性而言，女性群体较为脆弱，贫困地区妇女更是如此，更需要全社会的关心
和资助，一个家庭中，母亲的状况决定家庭的命运，也影响后代的命运，资助了
一个贫困的母亲，就是资助了她的家庭，帮助了她的后代；帮助了贫困地区的母
亲，就是帮助了贫困地区的贫困人口"②。可见，实现性别公平，关注农村女性教
育也是民族山区农村教育事业中的重要组成部分。那么，在新的形势下，究竟应
如何对农村的女性进行教育呢？一些学者通过实证研究认为，"女性终身教育体
系的内容涉及婴幼儿时期平等的关爱和性别意识启蒙，青少年时期的社会性别知
识教育与平等意识培养，中青年女性的教育和培训，老年女性的教育和培训"③。
因此，武陵山等民族山区的转型农村在其治理贫困现象及其人口问题的过程中要
重视女性人口教育，增加其受教育机会，提高她们的入学率与升学率，降低她们
的辍学率，避免产生下一代文盲母亲与贫困母亲④，这不仅对于较好治理民族山
区转型农村的贫困现象及其人口问题具有积极作用与重大影响，而且也是农村社
会经济发展与进步的一个重要标志。

值得注意的是，要较好发挥教育的贫困治理功能，还要有效推进农村的"教
育改革"⑤，使教育资源进入扶贫资源配置的格局。例如，将扶贫资金重点用于减
免西部民族山区农村贫困学生（高中与大学）的学杂费支出与外出农民工技能培
训以及农民生产技能培训等方面的费用，以逐步实现新世纪扶贫规划纲要提出的
直接面向穷人的基本扶贫目标；实行多轨制的多元化教育投资，使公共教育投入
向贫困人口倾斜；逐步改革教育体制，科学建构教育的评价体制与机制，以提高
教育投入治理贫困的效益。

---

① 王兆锋，钟涨宝，俞红：《家庭教育投资对农村女性教育地位影响研究》，《商业时代》，2007 年第 22 期，第
　107-108 页。
② 陈开枝：《中国：战胜农村贫困》，《中国人口报》，1995-3-1 // 王俊文：《当代中国农村贫困与反贫困问题研
　究》，长沙：湖南师范大学出版社，2010 年，第 317 页。
③ 谭琳，刘汉辉：《浅论新时期的女性终身教育》，《中华女子学院学报》，2003 年第 2 期，第 12-15 页。
④ 王俊文：《当代中国农村贫困与反贫困问题研究》，长沙：湖南师范大学出版社，2010 年，第 317-318 页。
⑤ 赵茂林：《"十一五"中国西部农村反贫困战略的新思路》，《北方经济》，2006 年第 11 期，第 41-42 页。

当然，我们还应该必须时时记住李鹏同志 1997 年 7 月 20 日在贵州考察时所说的话："没有文化素质和先进的农业科技知识，即使一时脱了贫，一遇到天灾人祸，就很容易返贫，更谈不上科技开发性扶贫。"[①] 可见，武陵山等民族山区能否打好扶贫攻坚战，最终取决于民众的文化素质与农业科技知识。因此，要使武陵山等民族山区转型农村的贫困村民真正脱贫致富，就"必须大力实施科教兴农战略，积极推进新的农业革命，把农业和农村经济增长转移到依靠科技进步和提高劳动者素质的轨道上来"[②]，这是使武陵山转型农村的社会经济得到有效发展及其贫困人口问题得到较好治理的重要前提。

（3）大力发展农村经济，促进农村社会和谐发展

如前所述，整个农村经济状况的优劣对其贫困人口问题的治理有重大作用，因而，大力发展农村经济，提高整个农村的社会经济发展水平对民族山区转型农村贫困问题的治理有着重要的积极意义。可见，大力发展农村经济不仅有助于农村贫困问题及其人口的治理，而且是现代农村建设与乡村振兴的根本目标与首要任务。但是，值得注意的是，调查表明：一些民族山区在推进现代农村建设时，把大力发展农村经济摆在首要地位，不仅通过大力发展现代特色农业以实现农民增收，合理引导城乡产业布局及其发展，这本是现代农村建设和乡村发展的题中之义，但却误把农村经济等同于农业经济。事实上，农村作为一种特殊的社会形态，农村经济除了第一产业的农业外，第二、三产业也应被涵盖其中，只是从整体上讲，工业与服务经济等在农村经济中所占的比重较低。因此，"少数民族山区要大力发展农村经济，不仅要通过对传统农业的改造来建立现代农业，而且要大力发展第二、第三产业（如农产品加工、服务业、劳务输出等），以实现农村社会的健康、快速、和谐发展"[③]。

3. 加强扶贫相关立法，完善社会保障制度及其体系

综观西方如美国、英国、日本与意大利等发达国家在治理贫困问题方面比

---

① 刘斌，张兆刚，霍功：《中国三农问题报告》，北京：中国发展出版社，2004 年，第 470 页。

② 韩明谟：《农村社会学》，北京：北京大学出版社，2001 年，第 196 页。

③ 谭贤楚，张明波：《从实践到理论：民族地区新农村建设的战略思考》，《商业时代》，2009 年第 23 期，第 10-11 页。

较成功的基本经验^①，虽然在其具体细节上存在着明显的差异，但这些国家在治理其贫困现象及其人口问题的过程中有一个共同点，就是针对不同的贫困问题及特殊的贫困人口制定扶贫的相关法律，通过扶贫相关法律的颁布来给扶贫提供制度上的保障，以实现其治理贫困的基本目标并缩小贫富的严重两极分化。外国的这些经验启示我们：加强扶贫工作的相关立法工作是较好治理贫困人口问题并缩小贫富差距的有力手段。当然，国外的贫困治理与我国现今的农村扶贫工作的历史背景、社会性质、具体环境、文化条件以及法治基础都有根本差异，两者不能完全等同；但是，运用法律的力量推动扶贫工作的进一步开展，对促进当前的农村扶贫工作克服困难、跃上一个新台阶，仍然具有积极的现实与实践意义。事实上，可以说，我国目前还没有真正意义上的扶贫法或反贫困法，目前仅有《国家扶贫资金管理办法》等非法律文件，这对我国的扶贫工作起到了很好的规范作用。可见，加快国家扶贫立法工作，制定并颁布国家反贫困法及其配套的法律法规，根据法律来规范治理贫困人口的行为，这不仅对民族山区转型农村贫困问题的治理至关重要，而且也有助于我国其他农村地区及城市贫困人口问题的治理。鉴于我国武陵山等民族山区转型农村贫困人口的复杂性、层次性、长期性与动态性等特征，其贫困问题治理的相关法律制度设计"既应有纲领性的法律制度，也应有针对性的法律制度"^②，不断夯实我国治理贫困问题的制度基础，以促使我国贫困人口问题的治理，特别是武陵山转型农村的贫困人口问题治理走上法治化的轨道，让山区农村的扶贫开发工作步入理性化、法治化、民主化与规范化的康庄大道：一是制定纲领性的法律制度。例如，制定对农村与城市贫困人口问题的治理行为都有规范作用的《中国贫困治理法》，明确规定扶贫相应部门及扶贫主体的权利、义务以及应承担的法律责任，使得贫困人口问题的治理规范化、法治化，因为"政府的责任就是提供相应的环境，使公民不仅知道自己有什么权利，而且确实可以得到这些权利"^③，从而在法律制度层面为保障贫困人口的权利提供合法性依据。二是各级政府应制定有针对性的法律制度，其主要目的是保障失去基本劳动能力等贫困人口的基本生活，使其生存权有着明确的法律保障。

---

① 王俊文：《当代中国农村贫困与反贫困问题研究》，长沙：湖南师范大学出版社，2010 年，第 185-216 页。

② 赵曦，刘慧玲：《农村反贫困战略的目标及思路考察》，《改革》，2007 年第 12 期，第 70-76 页。

③ 克莱尔·肖特：《消除贫困与社会整合：英国的立场》，《国际社会科学杂志（中文版）》，2000 年第 4 期，第 49-55，4 页。

　　前面讨论了中国扶贫相关立法对贫困问题治理的积极保障作用与现实意义，下面来看看以法律为基础的社会保障制度对治理贫困现象及其问题的影响。调研结果表明：改革开放以来的民族山区转型农村，虽然其农村的经济社会发展取得了长足进步，由于与原来计划经济时代相互适应的一些农村保障措施及机构也一并被取消，而与市场经济相适应的一些社会保障制度及其体系尚未形成，除了传统的"五保户制度"与救灾救济制度在一定程度上得以延续外，目前已在农村实施低保工作与社保制度的试点改革。例如，农村新型合作医疗制度中的报销政策，恩施州已实现了医疗卡与社保卡的合一，但武陵山转型农村依然缺乏较为完善的社会保障制度及其体系，这使得武陵山转型农村一些失去基本劳动能力的贫困村民依然长期处于贫困的生活状态之中，其生存权受到一定的影响。事实上，人类社会发展及其实践已经证明：社会保障不仅是正常社会不可或缺的重要部分，而且是维护社会秩序的重要手段。例如，贝克尔曼等通过实证研究指出："如果没有现行的社会保障制度，英国生活在贫困中的人将比目前的实际贫困人口多出 7 倍。"[①] 可见，建立并完善农村的社会保障制度及其体系对农村贫困问题的治理有着积极的作用与重大现实意义。为了从根本上保障农村生存型贫困村民的基本生活，在完善其体系的前提下，对民族山区贫困农村完全实施最低生活保障制度，在目前显得甚为必要。那么，究竟如何理解社会保障制度？要明确这一点，首先就要明确究竟什么是社会保障？这是理解社会保障制度及其体系的前提。通常认为，社会保障是指"政府和社会为了保持经济的发展和社会的稳定对劳动者和社会成员因年老、伤残、疾病丧失劳动能力或丧失就业机会，或因自然灾害和意外事故等原因面临生活困难时，通过国民收入分配和再分配提供物质帮助和社会服务，以确保其基本生活和医疗需要"[②]，相应地，社会保障制度就是指在政府的主导之下，基于一定的法律与法规，以社会保障基金为依托来实现社会财富的再分配，为社会成员的工作与生活提供物质帮助和社会服务的一种社会安全制度，其目标是"社会保障制度和政策是社会财富和资源的再次分配。在现代社会，财富和资源的分配始终受到政治和市场双重力量的支配。如果说社会财富和资源的初次分配主要由市场力量决定的话，那么社会财富和资源的再次分配就

---

① 尼古拉斯·巴尔，大卫·怀恩斯：《福利经济学前沿问题》，贺晓波，王艺译，北京：中国税务出版社，2000年，第76页。

② 文武：《中国社会保障制度问答》，北京：企业管理出版社，1990年，第2页。

主要取决于政治体系的运作了"①。当然，"社会保障制度并不必然和一个国家或地区的经济发展水平相适应，它与政府的政策取向、一个国家或地区的政治及文化因素有密切的联系"②，这也反映了完善社会保障制度是政府的一种重要责任。

现在的问题是：针对目前国家层面关于农村社会保障工作的立法并不健全的情况下，究竟如何完善武陵山转型农村的社会保障制度及其体系？根据调查与理性分析，武陵山转型农村社会保障体系完善的当务之急是：①在民族农村实施最低生活保障制度，使得真正失去基本劳动能力（如老、弱、病、残、鳏、寡、孤及独等）的农村贫困人口的基本生活得到有效保障，可以这么说，在整个社会保障制度及其体系中，社会最低生活保障制度是生存型贫困人口的生存之本，因为其主要优点就在于"能够保证将有限的资金用到最需要的身上"③，从而有效保障了贫困人口（家庭）基本生活；当然，还要恢复并巩固五保户制度，对不同贫困人口（家庭）的特殊需求，开展以直接救济、教育、住房救助等为主要内容的综合救助。②建立并完善农村的养老保险制度，2009年，中央1号文件明确指出"建立个人交费、集体补助、政府补贴的新型农村社会养老保险制度"④；党的十九大报告明确指出要按照"兜底线、织密网与建机制"的基本要求，在农村要全面建成"覆盖全民、……、权责清晰、保障适度、可持续的多层次社会保障体系"⑤，这为全面推行农民养老保险制度指明了方向。因而，完善农村养老保险制度并逐步提高村民的养老保险水平，基本实现的养老保险全覆盖，建立并实践不同层次和水平的农村养老保险制度是武陵山等民族山区转型农村今后养老保险制度的一个基本方向。③进一步优化并完善社会保障体系（如医疗保险、养老保险及最低生活保障等的协调），根据层次化、多元化与社会化基本原则，着眼于民计民生与社会公正，调整社会保障制度，使其向农村贫困者倾斜，从而为所有的农村贫困者提供基本的生活保障，其主要内容有扩大社会保障的范围、科学合理制定保障内容（如项目设置、待遇标准等）、社会保障的层次化与柔性化等。

---

① 童星，赵海林：《影响农村社会保障制度的非经济因素分析》，《南京大学学报（哲学·人文科学·社会科学版）》，2002年第5期，第13-19页。

② 郑功成：《社会保障学——理念、制度、实践与思辨》，北京：商务印书馆，2001年，第17页。

③ 唐钧：《最低生活保障制度的现状》，《党政干部文摘》，2005年第11期，第16-17页。

④ 国务院：《关于2009年促进农业稳定发展农民持续增收的若干意见》，新华网，http://news.xinhuanet.com/newscenter/2009-02/04/content_10760293.htm（2017-5-8）。

⑤ 习近平：《决胜全面建成小康社会　夺取新时代中国特色社会主义伟大胜利——在中国共产党第十九次全国代表大会上的报告》，北京：人民出版社，2017年，第47页。

④基于制度的变革与创新（如户籍制度、扶贫制度或模式、公共财政制度及土地制度等），为城乡的协同互动发展提供制度保障，"既要强调制度的差异性，又要注重制度目标的一致性；既要充分发挥规制的作用，又要建立有效的激励机制"①，把制度改革、政策转型和结构调整有机结合起来，逐步建立起城乡协同互动发展的长效机制等。

当然，在新的形势下，尤其是在 2020 年后的中国社会，基于农村贫困标准的提高，中国农村社会在践行乡村振兴战略并构建和谐社会的进程中依然会客观存在贫困现象及其人口问题，由此，各级政府应进一步秉承精准扶贫的理念，基于其扶贫职责来进一步强化贫困治理的理念与意识，使之成为一种执政理念，并把它渗透到政府的各项工作中，使得贫困现象及其人口的较好治理真正成为现代政府的一种重要责任。

（三）支持与引导：社会层面的关爱

我国与世界各国的扶贫实践表明：要较好治理社会中的贫困现象及其人口问题，不仅仅只是政府的责任，也是全社会的一种责任。因此，要搞好武陵山转型农村的扶贫工作就离不开全社会成员的共同支持与关爱，也就是说，对于社会中的贫困人口（包括贫困村民），全社会都应当持以关爱的态度。只有形成一种关爱贫困人口的良好社会氛围，才能有效地引导全社会成员都来支持并关心贫困村民，以促使社会不断进步、不断走向公正。事实上，一个真正和谐、公正、进步的社会是一个让所有社会成员都受益的社会，从这个意义上说，关心贫困人口也就是关心非贫困者本身，这是现代社会扶贫工作的一个显著特点。当然，这里还要进一步指出的是，社会层面对贫困人口关爱的内容主要体现在经济上的关怀与扶助、有关优惠政策上的关怀与扶助、精神上的关怀与扶助等几个方面：①从经济上给予关怀与扶助，其具体的做法是通过政府的财政转移支付加大对贫困落后地区的投入，以改善贫困人口的基本生存与生活条件；多渠道筹集扶贫资金；鼓励其他非政府组织积极参与到扶贫工作中来。②从政策上给以关怀与扶助，其具体的做法是制定倾斜政策，增加贫困者的就业机会；为他们子女的受教育权提供必要的条件，加大减免学费的工作力度，使其上得

---

① 陆益龙：《新农村建设的制度需求与供给》，《天津社会科学》，2007 年第 3 期，第 54-59 页。

起学。③从精神上给予关怀与扶助，对于贫困人口中的大多数人来说，走出困境、由弱变强的一个重要前提，就是要有一种自我振奋、自强自的精神状态，因而，全社会应该行动起来，共同关爱贫困人口，以增强贫困人口摆脱贫困生活状态的自强自立精神。

本书调研表明：武陵山转型农村的贫困村民中大多数人没有稳定的收入，生活相对贫苦，较少享受社会经济发展的成果，因而，基于种种条件的限制，如果没有社会与政府的关怀与扶助，单靠他们自身的努力，很难使其从社会生活的困境中摆脱出来。这种状况如果长期得不到改善，必然将影响整个社会的健康、和谐，甚至成为社会不稳定的因素。基于这种考量以及我国和谐社会及共同富裕的发展目标，关怀与扶助贫困人口，既是社会进步、文明的体现，更是社会主义制度的根本要求与优势的展示。可见，培育良好的社会关爱氛围，引导全体社会成员支持和关心贫困人口具有积极的现实意义。

那么，在现阶段，究竟应如何来培育充满关爱的社会氛围，以引导社会成员来支持并关心贫困人口呢？基于调查及理性分析，目前应着力做好以下几件事情：①在全社会树立起以社会关爱为核心的价值体系，大力推进社会公德建设，培育关爱精神。对政府而言，这种社会关爱表现为随时随地都要能洞察出公众，特别是贫困村民的所想所思，体会出群众的喜怒哀乐，把人本主义、人文关怀融入制定政策、依法执政的全过程之中。例如，各地政府都为构建和谐社会出台了不少扶贫及惠民政策，也投入了大量的财力、人力与物力来进一步搞好农村的扶贫工作；对社会来说，就是希望在全社会形成和睦相助、友爱向善、谅解宽容的人文环境，全体社会成员或出钱或出力或献爱心，从而在整个社会中形成一个关心并帮助贫困人口的良好氛围。②依法保障农村老年人的合法权益，对农村中老年人要多关注，特别是孤寡老人，要根据国家规定，实现生活的"五保"，经费由县、镇与村三级负担，使他们老有所养、老有所乐。③提倡并加强农村帮扶工作的力度，一方面，各级各部门以市、县、镇帮扶为契机，明确农村基层干部帮扶任务，确立帮扶目标与考核责任，把帮扶工作落到实处，必须既治标又治本，"既输血又造血"，从根本上提高贫困人口的脱贫转换能力，送钱物、送技术、送项目等多措施并举，"授之以鱼，不如授之以渔"，只有这样，才能帮扶农村贫困人口彻底告别贫困的生活状态；另一方面，也要抓好农村的扶贫助弱工作。例如，通过实施农村特困救助、实施扶贫助学、实施农村贫困人口医疗救助、实施技能培训等措施，着力解决好当前农村弱势群体（特困户）的困难与问题。

综上所述，无论从哪个角度看，较好治理武陵山等民族山区农村的贫困现象及其人口问题是各级政府的重要责任与工作目标，在缩小城乡差距、消解两极分化、全面建成小康社会与构建和谐社会的过程中，各级政府不仅是民族山区贫困人口问题治理的核心主体，而且应在农村贫困现象及其治理的过程中起到主导作用。不过，这里还需要进一步指出的是："国家的力量并不在于国家保持某种绝缘于社会的自主性，也不在于国家拥有忽略社会群体的需求、强行向社会施加其意志的能力"[1]，而是说，强国家体现在国家能够同各种社会群体协同协力，以逐步实现整个社会的发展目标。

四、治理资源的动员路径：全社会的动员

现阶段，基于我国正处于由总体性社会向新时代的后总体性社会过渡的时期，民间社会组织有了一定程度的发展，因而，各类资源不再由国家全部垄断，民间社会组织也占有相当一部分的社会资源。因此，在我国社会转型的关键时期，由于资源的社会动员出现了一系列新情况，呈现出许多新特点，因而，武陵山转型农村在扶贫工作中采用的资源动员的方式与途径也要随着社会的发展而不断变化。然而，现代社会中扶贫资源的社会动员是一项复杂的社会系统工程，它往往涉及社会的经济、政治、文化及其生活等各个领域，也就是说，要集全社会（甚至国际社会）之力来实现对贫困人口问题的有效应对与治理。当然，基于贫困人口的治理来实施社会动员的性质、规模、内容与手段等都有其自身特征，但其资源的社会动员的主要途径仍具有共通性的一面。基于我国社会的特殊性，社会动员一般包括政府动员与非政府社会动员（包括民间社会动员）两条基本途径：政府动员主要是政府采用行政动员方式进行的资源动员，这是我国传统的行政动员模式，也是当前我国最主要的动员方式（图 5-1）；而非政府社会动员主要是指利用民间社会自身来发动的资源动员。

---

① 林闽钢，战建华：《灾害救助中的 NGO 参与及其管理——以汶川地震和台湾 9·21 大地震为例》，《中国行政管理》，2010 年第 3 期，第 98-103 页；童星，张海波：《灾害与公共管理：第四届两岸三地人文社科论坛论文集》，南京：南京大学出版社，2010 年，第 237 页。

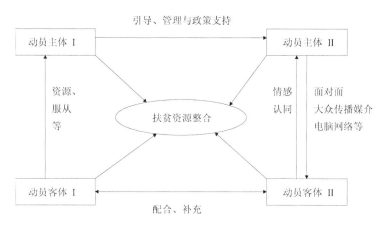

图 5-1　扶贫资源动员的基本途径
I 表示政府动员；II 表示非政府社会动员

（一）扶贫工作中资源动员的主要内容

通常情况下，扶贫工作中资源动员的内容主要有两个方面：一是物质资源的动员，包括体制内外的人、财、物的动员，如全社会成员的参与（扶贫工作人员）、扶贫需要的具体物资设备、扶贫需要的大量资金等；二是精神氛围的动员，一方面贫困人口会产生一定的不安全感与无助感，另一方面要在全社会形成一种救助贫困人口的氛围。值得注意的是，在扶贫工作中的精神动员既是安抚贫民，也是对全社会进行提升精神凝聚力的教育，主要是要培育全社会成员的民族精神，为战胜贫困问题提供内在的强大精神动力与支撑。现代反贫困精神的培育主要体现在如下层面：①“一方有难、八方支援”的团结互助精神与奉献精神等；②贫困人口的自信心理与自强精神；③扶贫工作人员的不怕困难及求真务实的精神。因此，通过有效的精神动员，不但可以使全体社会成员对贫困现象及其人口问题有一个正确的认识，而且还可以激发起群众万众一心、团结协作战胜贫困问题的强大精神动力。

这种新型扶贫资源的社会动员机制就是指面向体制内外，针对不同层次的动员对象，政府与非政府组织密切配合，采取政策动员、组织动员、传媒动员、社区动员、网络动员等方式，通过合理的精神激励与管理协调，不断整合、调配与集中全社会的各种物质、财力、人力资源的有序的、合理的、有节奏的活动，最终形成战胜贫困的强大社会合力。当然，在这种新型的贫困治理的扶贫资源社会动员机制及其过程中，还要区别政府动员与非政府社会动员两种模式在扶贫资源动员中各自所应担当的职能与责任。

（二）扶贫工作中资源动员的基本路径

1. 政府动员

提到政府动员，人们往往自然会想到行政动员，这是我国传统社会的制胜法宝之一。现阶段，虽然我国现实社会的发展较传统社会已经发生了重大变化，但行政动员仍然是我国在扶贫实践中贫困资源动员的基本特征，其主要有两层基本含义：一是要在国内实现对各级扶贫部门及其领导的动员，各级领导及相关部门应对当地农村贫困现象及其人口问题的分布、范围、层次与程度等及时做出反应，成立指挥部来统一指挥协调大局工作，提出工作的原则和要求，明确相应职责，同时在政治上、组织上采取措施，强调各地政府部门应把治理贫困人口问题作为重大政治任务来完成；二是要在国际上积极进行贫困人口的基本状况与扶贫工作信息的发布和沟通，切实公开贫困现状及其治理的进展，以争取友好国家和国际组织的技术帮助与资源援助，这是现代社会中贫困资源动员的重要特征。

2. 非政府社会动员

新形势下的中国现代社会，更需要一种新的含义上的扶贫资源动员，即非政府社会动员（包含民间社会动员），这是现代社会中资源动员的重要途径。所谓非政府社会动员主要是指非政府组织（non-governmental organization, NGO）利用宣传、发动、组织等手段来发动全社会成员加入贫困问题治理活动的社会过程中。当然，现代社会中非政府社会组织的出现及发展，既是社会发展的一种必然，又为中国调整原有的政府动员（行政动员）方式提供了现实基础。可以说，有效利用非政府社会力量是有效治理贫困现象及其人口问题的一支不可或缺的力量。NGO 资源动员是自下而上的，正好可以成为政府自上而下资源动员与救助的补充，如果能够有更多专业的 NGO 参与到贫困救助与治理的活动中来，必定会与政府救援形成合力。可见，对全体社会成员及 NGO 组织进行资源动员可以为贫困救助与治理过程提供很好的动员和救助力量。不过，值得注意的是，中国的 NGO 组织还不够成熟，因而，要保证非政府社会资源动员的有效性，既要从组织上对其进行有效引导，又要保持其动员的秩序与成本。

不过，这里还需要进一步说明的是，扶贫工作中资源动员的这两条主要路径并不是孤立的，而是相互交融并统一的，在其实际动员过程中，这两种主要路不仅是相互交叉融合的，而且共同统一于社会资源动员的整个过程之中；同时，社会扶贫资源动员的关键在于实现社会资源的重新配置与集中，并不是社会资源的新增，因而，在实际操作时，还要科学把握其动员成本及其功效，以实现扶贫资源动员的最佳功效。

当然，值得注意的是：在全球化与现代化日益深化的今天，我们期望的新型的农村贫困人口问题的治理机制（图 5-2）是贫困人口＋政府＋社会（包含非政府组织），通过制度化的社会参与机制和参与平台，以实现对贫困现象及其人口问题的有效协同治理。这种新型的贫困人口问题治理机制就是指面向体制内外，针对不同层次的动员对象，政府与非政府组织要密切配合，政府动员与非政府社会动员两种模式要明确各自应承担的职能与责任的一种带有规律性的贫困治理模式和方式。在这种新型贫困治理机制的运行过程中，政府是主导力量，社会与广大民众则是主体力量，其目的就是基于优势互补来形成贫困救助及其治理的协同互动的整体社会合力，其核心内容是形成一种新型的资源整合机制与社会救助机制，其整合主要是社会资源与社会力量的整合，一方面是要实现社会救助资源的有效整合，然而单独依靠政府的力量是难以有效控制和治理贫困现象及其人口问题的，从而就需要基于政府与 NGO 等社会力量的互动来调动并集中社会资源；另一方面是要实现社会力量的整合，有效的贫困救助需要政府与 NGO 等社会力量的有效配合，有效而强大的社会力量是较好治理贫困现象及其人口问题的主体力量。因此，只有良性运行个体＋社会＋国家的三层贫困治理框架与机制，通过标本兼治，才能既有效保障贫困人口的基本生活水平，又能较好治理武陵山转型农村的贫困现象及其人口问题。正是从这个意义上讲，本书认为，相对于整个社会的发展与进步而言，武陵山转型农村社会贫困现象的有效治理就要依赖于个体、社会与国家的共同努力，这是贫困现象及其人口问题今后治理的一个基本方向。

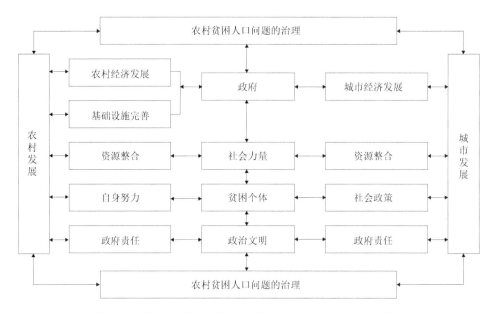

图 5-2　现代社会发展中的农村贫困人口问题的治理机制简图

第六章

基本结论与政策建议

基于前面的分析与讨论，作为一种客观存在的社会现象，贫困现象及其人口问题是人类社会自身运行的产物，它内在地嵌入在人类社会的不断演进与发展过程之中，即社会结构之中，是任何社会和国家都必须加以正视并应对的一种客观社会现象。它并不仅仅是一个重要的经济问题，而且是一个涉及经济、政治、文化、社会等多个层面的综合性社会问题；既是一个全球性的社会问题，又是一个具有差异性的区域性问题；既是一个动态的文化历史问题，又是一个不断演变的社会现实问题。可见，贫困现象及其人口问题既是一个经济问题，又是一个政治问题，也是一个文化问题，更是一个多维度的社会问题。事实上，随着现代化与全球化的进一步推进和社会的发展与进步，我国社会已进入到转型发展的关键时期。基于这种客观的宏观背景，我国适时提出了建设法治中国、和谐社会与创新型国家的伟大战略，旨在更好地推进我国的现代化与社会主义建设，以切实提高并保障人民的生活水平。但是，我国虽然已成功解决了温饱问题，而种种事实（如新三农问题、贫困问题与弱势群体等）却表明我国社会经济的可持续发展依然面临着新的挑战：一方面是社会经济的快速发展，国家综合实力的增强；另一方面则是各种社会问题交错出现，社会两极分化明显，这应引起政府及相关部门和有识之士的广泛关注。可以说，这既是一个理论问题，又是一个亟待解决的现实问题。如果贫困现象及其人口问题得不到及时有效的治理，一旦超出了特定贫困群体与社会心理的承受力，就势必会影响一个国家的社会形象、社会稳定与社会经济的和谐发展。不可否认，在全球化与市场经济日益深化的今天，贫困现象及其人口问题不仅成为影响我国当前社会经济发展的一个重要社会问题，而且已成为世界各国社会经济发展必须解决的重大全球性问题。

以恩施州为个案的研究表明：武陵山转型农村的贫困现象及其人口问题在改革开放以来的农村现代化进程中发生了一些新变化与新特征。武陵山农村贫困现象的这些新变化究竟是如何产生的？它们与（农村）社会的运行和发展是否存在着一定的内在关联？贫困现象及其人口问题的形成机理究竟是怎样的？其治理机制究竟是什么？对这些问题的有效回答，有助于更好地认识民族山区转型农村在发展中的贫困问题，从而更好地对其进行较好控制和治理。前面几章在实际调研及社会发展与环境变迁的基础上，对这些问题进行了分析与讨论。从社会运行和发展的角度来看，作为一种客观的社会现象，贫困现象及其人口问题在以后的社会发展历史进程中会不断地更新其形态与具体表现形式。当然，这里仍需要说明的是，探讨武陵山转型农村贫困现象及其人口问题与社会本身（农村、城市）运行的内在关联，并不意味着要寻找一种严格意义上的因果关系，而是要关注民族山区转型农村贫困现象及其人口问题这种客观的社会现象在乡村现代化进程这种社会大环境中的具体演进及其形态，分析其动态的演进轨迹和基本的发展态势。以此为基础，本章不仅对前面的相关研究结论做一总结，也对武陵山转型农村贫困人口的治理提出了政策性建议，并对我国民族山区农村贫困问题的未来发展进行了综合展望，这既有助于武陵山农村贫困的治理，也对我国其他民族山区的贫困治理具有重要价值。

第一节 基 本 结 论

一、主要结论

本书在上述经验发现和理性认识的基础上，基于实证分析与理性提炼，综合考量，可以得到如下有关武陵山转型农村贫困现象及其人口问题的影响因素、基本类型、形成机理与治理机制等结论。

1）从逻辑上讲，武陵山转型农村的贫困人口主要受到个体状况、社会发展状况（包含政策）、环境状况与人口状况等四个主要因素的影响：①个体状况的改善是治理贫困人口的重要基础，如素质较低、身体状况不好、家庭条件恶劣等

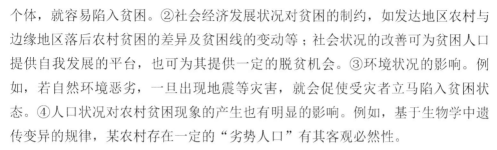

个体，就容易陷入贫困。②社会经济发展状况对贫困的制约，如发达地区农村与边缘地区落后农村贫困的差异及贫困线的变动等；社会状况的改善可为贫困人口提供自我发展的平台，也可为其提供一定的脱贫机会。③环境状况的影响。例如，若自然环境恶劣，一旦出现地震等灾害，就会促使受灾者立马陷入贫困状态。④人口状况对农村贫困现象的产生也有明显的影响。例如，基于生物学中遗传变异的规律，某农村存在一定的"劣势人口"有其客观必然性。

2）社会基础设施及其环境（社会经济发展状况、就业结构的优化与产业结构的合理调整等）的改善与优化，为较好治理武陵山等民族山区转型农村的贫困现象及其人口问题提供了重要的平台。

3）对武陵山转型农村的贫困人口进行治理时，若能够根据当地的基本情况、贫困现状与成因进行合理的制度安排和相关政策设计，根据其贫困人口状况（绝对贫困还是相对贫困、贫困面积的大小等）采取有针对性的治理措施和手段，不仅可以有效遏制贫困现象及其人口恶化（如返贫人口的出现等）的趋势，而且可以将其贫困现象控制在合理的范围之内，使其得到较好的治理。

4）人类社会的贫困现象及其人口问题的产生既有一定的生态基础，又有一定的社会基础，它是连续性与非连续性、客观性与主观性、随机性（偶然性）与必然性的统一，某一社会的贫困现象及其人口的生存状态是以人为载体，在特定的生态基础与社会基础上相统一的一种社会生活方式和生存状态。

5）贫困现象及其人口内在地嵌入在整个社会结构及运行过程中，它不是一种静态的社会现象，而是一种随着社会的变迁不断演进的动态现象，其变迁及其演进是与整个人类社会自身的运行有着内在的关联和联系，是人类社会不断建构的社会现象，其形成机理主要指的是由构成社会的核心要素的生态环境、人口状况及社会发展状况等之间的交互作用及其演化而导致贫困现象及其人口形成的一种带有规律性的运行模式与方式，其真正本质或许是指贫困现象及其人口问题是一个多维度的综合概念和社会现象，它不仅涉及一个社会的政治、经济、文化等方面，而且涉及社会本身的演进及其进步。

6）初步揭示贫困的形成机理在于生态环境（自然）层次、自然人口层次、社会系统层次、社会关系层次、意义层次之间的相互影响与共同作用而引起贫困现象形成的一种带有规律性的模式与方式：①基于遗传与变异而产生的人口自然繁衍与更替，势必导致先天残疾及基因智力低（天赋差等）的人口等；②生态环境的退化与破坏所导致的自然灾害、严重的社会分化等也一定会导致贫困人口的产生，如处于自然环境恶劣区域的贫困人口；③社会发展的客观状况也会对贫困现象产生一定的制约与影响，也就是说，社会发展水平及其客观状况的差异表明不同时代、不同社会、不同区域的贫困现象及其人口问题的特征仍然不尽相同，从而使得社会贫困呈现出时代、社会、区域的差异，如贫困标准、贫困状况、贫困程度等就与社会发展的客观状况和水平有着内在的直接社会关联；④社会核心要素之间的失调也可以引起一定贫困人口的产生。

7）贫困现象及其人口问题作为一种客观的社会现象，是任何社会和国家都不可回避的问题，任何贫困都是特定时空与社会背景下的产物，都与一国的社会经济发展水平及其环境状况有着某种内在的关联，因而，对贫困人口问题的解决与治理，政府不仅要突破传统的消除思想及理念而采取治理的新思路和战略，而且要承担起治理贫困的主要责任。

8）农村扶贫战略既不是一种单一的"输血"战略或"造血"战略，也不是一种纯粹的经济发展战略与区域发展战略，而是一种把救助穷人与实现农村社会和谐发展相结合的战略，因而，"输血与造血"协同互动的扶贫模式就成为新形势下我国农村扶贫的必然选择与趋势，以实现农村社会经济的内生性发展，其治理机制就是指个体、政府与社会的综合治理模式，"输血与造血"协同互动的扶贫模式是农村扶贫模式的一个基本方向。

9）武陵山转型农村贫困人口的治理是一项复杂的社会系统工程，具有整体性、长期性、动态性等特征，因而，要真正搞好农村的扶贫工作，其动力机制、整合机制、激励机制、引导机制与保障机制等的有效运行是有效推进武陵山农村扶贫工作的重要保障。有效的社会保障制度等社会政策的支持是武陵山等民族山区转型农村贫困人口得到较好治理的根本保障。

10）在现代化日益深化与市场经济不断完善的今天，人们所期望的新型贫困人口问题的治理机制是贫困人口＋政府＋社会（包含非政府组织），通过制度化的社会参与机制，构建以政府为主导的三者共同参与和互动的平台，逐步实现对贫困现象及其人口的有效控制与协同治理。

二、几点启示

基于这些研究结论的理性分析，可以得到以下几点启示。

启示一：正确认识贫困现象及其问题的性质。人类社会发展的历程及其贫困现象与问题治理的实践表明：自从人类社会认识到贫困现象及其人口问题以来，社会的运行演变及其发展、社会结构的转型及其变迁是客观规律，因而，人口的自然更替、自然灾害的不可控制、社会政策的局限性等，必然会导致贫困现象及其人口的产生，促使一些人成为贫困人口。由此看来，贫困现象及其人口问题并非完全是过渡性的，而是普遍存在的一种客观社会现象，具有动态性、长期性及持续性等特征，对其治理应有战略眼光和新思路，在治理思路上要着眼长远、突出重点、整体把握、层次分明、协同推进。

启示二：在社会运行的过程中，贫困现象及其人口问题与密切相关的自然人口更替、环境的演变（含自然环境与社会环境的交互作用）、社会经济发展的客观状况等之间存在着复杂的内在关联，而且这种内在关联必定会随着特定的时空领域和社会（含区域）的不同而有着明显的差异。目前已有的相关贫困理论往往只利用其中的某一方面来解释特定的贫困问题，对自然人口更替、环境的演变（含自然环境与社会环境的交互作用）、社会经济发展的客观状况之间的相互关系对贫困影响的理论命题与科学判断有所忽视，这有待于进行进一步考察和研究。这就需要对不同社会和不同区域的贫困现象及其人口问题采取控制变量的方法来进行综合考察，并进行比较研究，以检验和发展已有的贫困理论。例如，本书通过研究发现，某一特定区域内的社会经济发展的客观水平及状况对其贫困现象及其人口问题的面积及程度有直接的影响。虽然农村基础设施及经济社会发展比较落后的武陵山转型农村的贫困面积较大、程度仍然较深，但交通便利、经济社会发展状况较好的农村仍然存在一定的贫困人口，即使是美国的农村也依然有贫困现象及其人口存在，但与我国农村贫困问题肯定是不一样的。

值得注意的是：一个不容置疑的客观事实是，社会经济进步了，其贫困线或贫困标准就要提高。例如，中国扶贫开发协会执行副会长林嘉騋曾指出，"2011年贫困标准有望上调到年人均纯收入1500元，比现行1196元的贫困标准提高了25%，受此影响，中国的贫困人口总数将大增，由目前的2688万人增加到近1

亿人"①。同时，2011 年以来我国农村扶贫采取的现行贫困标准就是 2010 年的标准 2300 元②，这不仅从侧面进一步印证了本书上述观点的正确性，而且也支持了本书中"贫困的内涵随着社会的不断演进而不断变化"的基本观点。也有学者指出，"贫困人口重返 1 亿并不是什么坏事，它不过是对中国的贫困现状回到一种更接近真实的常识认知，并不意味着对过去减贫成就的抹杀。正如世界银行公布的最新数据显示的那样，过去 25 年，全球减贫事业成就的 70% 左右来自中国，想来谁也不会否认这点。但是，亦要承认，我们的贫困标准线长期以来是比较低的，看不到这点也不是一种客观的实事求是的态度"①。可见，只有具备了这种客观而科学的认识态度，正视在社会发展中出现的贫困现象及其人口，才能真正治理好民族山区转型农村的贫困现象及其人口问题，搞好现代农村建设，如期全面建成小康社会，实现共同富裕，以加速构建和谐社会的进程。

启示三：贫困的概念内涵有待于进一步澄清。通过分析比较国内外有关贫困的定义，发现中外学者有关贫困的定义绝大部分具有一定的局限性（或只注重经济贫困或忽视精神贫困或只注重制度因素或只强调功能因素或忽视社会结构及社会的认同等）。事实上，任何贫困都是特定时空与社会背景的产物，都与一国的社会经济发展客观水平及其环境状况有着内在的关联，是特定社会认同并动态演进的一种客观社会现象。本书认为，贫困或许可以界定为"贫困就是指位于特定时空领域内的社会，基于社会结构的失调（制度、产业、政策等）和个体因素（能力、残疾、灾害等）的交互作用而造成的使个体或群体不能获得被社会所认同的维持基本生活需要的一种生存方式与生活状态"③，它既是一个历史概念，又是一个现实概念；既是一个涉及经济、文化、环境等的综合概念，又是一个内涵不断演变和深化的动态概念。

启示四：贫困现象与贫困问题、个体贫困与社会贫困的概念内涵还有待于进行明确而科学的区分。根据以往的贫困理论，贫困是可以消除的，但一个不可否认的客观事实是：世界各国都不同程度地存在着贫困现象及其人口问题。本书

---

① 余闻：《如何认识"贫困人口重返一亿"》，《学习时报》，2011-5-2（4）。

② 国家统计局住户调查办公室：《2016 中国农村贫困监测报告》，北京：中国统计出版社，2016 年，第 5 页。

③ Tan X C, Zhu L. Fissure and Governance: Research on the Poor Groups of the Modertate-sized City in the National Areas Based on the Background of Social Transformation. 2009 International Symposium on Sustainable Development of City Group. Sydney, Australia: Aussino Publishing House, 2009, 511-512.

的研究发现，贫困现象与贫困问题、个体贫困与社会贫困都是两个不同的概念，它们之间既存在着密切的联系和内在社会关联，又有着根本区别。贫困现象作为一种客观社会现象，是任何社会和国家都不可避免的，只要将它控制在一定限度之内，使其不影响到社会的良性运行与协调发展就可以了，也就是说，贫困现象只有达到一定的度才会成为社会问题；同时，具体的个体贫困现象在某一特定的社会历史阶段确实是可以消除的，但是，就某一社会而言，其贫困现象却是随着社会的不断发展而呈现出新的形式和形态，也就是说，社会贫困现象是不可以被消除的，只能治理。正是如此，这或许是有关贫困的理论命题往往得不到稳定一致的较好实证检验结果的原因。然而，许多贫困研究者似乎有意无意地混淆这两者之间的差异和根本意义，这在一定程度上导致研究结论的似是而非，从而对社会的扶贫实践活动产生一定的误导。因此，科学区分贫困现象与贫困问题、个体贫困与社会贫困这两组概念的内涵，具有重要的理论意义和实践价值，这就给贫困问题的治理提供了理论依据与新的视角。但在具体的实践层面上究竟如何操作，还有待于进行进一步的考察和深入研究。

启示五：在贫困问题的实际研究与贫困问题的治理过程中，有必要科学区分单个（特殊）贫困的客观事实和社会层面的有关贫困的客观事实，特别是要进一步探讨贫困现象的不同客观事实之间的内在关联及其规律性。例如，涂尔干的《自杀论》就是这种研究的典范，这部论著不仅研究自杀现象，而且在这些自杀现象的基础上提炼出自杀的基本类型，到目前为止，该研究仍具有积极的意义。可见，有关贫困问题的理论研究还需要进一步加强，特别是要提炼出具有规律性的东西，从而为贫困问题的治理提供理论依据。

第二节　政策建议

马克思曾经指出："哲学家只是用不同的方式解释世界，而问题在于改变世界。"[①] 因此，研究武陵山转型农村贫困现象及其人口问题的根本目标就是要使其

---

① 马克思，恩格斯：《马克思恩格斯选集》（第 1 卷），中共中央马克思恩格斯列宁斯大林著作编译局译，北京：人民出版社，1972 年，第 19 页。

得到较好缓解和有效治理，"我们不仅要科学的解释社会问题，而且要不断地探索改造社会和解决社会问题的对策"①，这就是说，认识、解释、把握民族山区转型农村的贫困现象及其人口问题是为了更好地对其进行综合治理。基于这种认识，本书结合上述结论与思考，提出如下几点政策建议。

一、正确认识贫困的性质，树立治理理念，把扶贫工作当作一项事业

既然贫困现象及其人口问题是社会自身在其运行中的附属产物，那么，它就会随着社会的演进和发展不断变更其形式和形态，是与社会共存亡的一种客观社会现象。事实上，基于社会的运行及其进步，社会及其结构的变迁是客观规律，不仅农村贫困现象及其人口问题的产生有其客观必然性（参见前面农村贫困的形成机理探讨），而且城市贫困问题亦是如此。例如，"市场经济体制的确立，必然会导致优胜劣汰和追求效率，也就导致了以下岗人员为主体的城市贫困群体的产生"②，这样社会的贫困现象及其人口问题并非完全是过渡的，它既是一个普遍存在的客观社会现象，又是一个社会历史现象，具有长期性、持续性特征。因此，基于贫困问题的结构性、层次性与复杂性及其对扶贫政策选择的直接影响，就要秉承治理的理念，在社会的发展中来治理贫困，在其治理思路上就要着眼长远、突出重点、整体把握、层次分明与协同推进，把扶贫工作作为一项社会事业来做。

既然贫困现象及其人口问题作为一种客观社会现象，是任何社会和国家都不可避免的，那么，在社会的现实运行与发展过程中，只需将它控制在一定限度之内，使其不影响到社会的良性运行和协调发展就可以了，即贫困现象只有达到一定的度才会成为社会问题，这就给贫困问题的治理提供了理论依据和新的思路——综合治理的思路，"因为我们这里考察的不是只在我们头脑中发生的抽象的思想过程，而是在某个时候确实发生过或者还在发生的现实过程，因此这些矛盾也是在实际中发展着，并且可能已经得到了解决。我们研究这种解决的方式，发现这是由建立新关系来解决的，而这种新关系的两个对立面，我们现在又需

---

① 朱力：《当代中国社会问题》，北京：社会科学文献出版社，2008年，第199页。
② 吴玲，施国庆：《我国弱势群体研究综述》，《南京社会科学》，2004年第9期，第73-80页。

要加以说明"①。可见，认识贫困问题的结构性、层次性、复杂性并秉承治理的理念，对扶贫政策的选择都有着直接的作用和影响。

所以，基于全球化与社会转型的宏观背景，贫困现象及其人口问题的凸显有其必然性，其成因虽然复杂（主要是由于个体及社会结构性变迁这两个原因造成的），但其形成机理却有着共同性特征——内在地嵌入在社会的运行及其结构之中，因而，在对其进行治理时，若能够根据当地的基本情况、贫困现状和具体成因进行合理的制度安排和相关政策设计，视其贫困状况（绝对还是相对）采取有针对性的治理措施，是可以使其得到较好治理（如控制在特定的合理范围内）的，从而实现社会的良性运行与可持续发展。

二、有效整合社会资源，科学构建贫困人口的综合治理体系

基于贫困现象及其人口问题的复杂性、综合性、长期性等特征，贫困现象是一个多维度的综合概念，因而，仅仅依靠任何单一的路径，都不可能较好治理民族山区转型农村的贫困现象及其人口问题。可见，探索建立符合我国实际国情的农村贫困人口的综合治理体系（图6-1），有其客观必然性。基于社会的整体性和复杂性建立"个体＋政府＋社会"协同互动的社会综合治理体系，实践个体自救、政府主导（救济）与社会共助"三位一体"的扶贫模式（图6-2），完善武陵山等民族山区转型农村的治理机制是今后贫困问题治理的基本方向。只有如此，才能促使农村贫困人口得到更加全面、有效、有针对性的综合治理。

首先，贫困人口要尽可能通过自己的努力来缓解自己的贫困生活状况，一是贫困个体要通过不断增强自己的发展意识和能力，利用自己的辛勤劳动来获取基本的生活资料；二是贫困个体要学会理财，如合理支配财产、积累一定资金等。当然，贫困村民的自我发展能力也是分层次、多样化的，在不同的时期有不同的内涵，是一个动态的渐进发展过程。

其次，政府理应承担起贫困治理的主体责任，积极提供直接的救助和政策支持。根据前面的论述，在治理贫困现象及其人口问题的过程中，政府要积极承

---

① 马克思，恩格斯：《马克思恩格斯选集》（第2卷），中共中央马克思恩格斯列宁斯大林著作编译局译，北京：人民出版社，1995年，第122-123页。

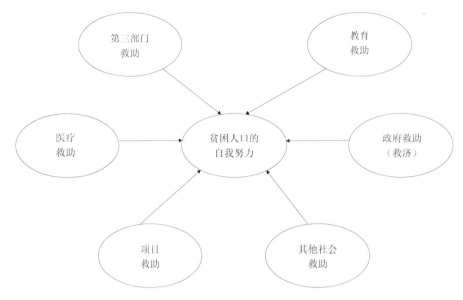

图 6-1　农村贫困人口的综合治理体系简图

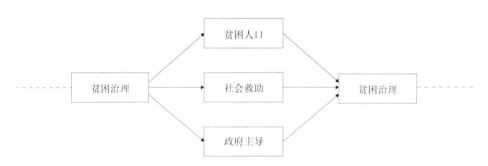

图 6-2　社会运行中治理贫困的"三位一体"演进模型简图

担其主导责任,为绝对贫困人口(群体)提供直接救助或政策支持;同时,政府还要积极地有效引导社会力量来共同治理贫困人口问题,提倡社会关爱与救助,培育互助、互济的良好社会风尚。

最后,利用多层次、多元化的社会救助与支持,积极构建贫困人口的社会救助及其支持网络。对贫困人口而言,不同个体得到的社会救助及其支持路径是不一样的,有的是靠亲朋好友接济,有的是利用扶贫政策摆脱贫困,有的则是依靠政府直接救济。同时,贫困人口及其需求也呈现出多元化、层次化的特征,所谓多元化需求是指贫困人口的物质需求、精神需求(情感与心理)等,而社会救助或支持的层次化则是指微观、中观、宏观层面的政策支持与救助，"积极动员社会各界的力量"[1]，为贫困人口逐步构建一个较为完善的社会救助及其支持网络，以满足民族山区转型农村不同类型贫困人口的不同社会需求。

三、完善社会流动的机制，引导社会成员合理流动

构建有效的社会流动机制，疏通利益诉求渠道，促使社会的良性流动与运转，从而实现贫困人口与其他群体之间的和谐交往与互动、城市与农村的互动发展，这是因为"一个社会的社会流动程度越高，就意味着它能够为社会成员提供更多的机会和希望"[2]。阿玛蒂亚·森也曾指出，"自由是个体发展的首要目的""自由是促进发展的不可缺少的重要手段"[3]，等等。可见，对于武陵山等民族山区的转型农村而言，有效治理其绝对贫困、缩减相对贫困、增加社会下层向上层流动的可能性，并逐步实现机会平等与自由发展，既是民族山区实现民族团结与共同富裕的必然选择，也是我国最终实现和谐社会的必由之路。

四、多渠道筹集资金，设立扶贫专项基金

积极展开多渠道的资金筹集，针对某些特殊的贫困人口设立扶贫专项基金。例如，通过建立针对性的农村大病、天灾救助制度、贫困村民培训（免费）制度与贫困学生学费减免制度等，实施倾向于农村贫困人口的医疗保险制度改革，帮助民族山区转型农村的贫困村民缓解其生存压力，从而有效防止民族山区转型农村贫困人口的新生与恶化。

---

① 王文长：《少数民族地区反贫困：实践与反思》，北京：中国社会科学出版社，2016年，第245页。
② 傅治平：《和谐社会导论》，北京：人民出版社，2005年，第183页。
③ 阿玛蒂亚·森：《以自由看待发展》，任赜，于真译，北京：中国人民大学出版社，2002年。

附　　录

附录一　《武陵山片区区域发展与扶贫攻坚规划（2011—2020年）》^①节选

按照中央把集中连片特殊困难地区（以下简称"连片特困地区"）作为新阶段扶贫攻坚主战场的战略部署和国家区域发展的总体要求，决定率先启动武陵山片区区域发展与扶贫攻坚试点工作，为全国其他连片特困地区提供示范。

武陵山片区跨湖北、湖南、重庆、贵州四省市，集革命老区、民族地区和贫困地区于一体，是跨省交界面大、少数民族聚集多、贫困人口分布广的连片特困地区，也是重要的经济协作区。

根据《中国农村扶贫开发纲要（2011—2020年）》（中发〔2011〕10号）和《国务院关于推进重庆市统筹城乡改革和发展的若干意见》（国发〔2009〕3号）的要求，依据《国民经济和社会发展第十二个五年规划纲要》《中共中央国务院关于深入实施西部大开发的若干意见》（中发〔2010〕11号）、《全国主体功能区规划》（国发〔2010〕46号）和《关于下发集中连片特殊困难地区分县名单的通知》（国开

---

① 国务院扶贫开发领导小组办公室，中华人民共和国国家发展和改革委员会：《国务院扶贫办 国家发展改革委关于印发武陵山片区区域发展与扶贫攻坚规划的通知》，http://www.ndrc.gov.cn/zcfb/zcfbqt/201304/t20130425_538575.html（2018-6-19）。

发〔2011〕7 号）编制本规划。

本规划按照"区域发展带动扶贫开发，扶贫开发促进区域发展"基本思路，把集中连片扶贫攻坚和跨省合作协同发展有机结合起来，明确了片区区域发展与扶贫攻坚的总体要求、空间布局、重点任务和政策措施，是指导片区区域发展和扶贫攻坚的重要文件。

本规划规划期为 2011—2020 年。

规 划 范 围

本规划区域范围依据连片特困地区划分标准及经济协作历史沿革划定，包括湖北、湖南、重庆、贵州四省市交界地区的 71 个县（市、区），其中，湖北 11 个县市（包括恩施土家族苗族自治州及宜昌市的秭归县、长阳土家族自治县、五峰土家族自治县）、湖南 37 个县市区（包括湘西土家族苗族自治州、怀化市、张家界及邵阳市的新邵县、邵阳县、隆回县、洞口县、绥宁县、新宁县、城步苗族自治县、武冈市，常德市的石门县，益阳市的安化县，娄底市的新化县、涟源市、冷水江市）、重庆市 7 个县区（包括黔江区、酉阳土家族自治县、秀山土家族苗族自治县、彭水苗族土家族自治县、武隆县、石柱土家族自治县、丰都县）、贵州 16 个县市（包括铜仁地区及遵义市的正安县、道真仡佬族苗族自治县、务川仡佬族苗族自治县、凤冈县、湄潭县、余庆县 ）。国土总面积为 17.18 万平方公里①。2010 年末，总人口 3645 万人，其中城镇人口 853 万人，乡村人口 2792 万人。境内有土家族、苗族、侗族、白族、回族和仡佬族等 9 个世居少数民族。

贫困状况与特殊困难

贫困面广量大，贫困程度深。2010 年，农民人均纯收入 3499 元，仅相当于当年全国平均水平的 59.1%。按照国家统计局测算结果，2009 年农民人均纯收入低于 1196 元的农村贫困人口 301.8 万人，贫困发生率 11.21%，比全国高 7.41 个百分点。《中国农村扶贫开发纲要（2001—2010 年）》实施期间，武陵山片区共确定 11303 个贫困村，占全国的 7.64%。片区 71 个县（市、区）中有 42 个国家扶贫开发工作重点县，13 个省级重点县。部分贫困群众还存在就医难、上学

---

① 1 公里 =1 千米。

难、饮用水不安全、社会保障水平低等困难。

基础设施薄弱，市场体系不完善。片区内主干道网络尚未形成，公路建设历史欠账较多，水利设施薄弱且严重老化，电力和通信设施落后。有 47 个乡镇不通沥青（水泥）路，占乡镇总数的 3.41%；9271 个行政村不通沥青（水泥）路，占行政村总数的 40.25%；7790 个村没有完成农网改造任务，占行政村总数的 33.82%。区内仓储、包装、运输等基础条件差，金融、技术、信息、产权和房地产等高端市场体系不健全。产品要素交换和对外开放程度低，物流成本高。

经济发展水平低，特色产业滞后。2010 年，一、二、三产业结构比例为 22：37：41，与全国 10：47：43 相比，第一产业比例明显偏高。片区人均地区生产总值只有 9163 元，明显低于全国平均水平。城镇化率比全国平均水平低 20 个百分点。缺乏核心增长极，缺乏具有明显区域特色的大企业、大基地，产业链条不完整，没有形成具有核心市场竞争力的产业或产业集群。

社会事业发展滞后，基本公共服务不足。教育、文化、卫生、体育等方面软硬件建设严重滞后，城乡居民就业不充分。人均教育、卫生支出仅相当于全国平均水平的 51%。中高级专业技术人员严重缺乏，科技对经济增长的贡献率低。

生态环境脆弱，承载能力有限。片区平均海拔高，气候恶劣，旱涝灾害并存，泥石流、风灾、雨雪冰冻等灾害易发。部分地区水土流失严重，石漠化现象严重。土壤瘠薄，人均耕地面积为 0.81 亩，是全国平均水平的 60%。发展与生态保护矛盾尖锐，产业结构调整受生态环境制约大。

区域发展不平衡，城乡差距大。2010 年片区人均地区生产总值和农民人均纯收入分别是全国平均水平的 33.76% 和 59.1%，与 2001 年 37.3% 和 62.68% 相比，差距进一步拉大。2010 年片区内城乡居民收入比为 3.04：1，城乡差距明显。四省市片区之间、片区内各县之间的发展差距也不同程度存在。

基 本 原 则

坚持加快发展与扶贫攻坚相结合。把保障和改善民生作为发展的出发点和落脚点，通过片区发展为扶贫攻坚创造更好的基础条件，有效提高扶贫攻坚整体工作水平，使各族群众特别是贫困人口共享发展和改革成果；通过扶贫攻坚加快脱贫致富步伐，激发广大群众参与发展的积极性和创造性，有力推动和加快片区发展。

　　坚持加快发展与开放创新相结合。把解放思想、转变观念，大胆探索、锐意创新作为推动区域发展与扶贫攻坚的强大动力，深化重点领域和关键环节的改革，允许在相关领域先行先试。促进区内优势互补与协作发展，积极推进区域一体化建设，加强对外交流合作，打造全方位对外开放和全社会扶贫新格局。

　　坚持加快发展与保护生态相结合。以资源环境承载力为前提，以产业园区为重要载体，优化产业结构和空间布局。集约节约利用资源，严格保护耕地，改善生态环境。坚持高起点规划、高标准要求、高水平建设，走新型工业化、城镇化和农业现代化道路，切实转变经济发展方式，促进经济发展和生态建设形成良性互动格局。

　　坚持市场机制调节与政府引导相结合。充分发挥市场机制在资源配置中的基础性作用，加快区域经济发展步伐。更加注重发挥政府政策的引导作用，大力促进各种资源向最困难的地区、最贫困的人口倾斜，确保贫困群体优先受益。

　　坚持统筹协调与突出重点相结合。促进连片特困地区发展是一个系统工程，既要着眼长远打牢发展基础，又要立足当前解决突出问题；既要统筹区域整体发展，又要着力突破最薄弱环节；既要通盘考虑总体规划，又要分步实施稳步推进。

　　坚持自力更生与国家支持相结合。片区广大干部群众是促进区域发展和扶贫攻坚的主体，要继续发扬不等不靠、自强不息和艰苦奋斗精神，不断增强自我发展能力；国家加强规划引导和政策指导，进一步加大投入力度，并广泛动员社会各界参与扶贫开发，解决片区发展的特殊困难。

战　略　定　位

　　扶贫攻坚示范区。创新扶贫开发体制机制，探索区域发展和扶贫开发统筹推进新路子，探索专项扶贫、行业扶贫和社会扶贫合力攻坚新格局，探索连片开发与扶贫到户相结合新途径，为全国连片特困地区扶贫攻坚提供示范，为新阶段扶贫开发创造和积累经验。

　　跨省协作创新区。发挥深入实施西部大开发和促进中部地区崛起两大战略的政策优势，深化跨省市经济技术交流与合作，拓展与长三角地区、成渝经济区、长株潭经济区、武汉城市圈等重点经济区的合作，积极探索跨省交界欠发达地区经济一体化发展的新途径、新机制，实现优势互补，共同发展。

民族团结模范区。发扬片区各民族团结和睦、休戚与共的优良传统，紧紧围绕各民族共同团结奋斗、共同繁荣发展的主题，广泛开展民族团结进步创建活动，巩固和发展平等、团结、和谐、互助的社会主义民族关系，共同推动经济社会发展的良好局面，建设民族团结模范区。

国际知名生态文化旅游区。利用丰富独特的山水生态和民族文化旅游资源优势，促进旅游产业转型升级和发展方式转变，推进省际生态文化旅游协作，建成国内外具有重大影响力的生态文化旅游区。

长江流域重要生态安全屏障。按照《全国主体功能区规划》要求，统筹经济社会发展与生态环境保护，推进生态文明建设，发挥亚热带森林系统核心区和国家生物多样性宝库的作用，建成长江流域重要生态屏障。

产 业 发 展

从资源优势、区位特点和产业基础出发，以市场为导向，加强产业协作，完善配套分工，加快产业结构调整，加大产业布局向贫困地区倾斜力度，形成具有区域特色的产业体系和支柱产业，增强片区造血功能和内生动力，为区域发展和贫困人口脱贫致富奠定基础。

1. 旅游产品多元化开发

发展民族文化旅游，实施特色民族村镇和古村镇保护与发展工程，形成一批文化内涵丰富的特色旅游村镇和跨区域旅游网络。进一步开发少数民族特殊医疗的康体健身旅游、科普旅游和红色旅游，大力支持休闲度假养生、农业生态及会展等旅游项目，形成有效带动群众就业和增收的支柱产业。

2. 特色农业

大力发展特色高效农业。加快推进区域性特色农林产品基地建设，实施一批重大特色农林业项目，建设一批特色农林产品标准化良种繁育基地。抓好"节粮型"特色畜产品养殖基地建设。大力发展中药材种植，建设一批符合中药材生产质量管理规范（GAP）的生产基地。

3. 加工制造业

农林产品加工业。重点发展油茶、茶叶、蚕茧、蔬菜、水果、竹木和畜禽产品加工。依托丰富的人工林、次生林等森林资源及资源再生能力，统筹林浆纸区域规划，搞好跨地区森林采伐和纸浆生产的供求衔接，建设完善怀化等林浆纸一体化生产加工基地。

生物医药产业。发展德江天麻，酉阳青蒿素，松桃、思南、隆回金（山）银花，松桃和龙山百合，张家界、五峰五倍子，慈利杜仲，石柱和恩施鸡爪黄连，恩施紫油厚朴，利川香莲，宣恩竹节参，咸丰鸡腿白术，巴东独活、玄参，长阳资丘木瓜等以区域优势药材资源为基础的医药化工产业。利用现代生物提取技术，建设中药饮片和医药中间体提取生产线，积极推进新药研制开发。大力推进医药保健品综合开发。支持特色民族药品生产。

4. 民族文化产业

推进特色民族文化品牌传承与保护。加强对片区少数民族文化遗产的挖掘和保护，抢救、整理和展示少数民族非物质文化遗产，弘扬民族传统文化。

大力扶持民族文化精品工程。扶持体现民族特色和国家水准的重大民族文化产业项目，建设具有浓郁民族特色的少数民族文化产业园区和民族传统体育基地。

加强民族文化设施建设和民族文化及自然遗产保护。规划建设武陵山综合图书馆、武陵山大剧院、武陵山博物馆等文化基础设施。

专栏11　民族文化发展重点

特色民族文化品牌保护工程。加强对凤凰古城、洪江古商城、通道侗族古建筑群、会同高椅古村、新化梅山武术、龙山里耶秦简、玉屏萧笛、傩戏、土家摆手舞、利川龙船调、肉连响、建始黄四姐、长阳山歌、南曲、巴山舞、秭归花鼓、石柱西沱古镇云梯街、黔江南溪号子、秀山及思南花灯、松桃滚龙、慈利板板龙灯、恩施撒尔嗬、苗族"四月八""上刀山"和"土家啰儿调"、张家界阳戏、桑植民歌等物质和非物质文化遗产资源保护和传承

民族文化精品工程。积极扶持黔江武陵山民族文化节、梵净山旅游文化节、酉阳摆手舞文化节、丰都鬼城庙会、芷江和平文化节、通道芦笙节、沅陵全国龙舟赛、恩施女儿会、来凤土家摆手节、巴东纤夫节、秭归屈原端午文化旅游节、长阳廪君文化旅游节和张家界国际乡村音乐节和天门狐仙—"新刘海砍樵"、恩施"夷水丽川""印象武隆"等大型山水实景及精品演出

民族文化设施建设。推进特色民族村寨保护与开发，改造建设中心城市及具有民族特色的重点城镇民族文化艺术馆，支持建设民族文化影视中心

民族文化和自然遗产保护。重点支持武陵源、崀山等国家重大文化和自然遗产地、全国重点文物保护单位、中国历史文化名城名镇名村保护设施建设，推进非物质文化遗产保护利用设施建设

民族工艺品发展。重点支持蜡染、制银、织锦、刺绣、根雕、石雕、民间剪纸、西兰卡普、油纸伞、傩戏面具、柚子龟、阳戏面具等民族工艺品的发展

发展民族工艺品。大力支持具有浓郁民族风情和地方民俗文化特色手工艺品、特色旅游纪念品发展，重点支持具有非物质文化遗产认证的手工艺发展，推进民族手工艺传承与创新，对非物质文化遗产传承人发展工艺品给予优惠政策和优先支持。鼓励扶贫对象参与民族传统手工艺品生产。

产业化扶贫

产业化扶贫要建立健全带动贫困户增收的利益联结、分享机制。大力发展贫困地区农村合作经济组织和专业技术协会，对贫困村建立和贫困农户加入农村合作组织给予特殊扶持。发挥各种合作组织、农村致富带头人、经纪人等在带动贫困农户和协调企业方面的纽带聚合作用，促进企业和贫困农户结成利益共同体，实现共同发展。加大扶贫贴息贷款的投放力度，创新扶贫项目贷款贴息管理机制，完善小额信贷扶贫到户形式，进一步完善贫困村互助资金试点，帮助扶贫对象参与特色产业开发。鼓励企业在贫困村建产业基地，为贫困农民提供技术、市场、信息等服务，优先吸纳安置贫困劳动力就业，优先收购贫困农户农副产品。积极推行订单农业，促进农超对接。

就业促进与农村劳动力转移

合理调整就业结构。将二、三产业作为拓展就业的方向，调整片区三次产业结构，逐步增加三产从业人员比重。构建农村、小城镇、城市三级城乡就业平台，将小城镇作为农村就业转移的主阵地。对农民进行分类引导、差别培训，推动兼业型农民转变为职业化、专业化农民。

拓宽就业渠道。立足本地开发就业岗位，鼓励片区内企业优先招收贫困劳动力就业。以旅游业为先导，大力发展劳动密集型企业、服务业、公司制农业企业、小型微型企业，创造就业机会。开辟公益性岗位，支持自主创业、自谋职业，以创业带就业。积极拓宽片区外异地就业渠道。

完善就业服务。统筹做好城镇新增劳动者、农村转移就业劳动者、失业人员的就业工作。针对不同就业群体特点开展就业服务。完善就业制度，帮助就业困难人员和零就业家庭成员实现就业。保障劳动者合法权益，提供法律援助。加强人力资源市场建设，构建覆盖城乡的公共就业服务人力资源市场信息网络平台。

促进农村转移就业劳动者融入城市。开展农村转移就业劳动者的继续教育、职业培训和心理辅导。缩小农村转移就业劳动者与城镇居民在享受子女入学、就医、住房和社会保障等城市公共服务方面的差距。

提高农村劳动力素质

农村劳动者转移就业培训。整合资源，支持本地各类职业院校和职业培训机构根据市场需求开展订单、定向培训，加强与发达地区职业院校联合办学。鼓励农村劳动者参加职业技能鉴定，对取得职业资格证书的按规定给予补贴。鼓励本地区企业以"工读结合、半工半读"等形式对企业吸纳的劳动者进行岗前培训。

贫困家庭劳动力职业技术培训。鼓励农村贫困家庭未继续升学的应届初、高中毕业生参加劳动预备制培训并给予一定的生活费补贴。支持农村贫困家庭新成长劳动力接受中等职业教育并给予生活费、交通费等特殊津贴。免除中等职业教育学校农村和城市家庭经济困难学生和涉农专业学生学费，落实国家助学金政策。对贫困户中接受高等、中等职业教育和一年以上技能培训的在校学生，在享受国家规定的补助政策的基础上，中央财政扶贫资金每人每年再予适当补助。

乡土人才培养。建立村干部轮训机制和后备村干部管理库。通过项目、资金、培训等方式扶持致富带头人，鼓励创业兴业。开展"致富能人""技术能手"等评选活动。鼓励支持优秀大学生村官和"三支一扶"大学生等基层服务项目参加人员扎根农村，成长为农村致富带头人。有针对性地开展农村经纪人培训，加强信息服务，建立激励机制。

农村实用技术培训。支持科研机构和企业深入农村，围绕产业发展开展技术推广和技能培训。鼓励科技人员现场示范、指导农业科技的应用，与农户建立互利共赢的合作关系。大力发挥远程信息网等现代化手段在技能培训中的作用。

教　　育

统筹发展各类教育。积极发展学前教育，提高学前三年教育毛入园率，基本普及学前一年教育。巩固、提高"两基攻坚"成果，推进义务教育均衡发展。以中等职业教育为重点，加快普及高中阶段教育，推动普通高中多样化发展。重点支持旅游、民族文化和现代农业等专业性职业院校。鼓励发展民办职业学校。因地制宜发展高等教育，鼓励一个中心城市建设一所特色高校。

健全国家教育资助制度。落实好九年义务教育免费政策和高中阶段国家助学政策。逐步提高义务教育阶段家庭经济困难寄宿生生活费补助标准。鼓励大中城市以及市、县寄宿制高中接受贫困偏远地区学生转移就学。支持中心城市大专院校和职业学校定向招收贫困偏远地区学生，并优先推荐就业。

社 会 保 障

继续扩大社会保障覆盖范围。健全城镇职工养老保险制度，实现新型农村和城镇居民社会养老保险制度全覆盖。按照"先保后征"要求，将被征地农民纳入相应社会保障制度。继续完善医疗、失业、工伤和生育等社会保险制度。逐步提高城镇居民基本医疗保险、新农合补偿水平。开展基本医疗和养老保险城乡统筹试点。推进城镇居民基本医疗保险与新农合、城镇职工基本养老保险与城乡居民养老保险制度之间的衔接。实现社保对象动态精确管理，提高社会保障水平，实现应保尽保。

生 态 建 设

加强生态林保护与建设。抓好长江流域防护林、天然林保护等重点生态工程建设，推进植树造林和天然林管护，严格控制森林采伐，巩固和严格执行退耕还林政策。实施"绿色行动"拓展工程，推进交通沿线、旅游景区、城镇周边和河流两岸的绿化带建设。

加强生态文明示范工程建设。积极推动贵州印江、松桃、江口县梵净山（国家级）自然保护区和重庆酉阳自治县水源地保护区开展生态文明示范工程试点县建设工作。推进恩施、建始、五峰、长阳、新宁、洪江、绥宁、桑植、安化、黔江、酉阳、秀山、彭水、武隆、石柱等地低碳县（区）试点示范建设。开展碳汇交易与扶贫开发相结合试点。

附录二　湖北巴东野三关镇经济社会发展"十三五"规划（2016—2020 年）节选

前　言

作为全国城镇发展改革试点镇、湖北省行政管理体制改革试点镇的野三关镇，位于巴东县中部，北临三峡，南濒清江，既是川汉之咽喉，江汉平原入恩施土家族苗族自治州（以下简称恩施州）和西南地区的陆路门户，又是大西南的陆路咽喉，恩施州的东大门；既是巴东县经济中心，县经济开发区所在地，又是巴东县"一县双城"区域经济发展的重要组成部分，"2 小时"交通经济圈建设中心，巴东江南的重要物资集散地和最大农副产品交易中心。该镇历史悠久、风情奇异、区位独特、资源丰厚，国土面积 552.2 平方公里，现管辖有 33 个行政村，684 个村民小组，总人口 8 万余人，是恩施州目前最大的建制镇。

时代在前进，社会在发展。野三关镇经济和社会发展第十三个五年规划（2016—2020 年）是野三关镇科学发展、全面实现小康社会目标的攻坚时期，其基点是"绿色发展、转型升级、优化结构、提质增效"，这是未来五年野三关镇镇域经济和社会发展的逻辑主线。

按照恩施州"双轮驱动""六城同创"①战略和巴东县"新型城镇化建设"的要求，以"科学发展观"统领发展全局，紧紧围绕县委政府的"生态统领、产业兴县、科学发展、和谐惠民"战略和"规划引领、基础优先、产业支撑、农民自愿、循序渐进"原则，实施绿色新政，加快转变发展方式，着眼于新型城镇化的目标，秉承"生态"理念，遵循"生态立镇、产业兴镇、开放活镇、旅游旺镇、文化强镇"的原则，明确了经济社会发展的定位（农业为基础、旅游为主导、工业为纽带的新型小集镇）、目标及发展布局，以谋求"大发展、大变化"，逐步实现"五化"（管理精细化、服务人性化、发展生态化、新型城镇化、城乡协调化），力争将野三关镇建成生态优良、城乡协调、生活富裕的生态文明示范镇，把野三关镇打造成"湖北省有特色、武陵山有地位、全国有影响"的特色镇、湖北经济

---

① "六城同创"指的是积极创优秀旅游城市、文明城市、园林城市、卫生城市、森林城市和环保模范城市，是恩施州为了着力提升其城镇建设与管理水平而提出的一种城市发展战略。

强镇、鄂西第一镇，创建"三园三都"①，构筑"县域经济中心和恩施州副中心城市"和中国的"达沃斯"，全面建成具有山区特色和民族风情的高水平小康社会。

第一章　规划背景与必要性

在十八大报告、2013 年初的全国经济工作会议与十八届三中全会以来的文件精神中，中央提出积极稳妥地推进城镇化建设，走"集约、智能、绿色和低碳"的新型城镇化道路，并适时提出了"四个全面"（全面建成小康社会、全面深化改革、全面依法治国、全面从严治党）战略布局和新思路，以谋求城乡一体化及其经济社会的和谐健康、可持续发展，这不仅是一个治国的新思维，牵一发动全身，而且是地方经济社会发展战略的基本方略和指南，具有纲举目张的战略统摄作用。可见，根据经济"新常态"的特征和"长江经济带与长江中游城市群"的发展趋势，以新型城镇化为契机，加快城乡经济社会的和谐健康发展，既是党的十八大作出的重大战略部署，是深入贯彻落实科学发展观的内在要求，又是我国推进资源节约型社会和环境友好型社会的重要举措，是全面推进并实现小康社会的必然选择和推进器。因此，立足于"镇情"，以恩施州"产业化、城镇化的双轮驱动"战略和巴东县"新型城镇化建设"和"产业兴县"战略为契机，结合"国内外经济社会发展的实际状况和新变化"，对野三关镇经济社会发展的第十三个五年进行科学规划，以"六城同创"和"两个试点改革"为契机，着眼于"特色产业"，进一步强化"生态立镇、产业兴镇、开放活镇、旅游旺镇与文化强镇"的基础地位，加强生态环境保护与经济建设，积极加快促进社会经济发展方式的有效转变，努力优化产业结构及其布局，构建现代产业体系，围绕"县域经济中心和湖北经济强镇"，着力打造鄂西第一镇和"三园三都"，提高经济社会发展水平，增强资源环境的承载能力和可持续发展能力，造福广大人民群众，功在当代，利在千秋，意义深远。

第五章　指　导　思　想

以科学发展观重要思想为指导，深入贯彻党的十八大和十八届三中全会以来的文件精神，根据中央经济工作会议部署，以"六城同创"为契机，进一步强

---

① "三园三都"是野三关镇人民政府提出的"十三五"发展目标，即在"十三五"建设期间，要着力构建电子工业园、绿色食品工业园和台商产业园及凉都、酒都和药都。

化"生态立镇、产业兴镇、开放活镇、旅游旺镇与文化强镇"的基础地位与基本思路，优化产业结构，积极转变经济发展方式，优化消费模式，维护生态平衡，促进绿色繁荣。以新型城镇化为逻辑主线，坚持走"特色发展、绿色发展、可持续发展"道路，着眼于"三都三园"建设，强化城乡环境治理，不断增强资源环境承载能力，改善人居和经济社会发展的生态环境；加快体制、机制创新，动员全社会力量共同推进生态文明建设和"集约、智能、绿色和低碳"的新型城镇化，把野三关镇建设成为"脱贫致富、产业繁荣、民族团结"的示范镇和民族特色镇，努力走出一条经济高效、资源节约、环境友好、社会和谐的新型城镇化道路。

第七章　发展目标

一、目标定位

以改善民生为逻辑主线，以"长江经济带"和"长江中游城市群"建设为契机，以产业化、城镇化"双轮驱动"为动力，以"六城同创"为契机，以新型城镇化与新农村建设为突破口，以项目为纽带，以经济开发区为平台，以项目为抓手，以"大农业"和生态工业为落脚点，带动生态农业、特色工业、旅游业及相关产业的有效发展，着眼于"休闲生态旅游、现代特色农业、新兴工业与现代服务业"，构建"三园三都"——即"电子工业园、绿色食品加工园、台商产业园"与"凉都、酒都、药都"，逐渐建成"县域经济中心""鄂西第一镇"和湖北经济强镇，把野三关镇打造成为科学发展的先行区、体制创新的实验区、生态文明与新农村建设的示范区，朝"功能完善、环境优美、社会文明、特色鲜明的富有生机和活力的现代化小城市"迈进，逐步形成中国的"达沃斯"。

1. 武陵山片区重要的副县级乡镇示范中心和经济增长极

全面推城乡各种规划、基础设施、公共服务、特色产业、生态环境等全方位建设，逐步形成武陵山片区的综合性交通枢纽与重要的旅游集散中心、现代商贸物流中心，建成武陵山片区重要的副县级乡镇示范中心和经济增长极。

2. 西部民族山区扶贫攻坚示范区

进一步创新城乡一体化发展和扶贫开发的体制机制，探索山区集镇发展和扶贫开发的新路子，积极创新工作方式，把瞄准贫困人口落在实处，实施精准扶贫，建成西部民族山区扶贫攻坚示范区。

3. 全国生态休闲旅游示范区

利用丰富独特的"历史文化、民族文化与山水生态"旅游资源优势，加大旅游资源的开发与整合，大力发展特色旅游业，促进旅游产业的发展方式和升级，打造"凉都——高山休闲旅游之都"和华中地区的后花园，建成全国生态休闲旅游示范区。

4. 全国民族团结进步示范区

积极开展民族团结进步创建活动，增强全镇各民族干部群众的民族团结意识和法治意识，提高其执行国家法律政策、民族政策、民族法律法规的自觉性，探索建设民族团结进步的教育基地，创新促进民族地区和谐发展的机制，建成全国民族团结进步的示范区。

二、发展目标

1. 总体目标

到 2020 年，全面建成一体化的发展体系，基本达成经济社会的协调发展，镇域经济将实现由第一产业为主导向二、三产业为主导转变，达到"湖北经济强镇、县域经济中心与鄂西第一镇"的经济社会发展基本目标，实现"六城同创"目标，初步实现"三园三都"的构建，把野三关镇建成"州级"文明单位、武陵山经济强镇、省级旅游环保示范镇，在武陵山率先实现全面建设小康社会目标。

——经济实力显著增强。到 2020 年，"区域生产总值"达到 60 亿元以上，达到全县的 55% 以上，"人均区域生产总值"接近或达到全国平均水平，年均增长率 15% 以上；财政总收入突破 2.5 亿元；工业产值达到 40 亿元以上；固定资产投资达到 35 亿元；社会消费品零售总额年均增长 15% 以上；集镇居民人均可支配收入和农民人均纯收入年均增长都达到 10% 以上；"城镇化率"达到 50% 以上。

——产业结构更加优化。基于经济结构的调整，产业结构不断得到优化，

"一、二、三"产业协调发展，自主创新能力和产业竞争力明显增强，打造全国知名的生态文化休闲旅游目的地和华中后花园，特色农业加快发展，工业主导地位明显提升，生态文化旅游业逐渐成为富民兴镇的重要支柱产业，现代产业基地及工业园区基本形成，初步实现产业结构由传统型向现代型转变，到2020年"一、二、三"产业的结构比例调整为27∶51∶22左右。

——基础设施不断完善。到2020年，以"高速公路与铁路"为骨架的区域性综合交通枢纽得到进一步完善，搞好集镇的防洪排污与消防等市政工程建设，完善覆盖集镇乡村的交通、水利、能源、信息以及集镇配套等基本设施。

——生态文明得到加强。秉承绿色发展理念，进一步搞好生态水土保护工作，节能减排取得实效，生态环境进一步改善，基本形成节约资源和保护生态环境的产业结构、增长方式、消费模式，可持续发展能力不断增强。到2020年，万元生产总值能源消耗0.8吨标煤，人口自然增长率控制在7.5‰以内；森林覆盖率达到95%，森林蓄积量达到0.65亿立方米。

——社会建设明显加强。覆盖集镇乡村的基本公共服务体系不断完善，居民的受教育程度稳步得到提升。社会保障体系逐步完善，就业再就业工作取得新进展。文化事业、文化产业和卫生事业取得明显进展。社会管理制度更加趋于科学、合理和完善，民族团结进步，社会和谐稳定。到2020年，九年义务教育巩固率达到95%以上，高中阶段毛入学率达到90%以上。集镇就业环境及其状况明显改善，剩余农村劳动力得到了有效转移，集镇登记失业率控制在4.0%以内。社会保障覆盖面扩大，医疗保险参保率达到95%以上。文化、体育等公共设施比较完善。防灾减灾能力逐步增强，社会治安和安全生产状况进一步好转。居民收入稳定增长，居民消费率逐步提高，社会就业更加充分，人民生活全面改善，使得所有居民富有"获得感、幸福感与成就感"，逐步建成和谐美丽的野三关。

2. 近期目标

到2018年，基础设施逐步优化，支柱产业日渐形成，产业布局及其结构得到有效调整和优化，工业经济显著增强，新型城镇化初见成效，初步形成城乡统筹的发展格局，镇域社会经济呈现出全面、快速、健康、持续的良好发展态势。

（1）"镇域"生产总值达到50亿元，培育壮大一批支柱产业，引进一批高新产业，发展一批"特色产业"，以优化"二、一、三"的产业结构为平台，构建具有"现代特色农业"的核桃基地和油桐等示范基地，逐步实现"产业结构"的不断优化升级，形成现代产业的合理布局，初步实现经济强镇。

（2）城乡居民收入和人均基本公共服务能力高于西部地区平均水平，基础设施条件明显改善，自我发展能力明显提高，人口迁移有序推进，积极营造"和谐安定"的环境，成为湖北和武陵山发展特色产业的领头雁。

（3）资源利用效率提升，生态经济稳步发展。一是资源综合利用和清洁能源比重逐步提高，工业用水重复利用率和城市洁净能源利用率达到75%以上，工业固体废物处置利用率达到85%以上，节能减排指标控制在控制性发展目标内；二是生态产业和服务业得到较快发展，产业结构更加合理，绿色经济、循环经济形成较大规模，生态文化旅游业等生态产业逐步成为"镇域经济"的重要支柱产业。

（4）实现"三个率先"：一是率先开展民族山区农村与城镇协调发展的探索与实验，实现民族团结、社会稳定、文明进步；率先形成城乡发展的新模式；率先开展乡镇政府的职能转变以应对市场经济的探索与实验，加快政府职能转变，推进政治民主化进程。

（5）加强基础设施建设，着力构建和谐社会。合理布局城乡基本公共服务，同步推进基础公共设施建设，初步实现"水电路气"一体化，进一步加大对"教育文化、卫生"等事业的投入，稳步提升全民的教育程度及水平，医疗卫生的布局及其布点合理，逐步提高人民群众的科学文化素养和身体素质，合理控制人口的自然增长率，切实保障人民的合法权益，积极构建"稳定并和谐健康发展"的社会。

3. 共同愿景

到2020年，镇域所有基础设施比较完善，建立城乡社会经济发展的协调发展格局，初步实现城乡与区域发展的良性互动和现代化，把野三关建设成为：县域经济中心和恩施州副县级中心城市，体制创新与科学发展的先行区、新型城镇化建设的先导区、生态文明与新农村建设的示范区，"湖北省有特色、武陵山有地位、全国有影响"的特色镇、湖北经济强镇、鄂西第一镇、武陵山明星镇、西部生态酒城和中国高山休闲旅游养生之都，构建"三园三都"，构筑中国的"达沃斯"，全面建成具有山区特色和民族风情的高水平小康社会。

三、目标布局

1. 社会经济发展目标

（1）秉承绿色理念，着力实施新型城镇化战略，践行"产业化、城镇化"的"双轮驱动"战略，构建现代化城镇发展的新框架，构筑县域经济发展中心和鄂西第一镇，为建成"恩施州副中心城市"奠定坚实的基础；

（2）实施新型工业化战略，大力发展生态环保型工业和特色农业，构筑"一二三产业"发展的新格局，初步实现特色产业"强镇"；

（3）抓住"西部承接产业转移"政策的重要机遇，大力实施经济外向型战略，全力突破招商引资；

（4）以改革试点镇为契机，深化改革，进一步转变政府职能，将政府的"有形之手"和市场的"无形之手"有机结合，积极营造公平、有序的市场环境，加快现代化进程，提高城镇核心竞争力；

（5）建立完善的社会公共服务和社会保障体系，提高居民的"可感生活质量"与水平，逐步提升其幸福指数，全面建成小康社会。

2. 城镇建设目标

（1）高度重视环境保护，建设现代化城镇，实现其得到可持续健康发展。

（2）全面提升城镇建设和管理水平，增强城镇综合服务功能。

（3）建立快速便捷的交通体系和高效完善的基础设施。

（4）塑造高标准的城镇空间和特色鲜明的城镇景观。

3. 村镇发展目标

着力建设新农村，提高农民收入水平，改善农民社会生活条件，提高村民素质，增强村民法制观念，推行法治建设，实现农村的全面小康。改变原有村庄发展模式，优化农村经济结构，引导农民集中居住，向工业（园）片区集中；盘整村庄土地资源，建设节约型社会；提高村庄基础设施和公共服务设施建设标准，提升村民的生活水平；挖掘农村在风貌、产业、功能等方面的特色，大力发展旅游观光农业，建设一批乡村旅游等特色村落。

第八章　构建快捷交通运输网络

1.完善"2 小时经济圈"。交通圈根据"村村通油路"的目标，逐步建成集"铁路、公路"等运输方式相衔接的综合立体式交通运输体系，进一步完善车站布局，实现与恩施、宜昌与巴东县城"2 小时交通圈"的快速连通，确立野三关镇在武陵山区"交通枢纽和现代物流"中的战略地位。

2.打造农村公路网。完善农村公路，进一步打通村与村及区域间重要循环线，完善农村公路网结构，力争实现"拆并建制村"通公路，100% 建制村通公路，60% 以上的建制村通沥青水泥路，打造"安全舒适、畅洁绿美"的农村公路网。

3.努力构建综合运输枢纽。完善野三关镇的区域性综合交通枢纽功能，加快构建"以公路、铁路等多种运输方式高效衔接，镇际、集镇与城乡交通相互融合"的综合交通运输枢纽，努力实现"零距离换乘，无缝衔接"。

第十一章　大力发展特色农业

按照耕作生态化、产业特色化、基地规模化、加工集约化、生产标准化、产品品牌化的要求，以农业产业化为支撑，以现代农业为方向，大力发展特色农业，逐步把"野三关镇"建设成为武陵山片区、湖北省，甚至全国知名的特色农产品基地。

第十三章　着力发展生态旅游业

坚持把发展旅游业作为加快野三关镇经济社会发展的重要抓手和引擎，使生态旅游业在十三五期间成为全镇的重要支柱产业，努力把野三关镇建设成鄂西生态文化旅游圈核心板块的重要组成部分，武陵山有名的生态文化旅游目的地和旅游集散地，全国旅游明星镇，成为华中地区的后花园，生态旅游业得到较快发展，逐步实现旅游经济强镇的目标。

一、优化旅游业发展布局

坚持全镇旅游"一盘棋"，突出生态风景、民族风情特色，优化以集镇为中心，以铁厂荒生态旅游森林公园与四渡河高桥景区为核心，对野三关古镇（劝龙亭）、邓玉麟将军墓故居、高阳寨景区、巴山松王、鸳鸯洞、石水洞、天生桥和三里城等旅游景点进行整体规划，并优化其发展布局。同时，以"野三关"为旅游集散中心，融入大武陵旅游圈，形成"长江三峡—野三关—恩施—张家界"国际知名旅游的空间布局和金三角；加强与巴东县城、宜昌、恩施市等周边城市的旅游合作共建，形成"野巴、野宜、野恩"旅游合作区的新格局。

二、加强核心景区建设

秉承"生态绿色"理念，坚持"政府主导、市场引导、社会参与、各方配合"的原则，加快核心景区（景点）建设，强力推进铁厂荒生态旅游森林公园、四渡河高桥景区、野三河旅游景区、野三关古镇、鹰嘴岩峡谷景区、三里城、娃娃寨等重点景区的建设——以景区延伸开发、景区与景区融合发展、增强配套功能为重点，加快推进恩施铁厂荒生态旅游森林公园、野三河旅游景区开发项目建设；积极搞好四渡河高桥景区开发项目和野三关古镇建设；加快石桥坪村旅游区、三里城、高阳寨、娃娃寨等等景区建设步伐，建设2—3个有震撼力的大牌景区；以清太坪镇、水布垭镇联手，积极推进高山休闲旅游度假区建设。

三、完善旅游服务功能

按照所有 A 级景区旅游基础设施基本配套达标的要求，配套完善"行、游、食、住、购、娱"旅游六要素，满足旅游者旅游活动整体需求——到 2020 年，建成星级饭店 7 家以上，其中三星级以上饭店 5 家以上，准四星级饭店 1—2 家以上，准五星级酒店 1 家以上；完善乡村旅游服务接待设施，规范和引导农家乐健康发展，创建 7—10 家星级农家乐；重视旅游商品、纪念品开发，引导形成一批旅游商品、纪念品研发、生产、销售等初具一定规模的企业；到 2020 年，初步形成野三关镇旅游业发展的新格局，力争建立有组团出境旅游资质的国际旅行社和培育 1—2 个省内具有一定知名度的旅游企业集团。

四、整合旅游资源

以培育"生态旅游、产业集群"的旅游发展思路为重点，着力发展"镇域"

生态旅游业，把全镇与绿葱坡镇、清太坪镇和水布垭镇等周边集镇作为一个大景区打造，实现旅游景区资源的全面整合与统一管理。以野三关镇为核心，充分吸收绿葱坡镇、清太坪镇和水布垭镇等周边集镇及相关部门参与，整合其核心旅游景区，对跨行政区域的景区，由上一级人民政府统一管理，统一开发，统一建设，统一推介，统一经营，同时调动各方面积极性，实现共同保护、共同开发利用和共同发展。着眼于生态文明，把生态文化理念及其内涵贯穿于旅游开发的全过程，把"两歌三节"（龙船调、黄四姐、女儿会、纤夫节、摆手节）等民族节庆品牌融入旅游景区，促进资源的文化价值转换为旅游产品，利用野三关镇丰富的生态、民族历史文化资源，大力发展生态休闲养生产业，增加野三关镇旅游业的内涵及竞争力。

五、创建旅游名镇名村

在县委、县政府及相关部门的领导和扶持下，野三关镇在十二五建设期间，其旅游基础设施体系已初步完成。在十三五期间，野三关镇将进一步完善基础设施和服务设施，建成并完善旅游业等产业集群，发展旅游支柱产业，满足游客和当地居民日益增长的物质文化和精神文化需求，实现旅游风景区的全面开发，并使综合竞争能力持续提高，进一步提高野三关镇旅游接待能力和城镇化品位，促进该镇旅游名镇建设，以创建湖北省旅游环保名镇。同时，积极打造石桥坪村、穿心岩村与谭家村等为湖北省"旅游名村"；大力扶持条件具备的村镇创建全省特色景观旅游示范镇（村），创建2—3个省级"旅游示范名村"。

第十七章　推进新农村建设

根据"生产发展、生活宽裕、乡风文明、村容整洁、管理民主"的总体要求，以农村"两委"为纽带，以特色农业发展为基础，以"扶贫开发、基础设施建设和村容村貌整治"为突破口，以培养新型农民为动力，以试点示范村建设为抓手，深入推进新阶段的新农村建设。

一、加大扶贫开发力度

1. 产业扶贫

以"做大做强特色产业"为纽带，进一步扶持壮大"龙头企业"，逐步完善农业发展服务体系，持续深入地推进产业扶贫工作，提高农业综合生产能力、增值能力和比较效益，使特色农业成为带动农户增收致富的重要途径。

2. 整村推进

按照"产业优先、基础先行、能力至上、社会发展"的要求，把整村推进和新农村建设有机结合起来，主要围绕产业发展、改善基本生产生活条件、提高能力、发展社会事业、新风文明和提高村级组织凝聚力、战斗力等六个方面的建设内容来展开。"十三五"期间，全镇每年选择 1—2 个重点贫困村实施整村推进，进一步完善整村推进验收标准和后续管理机制，做到推进一个村、脱贫一个村、长远致富一个村。

3. 精准扶贫

以推进扶贫开发与农村低保"两项制度衔接"为契机，秉承"精准扶贫"理念，积极探索完善扶贫到户政策措施，提高贫困人口的基本素质，帮助贫困户发展基本当家产业，着力改善贫困户基本生产生活条件，进一步完善扶贫到户、能力建设的程序和方法，努力实施产业扶贫到户、搬迁扶贫到户、能力培训到户等办法，每年安排一部分贫困户的能力建设工程，每户安排一定额度的扶贫资金直接扶持到户，帮助其发展生产、提高能力、增加收入。

4. 社会扶贫

强化政府扶贫职责，完善定点扶贫机制，强化社会扶贫责任。加大扶贫投入，整合各项涉农资金，集中财政扶贫资金（含以工代赈资金），引导各类社会资金用于扶贫开发。

二、增加农民收入

拓展收入渠道，加大政策扶持，全面提高农民收入，力争农民人均纯收入到 2020 年达 10 000 元左右，年均递增 8%。

1. 大力促进农业增收

积极发展品种优良、特色明显、附加值高的特色农产品；积极发展养殖、园艺等劳动密集型产品和绿色食品生产；开发农业新功能，积极发展休闲观光农业，使农民在农业功能拓展中获得更多收益。同时，大力发展农产品加工、保鲜、储运和其他服务，使农民在延长农业产业链条中获得更多收益。

2. 提高非农产业收入比重

大力发展打工经济，抓好农村劳务输出，形成劳务经济和劳务产业，积极实施"回归工程"，鼓励外出务工农民回乡创业。

3. 积极发展村级集体经济

加强现有村办企业厂房、林场等村级集体资产经营管理；结合国土整治、农业综合开发、低产林改造等积极兴办一批农业项目；鼓励村集体将符合规划、依法取得的非农建设用地以使用权入股、租赁等形式参与企业经营；探索村集体或农户的土地、山林、水面等资源与工商企业的对接，通过共建发展项目增加集体可分配收入等。

4. 认真落实惠农政策

进一步完善落实惠农政策及其服务方式，落实好对农民的直接补贴政策，完善补贴方式；保持农产品的合理价格，稳定农业生产资料价格；严格涉农收费管理，禁止向农民乱收费、乱摊派。

三、积极培育新型农民

通过巩固农村义务教育、加强劳动力培训、发展农村文化事业，加快培育

“有文化、懂技术、会经营、善管理”的新型农民。

1. 提高农民综合素质

逐步提高中小学教学质量和义务教育水平，合理调整中小学布局结构，加强寄宿制学校建设，农村义务教育普及率达到100%；进一步加大公共财政对农村义务教育的保障力度；积极构建一支结构合理、学科配套、素质较高的教师队伍。

2. 加强劳动力技能培训

抓好农村劳动力转移培训工作，提高培训质量，突出抓好新增农村劳动力的技能培训；新转移劳动力培训率达到85%以上；积极发展成人远程开放教育，创新培训方式，根据市场需求推行“订单培训”。

3. 发展农村文化事业

加强农村文化设施建设，以集镇文化站为纽带，实现每个村落都有“文化室”的基本目标；增加广播电视信息网络服务农村的资源总量，扩大农村广播电视和信息网络覆盖面；积极鼓励农民自办文化，支持农村文化科技中心户和农村业余文化队伍发展。同时，大力发掘和创新民族民间传统文化，加强非物质文化遗产保护，打造民间文艺精品；加强农村体育场地设施建设和管理，开展适合农村特点的群众性体育活动；开展“文明村”和“文明户”建设活动，引导农民形成科学文明健康的生活方式。

规划实施的策略

一、野三关镇总体发展思路

1. 基点：绿色新政。

2. 思路：生态“立镇”，产业“兴镇”，开放“活镇”，旅游“旺镇”，文化“强镇”。

二、具体策略

1. 优势策略

高效利用资源优势、区位优势和交通枢纽优势。

2. 环境策略

严防污染，特色开发，保护环境，生态文明，绿色繁荣，促进城乡的协调可持续发展。

3. 产业策略

新型生态工业强镇，生态特色农业富民，以新型城镇化为纽带，突出环保工业与农业"双重主导"的特色产业重要地位，突破性发展旅游业等第三产业。

4. 特色策略

立足当地社会经济、资源和自然环境条件，突出自身特色：

（1）突出产业特色：通过实施绿色新政，在体制和机制方面，能够开拓思路先行先试，从产业上塑造特色城镇，着力发展酒业、矿业、轻工业等产业和核桃、木瓜、烟叶、药材等四个主导特色农业，大力发展农副产品深加工业，形成特色产业链和产业集群。

（2）村镇布局特色：充分利用野三关镇的区位优势，合理组织新型城镇和村落布局，建设现代化城镇和乡村，使居住环境和自然环境融为一体，营造人与自然和谐相处的"天人合一"居住环境。

（3）城镇建设特色：发挥区域位置优势，着眼于古镇和民族特色，按照"环境优先、设施先行、产业配套、高效发展"的原则，从视觉上塑造特色城镇，通过特色建筑群，构筑自身特色，充分利用城镇的辐射带动作用，着力构建"生态特色农家乐"，以打造"个性、民族与生态休闲"三位一体的现代特色乡镇。

5. 集中化策略

（1）目标集中：围绕科学制订的战略目标和共同愿景，野三关镇及其相关部门都要同心协力、共同努力。

（2）资源集中：把可以利用的一切资源，要有效地集聚起来，合理使用。若只知道集中目标，不知道集中资源，很难办成大事。

（3）能量集中：野三关镇社会经济发展目标的实现是一个动态的实践过程，它需要多方集中的能量来支撑和运转，是知识、经验、能力、人才、资金等各种生产要素多年积聚与发展的结果。

6. 改革策略

（1）推进配套综合改革。以"两个试点建设"为契机，积极进行财政体制、土地流转制度与户籍政策等方面的配套改革，比如，积极争取适当扩大镇财政的权限，逐步扩大留存比例；积极探索"当地村民进镇落户原有权益可保留、原有经济财产权益可交易流转，以及外来务工人员积分落户、享受当地基本公共服务"为核心的户籍政策改革与实践。

（2）逐步完善镇的财政体制。建立完善"乡镇与上级政府"之间的财政关系，积极探索并合理构建"乡镇与上级政府税收"之间的分配关系，争取提高镇在县以下财力分配中的比重，适当增强镇的财政自主权。

（3）"优化改革"，"强镇扩权"。积极争取相关行政审批权，转变政府职能，逐步扩大镇的经济社会管理权限，初步实现"强镇扩权"。比如涉及行政许可、行政处罚等事项和权限，在依法办理手续后，镇政府可以争取委托行使权力；同时，对一部分内部管理、为民服务等事项和权限，可争取由县政府发文直接交办镇政府行使。

后　　记

　　本书是我主持的国家自然科学基金项目"武陵山农村贫困的影响因素、形成机理与治理研究——以恩施州为例"（批准号：71463014）的最终结项成果，也是以我博士学位论文为基础不断修改而成的，可以说是我从事民族社会学学习与研究的一个小结。在本书即将付梓之际，特别感谢国家自然科学基金的资助！

　　农村的扶贫开发与贫困人口治理作为建设有中国特色社会主义的重要民生工程，担负着改善民生、缩小差距、如期实现全面建成小康社会与构建和谐社会奋斗目标的艰巨使命，它既是我国新时期面临的重大理论问题与实践问题，也是一个世界性的难题。基于贫困形成的复杂性与动态性，针对民族山区，特别是连片特困地区农村贫困问题的治理，亟待处理与解决的主要问题有：①民族山区农村贫困的影响因素究竟是什么，其分布状况与演变趋势如何；②民族山区农村贫困的形成机理究竟是怎样的；③如何有效识别贫困人口，怎样去完善其治理机制，如何构建农村贫困的治理框架。这些问题时常萦绕在我的脑海，有待于进一步思考。基于一种研究性学习与创造性的思考，我梳理了相关贫困理论研究的基本观点，对贫困概念进行了新判断，并区分了个体贫困与社会贫困、贫困原因与贫困机理。由此，我把研究重点放在农村贫困的形成机理与贫困人口的治理机制上，希望以实证研究为基础，通过实证研究和规范研究的统一，基于武陵山农村贫困人口的基本状况及其影响因素的探讨，科学分析农村贫困的形成机理与治理机制，从而达到对农村的贫困人口问题及其治理进行综合研究，从而为扶贫开发工作与农村贫困人口的较好治理提供理论基础的目标。

在本书的构思写作过程中，我尽力追求微观与宏观、实证与规范、定量与定性结合的开阔视野，并力图贯穿一种批判与创新的精神。然而，在具体写作时，面对前人的理论观点与真知灼见，我不仅感到有些恐惧，而且时常感到几分沉重与压力。我国著名国学大师王国维先生曾指出"治学"有三种境界，我常常扪心自问，自己究竟达到了哪种境界。同时，我也常常以此自勉，以期基于前辈学人的激励和自我好奇，偶尔在学术殿堂门前与知识海洋的岸边拾到美丽的小石子。

需要说明的是，本书在写作过程中，参考了学术界的一些著作、文章，引用了一些资料，除文中标注的以外，难以一一而足，未能一一注明，敬请谅解和海涵！在此，谨向原作者表示诚挚的感谢！

作为一份学术答卷，在项目研究与本书写作过程中，还得到了众多师长、朋友、同事与家人的无私帮助与特别关照！

首先，要特别感谢我的博士生导师——朱力先生！朱老师执着勤奋、严谨求实、追求创新的治学态度与精神，时刻鞭策着我，使我能够不断地从内心产生战胜困难的决心与勇气！朱力先生不嫌弟子愚钝，对我既宽容，又严格，不仅在学识上给了我无穷无尽的教诲，更在为人处世方面给予了我正确的引导，这将使我终身受益！感谢恩师的教导与悉心栽培！

本书得以顺利完成，还得益于课题组成员的广泛讨论与交流，他们是湖北民族学院谭宇教授、乔勇副教授及邓许红老师等，他们帮助我完成了本书相关资料的收集与整理工作，感谢他们的辛勤付出。

感谢湖北民族学院对社会学学科建设和学术创新的支持，协助本书得到国家自然科学基金经费的资助。

感谢湖北民族学院各位领导、同事以及各位师友，尤其是湖北民族学院民族学与社会学学院院长谭志满教授、学报编辑部主任刘伦文教授、科技处处长谭德宇教授，以及恩施州副州长田金培先生与南京大学社会学院副院长陈友华教授，在此对他们长期以来的鼓励与支持表示诚挚的谢意！

感谢科学出版社，尤其是本书的责任编辑苏利德和高丽丽编辑，他们为本书提出了中肯的修改建议，并付出了艰辛努力和劳动，谨此深表谢意！

感谢选择本书的读者，你们的厚爱就是我继续前行的动力。

最后，尤其需要提到的是我的家人，聪慧贤淑的夫人李玉瑛女士与活泼可爱的女儿丹桂及年迈的父母一直默默奉献，全力支持我的学术研究，感谢他们长期以来的鼓励与支持。

当然，基于自己的学识与能力所限，本书难免存在一些不足，其学术质量还有待提升，诚请各位专家、学者和读者批评、包涵并指正。

谭贤楚

2018 年 8 月 19 日夜

谨记于湖北民族学院怡嘉苑